KOMZI
Verlags GmbH

Aufstehen gegen Kulturen der Gewalt

Beispiel Türkei

Ein Handbuch für interkulturelle Trainings zur Gewaltfreiheit

Die Deutsche Bibliothek – CIP-Einheitsaufnahme

Aufstehen gegen Kulturen der Gewalt : Beispiel Türkei ; ein Handbuch für interkulturelle Trainings zur Gewaltfreiheit / [Hrsg.: DFG-VK-Bildungswerk NRW e. V., Bildungswerk der Deutschen Friedensgesellschaft – Vereinte KriegsgegnerInnen ... Red. dieser Ausg.: Jan Brauns ... AutorInnen: Jan Brauns ... Übers. aus den Türk.: Deniz Yücel ; Eray Eryazici]. – Idstein: Komzi-Verl.-GmbH, 1997

(Probleme des Friedens ; 1997,3)
ISBN 3-929522-48-9

Danksagung:

Die HerausgeberInnen bedanken sich für die gute Zusammenarbeit bei der Stiftung Gewaltfreies Leben (Königsfeld), bei Umverteilen! Stiftung für eine solidarische Welt (Berlin), beim Internationalen Solidaritätsfonds von Bündnis 90/Die Grünen (Bornheim), bei der Kampagne zur Abschaffung der Bundeswehr ›BRD ohne Armee‹, der DFG-VK Flensburg, beim Oekumenischen Dienst/Shalom-Diakonat (Diemelstadt-Wethen) sowie bei den DFG-VK Gruppen Herford und Bielefeld.

Impressum

Herausgeberlnnen:

DFG-VK Bildungswerk NRW e.V., Bildungswerk der Deutschen Friedensgesellschaft – Vereinigte Kriegsdienstgegnerlnnen, Braunschweiger Str. 22, 44145 Dortmund, Tel. 0231-818031, Fax 0231-818032

Izmir Savas Karsitlari Dernegi, 1819/3 Sokak No. 12/2, Bostanli, Izmir, Türkei, Tel. 0090-232-3362092, Fax 0090-232-3690252

KURVE Wustrow – Bildungs- und Begegnungsstätte für gewaltfreie Aktion e.V., Kirchstr. 14, 29462 Wustrow, Tel. 05843-507, Fax 05843-1405

Ökologie-Stiftung NRW, Huckarder Str. 12, 44147 Dortmund, Tel. 0231-7214082, Fax 0231-7214085

Redaktion der Schriftenreihe:

Rolf Ascheberg, Sebastian Bamberg, Joachim Garstecki, Martin Herndlhofer, Thomas Meinhardt

Redaktion dieser Ausgabe:

Jan Brauns, Christiane Möcker, Jörg Rohwedder, Eva-Maria Willkomm

Autorlnnen:

Jan Brauns, Rudi Friedrich, Holger Isabelle Jänicke, Christiane Möcker, Gerald Neubauer, Jörg Rohwedder, Ferda Ülker, Coskun Üsterci, Eva-Maria Willkomm, Deniz Yücel, Figen Yücel

Übersetzungen aus dem Türkischen:

Deniz Yücel, Eray Eryazici

Titelgrafik und Kapitelgrafiken:

Katharina Werin

Druck:

Mühlsteyn-Druck, 57580 Elben

Buchbinderei:

Diehl & Co GmbH, 65199 Wiesbaden

Verlag:

KOMZI Verlags GmbH, Magdeburgstraße 11, 65510 Idstein, Tel.: 0 61 26/36 03, Fax: 0 61 26/33 50

1. Auflage: Oktober 1997

Abonnement:

›Probleme des Friedens‹ erscheint viermal jährlich.
Das Jahresabonnement kostet DM 50,– (einschließlich Versandkosten).

Bestelladresse: KOMZI Verlags GmbH, Magdeburgstraße 11, 65510 Idstein

ISBN: 3–929522–48–9

– Gedruckt auf 100% Recyclingpapier aus Haushaltssammlungen –

Inhaltsverzeichnis

Eine Gruppe handelt

Anhang

Statt eines Vorworts

Gerald Neubauer

Interkulturelles Gewaltfreiheitstraining in Foça

Persönlicher Bericht eines deutschen Teilnehmers

Als ich in die Türkei fuhr, hatte ich keine Vorstellung, was für Menschen ich dort treffen würde. Ich trug einige unklare Vorurteile im Kopf, die sich als unreflektierter Schwachsinn entpuppten. Es gab ein Rätsel, das meine Hauptmotivation war, an dem Training teilzunehmen. Mich bewegte die Frage: Was sind das für Menschen, die in einem Staat wie der Türkei radikale und gewaltfreie Opposition betreiben? Woher nehmen sie ihre Motivation angesichts von Folter, Verschwindenlassen, Gefängnis und Mord? Ich suchte eine Antwort auf die Frage, ob sich die Gedanken, die ich hier zu Hause entwickelt und kennengelernt habe, auch auf wesentlich repressivere Systeme übertragen lassen, oder ob sie Privileg von Wohlstandsgesellschaft und ›Demokratie‹ sind.

Ich kannte auf diese Fragen einige historische Antworten. Ich wußte von Beispielen gewaltfreier Kampagnen gegen Terrorregimes. Doch sind das nur Geschichten, ohne daß ich die Gesichter und Persönlichkeiten dahinter kenne. Über AnhängerInnen der Gewaltfreiheit wird gerne behauptet, daß sie entweder Heilige seien oder übermenschliche Fähigkeiten besitzen müßten. Nichts also für ›normale‹ Menschen wie Du und Ich und schon gar kein Rezept für eine Revolution.

Was die Türkei betrifft, war ich mir in bezug auf die schier übermenschlichen Fähigkeiten unsicher: Der Gedanke, daß es halbe Gandhis sein müssen, die in der Türkei öffentlich Kriegsdienst verweigern, liegt gar nicht so fern. Als ich zu Beginn des Trainings in der Runde meine Motivation beschrieb und mich dabei etwas pathetisch fragte, woher ›Mut‹ und ›selbstloses Engagement‹ kommen mögen, sah ich bei manchen leicht verständnislose, aber vor allem schmunzelnde Blicke. Und dieses Schmunzeln war eine gute Antwort und machte mir Hoffnung.

Die Menschen, die ich kennengelernt habe, haben nichts ›Abgehobenes‹ an sich. Im Gegenteil, sie erschienen mir natürlicher als viele andere, mit denen ich hier in Deutschland zu tun habe. Durch das Training und die Zeit, die ich danach bei meinen neuen FreundInnen in Istanbul verbrachte, habe ich ein Stück ihrer Realität und ihres Alltags miterlebt. Wegen meines deutschen Passes teilte ich ihre Wirklichkeit nicht, aber erfuhr sie doch so nah wie möglich. Ich sah, wie jemand damit umgeht, zwölf Jahre im Knast gesessen zu haben. Ich sprach mit Menschen, die jederzeit verhaftet, lange inhaftiert und gefoltert, gar getötet werden können. Ich erlebte, wie Menschen darauf reagieren, wenn auf der Demonstration, auf die sie gegangen waren, drei Menschen von der Polizei erschossen wurden. An Dutzenden solcher Punkte wurde mir die bittere Realität meiner FreundInnen bewußt. Ich war plötzlich mittendrin, unter Leuten, die keine HeldInnen sondern FreundInnen waren. Mir wurde klar, daß die eigene Überzeugung zu leben und zu vertreten nicht von der Repression des Staates abhängen muß. Viel mehr geht es darum, die eigene Persönlichkeit zu entwickeln und sich nicht vor sich selbst verleugnen zu müssen. Ich habe die Opposition als etwas so Selbstverständliches erlebt, daß mir die Fragen nach warum und woher im Halse stecken blieben. Würde ich in der Türkei leben, wären meine Grundüberzeugungen dieselben und ich würde mich auch nicht davon abhalten lassen wollen, diese zu vertreten.

Die Fragen, die mich am meisten bewegten, haben sich beantwortet durch die intensiven Begegnungen, die mir das Training ermöglichte. Meine Überzeugung hat sich gefestigt und meine Motivation, hier mehr zu wagen, ist angesichts der Konflikte, die ich in der Türkei erlebte, gewachsen. Die Zeit in Foça war eine der reichsten und intensivsten in meinem Leben, und ich glaube, diese Intensität hängt stark damit zusammen, daß der von uns vertretene Antimilitarismus im heftigen Widerspruch zur Gesellschaft steht. Er begünstigte eine Auseinandersetzung mit uns selbst, brachte Dinge hervor, die sonst verborgen bleiben, und erzeugte ein Zusammengehörigkeitsgefühl, das auch über Tausende von Kilometern anhält. Meine Sichtweise, daß Konflikte bei konstruktivem Umgang durchaus positiv sein und die Entwicklung von Individuen und Gruppen fördern können, hat sich bestätigt.

Auf dem Training trafen sich Menschen, die eine unterschiedliche kulturelle Prägung durchlaufen haben und dennoch zu sehr ähnlichen Überzeugungen gekommen sind. Die Unterschiede wurden mir das erste Mal bewußt, als die TrainerInnen Kriterien für die Bildung der Bezugsgruppen aufstellen wollten. Vor allem das Kriterium der reinen Frauen- und Männergruppen führte zu heftigem Protest einiger TürkInnen. Das Modell der zeitweiligen Geschlechtertrennung wurde, soweit ich weiß, von der westlichen Frauenbewegung eingeführt und ist in unserem Kulturkreis ohne Zweifel emanzipatorisch. Das Modell einfach auf ein islamisch geprägtes Land zu übertragen, ist problematisch. Die Bezugsgruppen wurden schließlich ganz ohne Kriterien gebildet.

Generell hatte ich den Eindruck, daß das Bild der ordnungsliebenden, fleißigen, kalten Deutschen, wie es während der Vorurteils-Einheit per Statuentheater gezeichnet wurde, in der Methode des gewaltfreien Trainings eine Entsprechung fand. Ich glaube, den TürkInnen war manches an dem Training, das von Deutschland in die Türkei importiert wurde, zu organisiert und durchgeplant. Es fehlte ihnen die spontane Kreativität. Das Training hatte für alles eine Methode bereit, und der enge Zeitplan lief kaum, wenn sich Themen nicht mit einer Einheit abhaken ließen. So entstanden Diskussionen, ob wir einem momentanen Diskussionsbedürfnis nachgehen oder uns lieber an den Zeitplan halten sollten. Sie spiegelten ein Stück des Spannungsfeldes zwischen Organisation/Methodik und Spontaneität wider, das ständig spürbar war.

Am deutlichsten traten die Unterschiede beim persönlichen Umgang miteinander zu Tage. Ich hatte das Bild eines vom Islam dominierten Landes im Kopf, in dem eine so prüde Moral herrscht, daß ein normaler Umgang zwischen den Geschlechtern kaum möglich ist. In meinem Reiseführer hatte ich z.B. gelesen, daß es ein Gesetz gebe, das Händchenhalten in der Öffentlichkeit verbiete. In solchen Verhältnissen, so dachte ich, wird es den Teilnehmenden des Trainings kaum möglich sein, sich wirklich von diesen Regeln zu lösen. Wie ich mich irrte. Der Umgang der TürkInnen untereinander war liebevoller und natürlicher, als ich es jemals unter Deutschen gesehen habe. Sich zu umarmen, zu küssen, Händchen zu halten und Arm in Arm zu gehen, war bei ihnen ein normales Verhalten unter FreundInnen. In Deutschland haben viele Menschen Berührungsängste, es sei denn zu einer privaten Person, zu der sie eine Liebesbeziehung unterhalten. Zärtlichkeit zu allen Menschen, die mensch gerne hat, gibt es lange nicht in einem solch erfrischenden Ausmaß, wie ich es in Foça erlebt habe. Ich selber merkte, daß ich ziemliche Schwierigkeiten damit habe, spontan zärtlich zu sein. Das wußte ich in Deutschland schon, doch gegenüber der liebevollen Emotionalität der TürkInnen kam ich mir wie ein Eisklotz vor.

Der beschriebene Umgang untereinander, der zum Glück auch auf die deutschen TeilnehmerInnen abfärbte, war eine wichtige Basis für die intensiven Gruppenerlebnisse, die wir zusammen hatten. Es bildete sich eine Vertrautheit, die es uns ermöglichte, auch vor einer großen Gruppe wirklich of-

TeilnehmerInnen des Trainings im Foyer des Hotels

fen und emotional zu sein. Ich frage mich, ob die Angst-Einheit in einer Gruppe mit überwiegend deutschen Teilnehmenden so intensiv verlaufen wäre, wie wir sie erlebt haben.

Der Umgang der TürkInnen miteinander hinterließ bei mir einen tiefen Eindruck. Mir wurde ganz radikal bewußt, was mir in Deutschland so sehr fehlt. Ich hatte den Eindruck, Menschen gefunden zu haben, nach denen ich lange gesucht hatte. Erst jetzt verstehe ich TürkInnen, die seit einigen Jahren in Deutschland leben und trotz repressiver Verhältnisse lieber in ihre Heimat zurückkehren würden. Meine Hoffnung ist, daß ich möglichst viel von dem, was ich in der Türkei gelernt habe, in mein Leben hier einbauen kann, um es weiterzutragen.

Einleitung

Jörg Rohwedder

Gewaltfreiheit in einer Kultur der Gewalt

Entstehungsgeschichte des interkulturellen Trainings

Ein Mitglied des Vereins der KriegsgegnerInnen Izmir (Izmir Savas Karsitlari Dernegi, ISKD) beschrieb bei seinem Aufenthalt in Dortmund im Herbst 1995 die Situation in der Türkei mit dem Begriff ›Kultur der Gewalt‹. Er meinte damit die patriarchale und militaristische Gesellschaft seiner Heimat, die sich im Gegensatz zu mitteleuropäischen offen dazu bekennt, Gewalt im öffentlichen und privaten Leben in struktureller und personaler Form zu akzeptieren und auszuüben. Gewalt dient als Herrschaftsmittel durch Verfolgung, Folter und Mord, als Militärdienst und Krieg.

Der Begriff ›Kultur der Gewalt‹ paßt aber auch auf die Bundesrepublik Deutschland. Es gibt einen gesellschaftlichen Konsens für eine Armee, militärische Traditionen, ein verankertes Patriarchat und ein Mißverhältnis von Armut und Reichtum. Allerdings wird Gewalt besonders in der Öffentlichkeit als Mittel zur Konfliktlösung abgelehnt. Gewalt wird nur als legitim angesehen, wenn sie durch das staatliche Gewaltmonopol ausgeübt wird. Auch das Verhältnis, das die Regierungen der Bundesrepublik Deutschland und der Türkei haben, kann als eine ›Kultur der Gewalt‹ beschrieben werden. Als NATO-Partner unterhalten sie vielfältige militärische, wirtschaftliche und politische Beziehungen, die strukturelle und personale Gewalt zur Folge haben. Diese Ausgangsüberlegungen wurden in die Planung des ersten mehrtägigen Gewaltfreiheitstrainings einbezogen.

Das Training vom 14. April bis zum 21. April 1996 in Foça war das erste dieser Art in der Türkei. Auch für die Arbeit der beteiligten Organisationen war das Training Neuland. Wir sind in dieses Neuland gewandert und haben dort blühende Gärten, dunkle Wälder und sumpfige Moore gefunden. Es gilt, das Neuland weiter zu entdecken, einige Teile zu kultivieren, andere verwildern zu lassen. Der Weg, auf den wir uns gemacht haben, hat eine Vorgeschichte, die zum besseren Verständnis kurz wiedergegeben werden soll.

Im Verein der KriegsgegnerInnen Izmir gibt es von Beginn (1993) an ein ausgeprägtes Interesse, sich mit Gewaltfreiheit zu beschäftigen. Gewaltfreiheit ist immer wieder ein Abgrenzungspunkt innerhalb des Vereines und sein Profil nach außen. Innerhalb der Organisation gibt es Mitglieder, die sich als ›Gewaltfreie‹ verstehen, während andere Gewalt in bestimmten Situationen für legitim und notwendig halten. Gemeinsam ist ihnen die Entscheidung, daß in der gegenwärtigen Situation und für die Arbeit des ISKD gewaltfreie Aktionen die einzigen Möglichkeiten sind, sich effizient politisch zu äußern. So sind viele Mitglieder neuen Aktionsformen und Ideen aufgeschlossen und arbeiten z. B. mit dem Straßentheater (s. u.).

Auf deutscher Seite beteiligen sich das DFG-VK Bildungswerk NRW e.V. und die Bildungs- und Begegnungsstätte für gewaltfreie Aktion KURVE Wustrow e.V. Im DFG-VK Bildungswerk NRW beschäftigt sich seit 1992 eine Arbeitsgruppe intensiv mit der Frage, wie Friedensarbeit international möglich ist. Wurden zunächst gemeinsam mit anderen international arbeitenden Gruppen Seminare zu Gewaltfreiheit und zur internationalen Friedensarbeit durchgeführt, entwickelte sich anschließend die konkrete Zusammenarbeit mit dem ISKD. Es folgten gegenseitige Besuche, Delegationen, Prozeßbeobachtungen und Publikationen.

Die KURVE Wustrow enstammt der Tradition der gewaltfreien Trainingsarbeit. Sie ist gegründet worden, um national und international die Idee der Gewaltfreiheit zu vermitteln. Dabei bedient sie sich der Methode des gewaltfreien Trainings. Die MitarbeiterInnen der KURVE reisen ins Ausland, um Trainings anzuleiten und zu begleiten. Jährlich werden internationale Gewaltfreiheitstrainings im Haus der KURVE angeboten. Zwischen zwei und drei Wochen bleiben Teilnehmende aus der ganzen Welt an diesem Ort und lernen voneinander und miteinander im interkulturellen Zusammenleben und -arbeiten.

Neuland betraten wir, als wir unsere unterschiedlichen Erfahrungen und Entstehungsgeschichten in einem gemeinsamen Projekt verbanden. Für uns alle war die Zusammenstellung der Themen neu. Daß es ein vierköpfiges Team aus zwei Nationen gab und daß das Training in einem Staat mit erheblicher politischer Unterdrückung stattfand, war für die KURVE ein bisher wenig bekanntes Feld. Der ISKD hatte 1993 bereits ein internationales Treffen von Kriegsdienstverweigerern ausgerichtet und kannte einen Teil der Schwierigkeiten, die internationale Zusammenarbeit mit sich bringt. Aber um für das Thema Gewaltfreiheit ein Training über mehrere Tage zu organisieren, waren nur einige der gemachten Erfahrungen übertragbar. Im DFG-VK Bildungswerk NRW gab es viele Erfahrungen mit Bildungsreisen ins westeuropäische Ausland. Ein Gewaltfreiheitstraining war ein neuer methodischer

Ansatz und die politischen Verhältnisse der Türkei erfordern ein anderes Herangehen als Reisen und Bildungsveranstaltungen in Westeuropa.

Beim ISKD wurden im Frühjahr 1994 erste Erfahrungen mit Methoden der gewaltfreien Trainingsarbeit gemacht, als Nese Yasin, eine nordzypriotische Dichterin und Freundin des Vereins, einen eintägigen Workshop in den Räumen des ISKD anbot. Nach diesem ersten Schritt folgten im Sommer 1994 weitere. Anläßlich des Aufenthaltes eines Mitgliedes der DFG-VK Hamburg fanden im August 1994 zwei eintägige Workshops statt.

Zum Zeitpunkt der Workshops hatte die Theatergruppe des Vereins ein Straßentheaterstück einstudiert und führte es wenige Tage später auf. Die erste, sehr erfolgreiche, Aufführung fand in der Friedenswoche am 3. September 1994 statt. Obwohl das Straßentheater verboten war, tauchten die SchauspielerInnen in einer belebten Straße Izmirs wie aus dem Nichts auf und spielten ihr Stück. Immerhin zweihundert ZuschauerInnen waren der Mundpropaganda gefolgt und sahen eine dramatische Zusammenführung der beiden Werke von Wolfgang Borchert: »Draußen vor der Tür« und »Sag Nein«. Die Polizei reagierte zu langsam, um noch wirkungsvoll einschreiten zu können.[1]

Mit vielen Ideen ging die Arbeit im Verein weiter. Im Filmatelier wurden Filme gezeigt und mit verschiedenen interaktiven Methoden aus den Workshops ›gewürzt‹, so daß sich sogenannte Film-Lesungen entwickelten. Das bestehende Straßentheaterstück wurde zu verschiedenen Gelegenheiten gespielt, und es wurde an einem neuen Straßentheaterstück gearbeitet. Aus Anlaß des 8. März spielten die Frauen des Vereines »Die Vergewaltigung« von Dario Fo und lösten damit eine intensive Diskussion über sexistische Gewalt aus.

Die bis dahin gemachten Erfahrungen der Vereinsmitglieder waren wertvoll, doch für ein gemeinsames Training in der Türkei war es notwendig, daß sich einige von ihnen intensiver mit den Techniken und Methoden von gewaltfreien Trainings vertraut machten. Auf Einladung der DFG-VK nahmen drei Personen aus der Türkei und eine von der DFG-VK im Frühjahr 1995 an einem internationalem Gewaltfreiheitstraining der KURVE teil.

Es folgten dieser Ausbildung im August 1995 ausführliche Gespräche über ein mehrtägiges Training in der Türkei zwischen VertreterInnen des Vereines, der DFG-VK und der KURVE. Die Gespräche zeigten, daß es aufgrund der fehlenden Erfahrungen schwierig sein würde, ein Training zu planen. Gibt es geeignete und bezahlbare Räume? Wird der Staat das Vorhaben unterbinden? Können sich die türkischen Teilnehmenden so lange von ihrer täglichen Arbeit freimachen? Können wir ausreichend Mittel beschaffen? Gibt es in Deutschland und Europa genug Interessierte? Was sollen genau die Inhalte des Trainings sein? Wie kann eine deutsch-türkische Leitung sichergestellt werden?

Die Diskussion machte deutlich, daß es mehr ausgebildeter Personen aus der Türkei bedurfte. So wurde eine Ausbildung von zwei Mitgliedern des ISKD, einer Frau und einem Mann, geplant. Im Januar 1996 reisten sie in die KURVE Wustrow und nahmen an einer Ausbildung von Freiwilligen für die Peace Brigades International und das Balkan Peace Team teil. Es schloß sich ein Auswertungs- und Planungstreffen in Hannover mit den beiden deutschen TrainerInnen und zwei VertreterInnen des DFG-VK Bildungswerks NRW e.V. an.

Seit den Gesprächen im Sommer 1995 war von allen Seiten intensiv an der Umsetzung eines Trainings gearbeitet worden. Eine Arbeitsgruppe des ISKD diskutierte über Gewaltfreiheit, und die Theatergruppe bereitete ein Unsichtbares Theater vor und spielte es erfolgreich im November 1995 auf der Fähre zwischen Karsiyaka und Konak.[2]

In Deutschland wurde zu diesem Zeitpunkt vor allem an der Finanzierung gearbeitet. Es dauerte bis November 1995, bis sich ein Silberstreif am Horizont abzeichnete und die Heinrich-Böll-Stiftung gewonnen werden konnte. Später kamen mit dem Ausschuß für entwicklungsbezogene Bildung und Publizistik, der Stiftung gewaltfreies Leben und der Bertha-von-Suttner-Stiftung noch weitere hinzu.

Nachdem die finanzielle Seite geklärt war, liefen die Vorbereitungen in allen Organisationen auf Hochtouren. Räumlichkeiten wurden gesucht, Preise ausgehandelt und die Werbung lief an. Nach der Rückkehr der beiden türkischen TrainerInnen vom Internationalen Training fand im Verein ein Workshop zu den Utopien der Gruppe statt. Damit wurden weitere Erfahrungen mit den Methoden des gewaltfreien Trainings gesammelt. Zusammen mit den deutschen TrainerInnen konnten diese neuen Erfahrungen während eines letzten viertägigen Vorbereitungstreffens in Izmir zu einem gemeinsamen Konzept zusammengebracht werden.

Anmerkungen

1) Vgl. ISKD-Rundbrief Nr. 7 vom 02.10.1994, S. 2.
2) Vgl. das Kapitel »Unsichtbares Theater zwischen den Izmirer Stadtteilen Konak und Karsiyaka« in diesem Buch.

Jörg Rohwedder

Was ist ein gewaltfreies Training?

Gewaltfreiheit spielte in den verschiedensten sozialen Bewegungen – von der indischen Unabhängigkeitsbewegung seit den 20er Jahren, über die BürgerInnenrechtsbewegung in den USA der 60er Jahre bis hin zur westeuropäischen Friedensbewegung der 80er Jahre – eine wichtige Rolle. Immer wieder stellte sich dabei die Frage, wie die Idee von Gewaltfreiheit in politische Aktion umgesetzt und an eine breite Basis vermittelt werden kann. So entstanden verschiedene Ansätze zur ›Ausbildung‹ in gewaltfreiem Engagement. Die Formen hierfür veränderten sich im Laufe ihrer Geschichte und in Abhängigkeit vom kulturellen Kontext, in dem sich Leute engagieren wollten. Über Jahrzehnte wurde so der Begriff ›Gewaltfreies Training‹ geprägt.

Der Begriff Training mag auf den ersten Blick verwirren und ist umstritten. Im englischsprachigen Raum wird er mit militärischer Ausbildung verbunden und im deutschsprachigen eher mit sportlichen Aktivitäten. So kommen hier schon mal Teilnehmende zu einem Training und fragen, ob sie Trainingsanzug und Sportschuhe mitbringen sollen. Nun, in bequemer Kleidung arbeitet es sich angenehmer, aber der Sportdreß kann getrost zu Hause bleiben.

Doch nicht nur der Begriff Training ist umstritten. Auch die Dauer als Merkmal von Tainings ist sehr unterschiedlich. In den USA sind TrainerInnen froh, wenn sie die Teilnehmenden zu einem Trainingstag bewegen können; in Westeuropa werden Trainings zwischen einem Wochenende, mehreren Wochen – z.T. über Jahre verteilt – und längstens vier Monaten am Stück angeboten; in Veddchi (Indien) wird unseres Wissens mit einer Dauer von einem Jahr der längste durchgehende Kurs ausgeschrieben. Diese Spannen verdeutlichen, daß ein gewaltfreies Training genauso ein Einstiegsseminar sein kann wie ein lang andauernder Ausbildungsgang.

In der kurzen wie in den längeren Varianten ist Training eine Zeit, in der Impulse gegeben werden. Es wird ein Lernprozeß angestoßen, um »die Einstellungen und Verhaltensweisen, die allgemein in der Gesellschaft gelehrt werden, zu verlernen.« [1] Dieser Lernprozeß endet nicht mit dem Training. Er setzt sich im täglichen Leben und in der gewaltfreien Aktion fort und soll helfen, die Fähigkeit für ein der Gewaltfreiheit verpflichtetes Engagement in der Friedens- und Menschenrechtsarbeit zu entwickeln. Training bezeichnet den abgegrenzten Zeitraum, in dem für die Realität geübt werden kann. Das ist der Grund, warum der Begriff Training doch am besten den Inhalt eines Wochenendes, einer Woche oder von Monaten wiedergibt. Neue Verhaltensweisen werden mittels verschiedener Methoden eingeübt. Training weist damit auf einen geschützten Raum hin. Es ist sozusagen die Turnhalle, in der geübt wird, bis es im Stadion zum Wettkampf kommt. Wobei das Stadion die eigene Aktionsgruppe, die Freundschaftsbeziehung oder die Gesellschaft sein kann.

So vielfältig wie die Konflikte in einer Gesellschaft sind, so sind es auch die Themen, die in Trainings angeboten werden. Eine Gruppe kann sich auf eine bevorstehende Aktion vorbereiten, oder sie kann ihre eigene Kommunikation hinterfragen oder neue Entscheidungsstrukturen einüben. In anderen Trainings kommen Mitglieder unterschiedlicher Organisationen zusammen, um sich allgemein und nicht auf eine konkrete Aktion bezogen mit Gewaltfreiheit zu beschäftigen. Training findet mit den verschiedensten gesellschaftlichen Gruppen und an den (unmöglichsten) Orten statt.

Gewaltfreie Trainings orientieren sich an Gewaltfreiheit als Lebensprinzip. Gewaltfreies Handeln soll nicht nur als Strategie im Wechsel mit gewalttätigem Handeln verstanden werden, sondern als allgemeines Prinzip für gesellschaftliches Zusammenleben. Sicher kann eine Gruppe, die sich für einige Tage oder Wochen trifft, nicht alle Überlegungen von Gewaltfreiheit als Lebensprinzip berücksichtigen. Dies vor allem dann nicht, wenn erst der Begriff geklärt werden muß und die Teilnehmenden unterschiedliche Meinungen und Wissensstände zum Thema haben. Aber selbst in einer kurzen Zeit und mit wenigen Leuten ist der Versuch zu wagen, ein Stück der eigenen Utopie vorwegzunehmen. Elemente der Utopie, gemischt mit den Überlegungen zum ›anderen, lebendigen‹ Lernen, sollen sich im Training wiederfinden.

Erfahrungsorientiert und partizipatorisch

Das Lernen in der Trainingsgruppe orientiert sich an den Erfahrungen der Teilnehmenden. Sie sollen sich ihrer Erfahrungen mit Gewalt, Konflikten, Angst, Streß und Gruppenbeziehungen bewußt werden und daraus, mit Hilfe der TrainerInnen, neue Verhaltens- und Handlungsweisen ableiten und ausprobieren. In der Trainingsarbeit stoßen die Teilnehmenden oft an ihre eigenen Grenzen. Sie sehen ihre Stärken und Schwächen. Die eigenen Schwächen und Zwänge zu erfahren, kann von Ohnmacht und Trauer begleitet sein und braucht Zeit und Raum.[2] Aber: Ein Training ist keine Therapie. Traumatische Erlebnisse können im Training angerührt, dort jedoch unmöglich therapiert werden. Dazu fehlt es den meisten TrainerInnen an Ausbildung und im Training an Zeit. Bei der Arbeit mit den eigenen Erfahrungen werden sich die Themenschwerpunkte verändern. Die Erfahrungen lassen sich nicht exakt vorausplanen. Auch wenn es für ein Training ein grobes Programm aufgrund von Trainingserfahrung gibt, so ist eine Änderung auf Wunsch und in Absprache mit der Gruppe stets möglich.

Da Training an den Erfahrungen ansetzt, sind kulturelle Unterschiede zu berücksichtigen. Nicht jede Trainingsmethode läßt sich in jedes Land übertragen. Oft führen die gleichen Methoden zu unterschiedlichen Ergebnissen. »Die Art des Trainings ist vom kulturellen Kontext abhängig.«[3]

Selbstorganisiert und autonom

Im Training organisiert sich die Gruppe selbst. Verantwortlichkeiten für die Mahlzeiten, den Programmablauf und das tägliche Leben werden mit der Gruppe geteilt. Die Gruppe gibt sich ihre Regeln selbst. In einer der ersten Einheiten werden Vereinbarungen für den Umgang miteinander getroffen. Die Regeln sollen den Raum schaffen, der das Training von der Umwelt abgrenzt, denn dort gelten andere Regeln. Sie machen es uns oft unmöglich, uns zu öffnen. Durch eigene Vereinbarungen entsteht ein Platz, auf dem sich alle sicher bewegen können. Im Konfliktfalle gibt es ein im Gegensatz zu den Gesetzen der Gesellschaft selbst entworfenes Regelwerk, auf das sich alle berufen können.

Lebendiges Lernen mit Kopf, Herz und Hand

Die Gruppe soll sich den Themen und der Gewaltfreiheit als Lebensprinzip nicht nur über den Kopf nähern. Diese Überlegung geht von der Vorstellung aus, daß der Mensch in seiner Ganzheit leben und lernen soll. Neben den Arbeitsphasen nimmt sich die Gruppe Zeit für gemeinsame Spiele, zur Meditation oder zur gemeinsamen Arbeit in Haus und Garten. Die Lernmethoden sind so aufgebaut, daß sie die Gefühle, den Geist, die Kreativität und den praktischen Sinn ansprechen. Das Lernen mit Kopf, Herz und Hand oder auch das lebendige Lernen ist ein Prozeß, der über drei aufeinanderfolgende Stufen führt:

Wahrnehmung: Die Person wird mit verschiedenen Übungen zur bewußten Wahrnehmung veranlaßt. Sie nimmt Informationen über den Inhalt, die Umwelt, das eigene und das Verhalten der anderen sowie die eigene Wirkung auf andere wahr.

Bedeutung: Die Wahrnehmungen haben eine unterschiedliche Bedeutung für die Person. Sie lösen Emotionen aus. Sie können die Identität einer Person mit ihren Schwächen in Frage stellen oder sie bestärken, den eingeschlagenen Weg weiterzuverfolgen.

Konsequenz: Nach den beiden ersten Schritten kann jede Person eigenverantwortlich entscheiden, was so bleiben kann, wie es ist, und was verändert werden soll.

Ein Lernprozeß hat dann stattgefunden, wenn sich die Einstellungen soweit verändern, daß sie in konkretes Handeln münden. Dies gilt auch, wenn es eine bewußte Entscheidung dafür gibt, alles beim Alten zu lassen. Wichtig ist, daß die Lernenden für ihr Handeln und die Folgen Verantwortung übernehmen.[4]

Selbstverständnis des Teams

Autonomie der Gruppe heißt nicht, daß es kein planendes Team gibt. Die Leitung durch das Team ist deutlich wahrnehmbar. Sie orientiert sich am Thema, das durch die Ausschreibung vorgegeben ist und in Absprache mit der Gruppe genauer beschrieben wird. Die Leitung agiert aber nicht autoritär und auf ein vorgegebenes Ziel hin ausgerichtet. Die TrainerInnen verstehen sich als LernhelferInnen und ProzeßbegleiterInnen. Das Team soll Fragen stellen und gibt erst spät die eigenen Antworten. Es kennt bestimmte Methoden, mit denen die von der Gruppe festgelegten Themen erarbeitet werden können. Das Team erhält für einen gewissen Zeitraum das Vertrauen der Gruppe, um dann in regelmäßigen Reflexionsphasen die Kritik aufzunehmen und nach Vorgaben der Gruppe in ein weiteres Programm umzusetzen. So wie das Training keine Therapie ist, so sind die TrainerInnen keine TherapeutInnen. Sie müssen ihre eigenen Grenzen erkennen und die Gruppe rechtzeitig auf sie hinweisen. Das Team ist nicht allein für die Lösung aller Konflikte zuständig. Jedes Mitglied der Gruppe trägt Verantwortung dafür, Konflikte anzusprechen. Das Team sollte allerdings kompetent sein, in Konflikten Gespräche zu moderieren und im Sinne eines gewaltfreien Konfliktverständnisses auf eine Lösung hinzuführen.

Verbindung zur Theorie der Gewaltfreiheit

Gewaltfreies Training bezieht sich immer auch auf die Theorie der Gewaltfreiheit. Die grundlegenden Überlegungen von Jesus, Thoreau, Gandhi, King und anderen sind Anknüpfungspunkte für die gemeinsame Arbeit. Dabei soll Training aber nicht in die Vergangenheit gerichtet sein. Es verbindet vielmehr die bestehenden Erfahrungen und Visionen mit eigenem Erlebten und gibt damit die Grundlage für eine positive Entwicklung neuer Ideen für die Zukunft. Mit dieser Verknüpfung soll den Teilnehmenden auch die Stärke gezeigt werden, die in ihrem politischen Handeln steckt.

Anmerkungen

1) Joanne Sheehan: Gewaltfreies Training im Kontext unterschiedlicher Kulturen. In: Vom Widerstand gegen den Krieg zur gewaltfreien Revolution? Graswurzelrevolution Nr. 208/209, Heidelberg 1996, S. 42.
2) Vgl. Karl-Heinz Bittl-Drempetic: Gewaltfrei Handeln. München 1993, S. 72f.
3) Joanne Sheehan, a.a.O., S. 41.
4) Vgl. IPTS, Landesinstitut Schleswig-Holstein für Praxis und Theorie der Schule: Sexualpädagogik, Aids-Prävention. Handbuch für Lehrerinnen und Lehrer. Kronshagen 1995.

Jan Brauns, Christiane Möcker

Der doppelte Blick

Ein gewaltfreies Training mit Teilnehmenden aus verschiedenen Kulturen

»Everyone is different. – Jeder ist anders und einzigartig.« Dieser Satz wurde 1995 zu einem geflügelten Wort unter den TeilnehmerInnen eines internationalen Gewaltfreiheitstrainings in Wustrow. 21 Menschen waren dorthin aus zwölf Ländern, verstreut über alle fünf Kontinente zusammengekommen. Ihr gemeinsames Interesse war, mehr über Gewaltfreiheit und über den Umgang mit Gewalt zu lernen, – und dennoch mußten sie feststellen, daß ihre geographische Herkunft aus verschiedenen Kulturen ebenso wie ihre individuellen Charaktere auch trennend wirken können. Sie drückten es scherzhaft mit diesem Satz aus: »Everyone is different.« [1]

Daß jeder Mensch einzigartig ist, davon gehen wir alle aus. Doch was bedeutet es, wenn sich Menschen aus unterschiedlichen Kulturen begegnen, selbst wenn sie sich bewußt entschieden haben, zusammenzukommen und gemeinsam gegen Gewalt und Krieg zu arbeiten? Welche Besonderheiten, Chancen und Grenzen liegen in der interkulturellen Begegnung? Welche Ziele können in diesem Zusammenhang mit einem gewaltfreien Training verbunden sein? Welche Aufgaben erwachsen hieraus?

Kulturbegriff und persönliche Identität

Jede Kultur beinhaltet für ihre Mitglieder eine Reihe von gemeinsamen Werten, Normen und Lebensformen. Es gibt dort ›übliche‹ Formen des Verhaltens, Denkens und Fühlens; es gibt ein spezifisches Arbeits-, Wirtschafts- und Rechtssystem sowie spezifische Formen der Kunst oder der Geselligkeit; es gibt dort allgemein übliche soziale Rollen sowie Regeln für die Kommunikation. All dies bedeutet, daß in einer Kultur z.B. das Verhältnis von Staat und Religion, von Arbeit und Freizeit, das der Geschlechter, von Öffentlichem und Privatem, oder der Umgang mit Konflikten und Versöhnung bestimmten Normen unterliegen. Der Kultur kommt damit als Rahmen für das alltägliche Leben eine wesentliche Orientierungsfunktion für den Menschen zu.

Trotzdem ist eine Kultur weder statisch noch für alle ihre Mitglieder identisch. Denn innerhalb einer Kultur gibt es in der Regel Unterschiede je nach Schicht-, Klassen-, Religions-, Generations- und Geschlechtszugehörigkeit oder auch nach politischen Grundüberzeugungen. Es gibt regionale Differenzierungen (Metropole – Stadt – Land) und historische Entwicklungen (z. B. Modernität, Bildung, Wohlstand) sowie nicht zuletzt persönlich-biographische Erfahrungen und Besonderheiten. Der Begriff Kultur ist also eine theoretische Konstruktion, obwohl Kultur zugleich von ihren Mitgliedern praktisch erfahren und von Medien und PolitikerInnen manipulativ benutzt wird.

Meistens werden wir mit dem Kulturbegriff erst dann konfrontiert, wenn es um Unterschiede, und das heißt oft um Abgrenzungen zu anderen Kulturen oder gar um deren Abqualifizierung geht. So ist in der Bundesrepublik Deutschland der Gedanke weit verbreitet, nur die eigene europäische Kultur sei zivilisiert, modern und fortschrittlich. Die türkische Kultur nimmt für sich selber in Anspruch, gläubig, moralisch und gerecht zu sein. Folge dieser Höherbewertung der jeweils eigenen Kultur ist z. B. Verachtung, Diskriminierung, Unterdrückung bis hin zur Vernichtung anderer Kulturen.

Natürlich besteht Kultur nur im Kontext aller und damit auch eines jeden Individuums. Jede Person entwickelt ihre Persönlichkeit in der aktiven Auseinandersetzung mit ihrer Umgebung, also auch ihrer Kultur. Die persönliche Identität entwickelt sich, spezifische Formen des Selbstbewußtseins und der Selbst- und Fremdwahrnehmung entstehen und verändern sich im Laufe des Lebens immer wieder. Bei alledem spielen sowohl die Muttersprache, in der sich das Denken und Begreifen entwickelt und in der sich das Individuum selbst wahrnimmt und darstellt[2], als auch nichtsprachliche Kommunikation und Lernen eine große Rolle. Und jedeR wird dabei nicht nur RepräsentantIn der Kultur, sondern trägt zugleich auch zu deren Verfestigung, Entwicklung und Veränderung bei.[3]

Die Begegnung mit einer fremden Kultur kann für das Individuum sehr ambivalent sein. Sie kann sowohl angstauslösend als auch verführerisch und faszinierend zugleich sein; und sie kann verbunden sein mit regressiven Erscheinungen wie Realitätsverlust, Orientierungslosigkeit und Wahrnehmungsverzerrungen.[4]

Psychoanalytisch gesehen wird das Muster des Umgangs mit Neuem oder Fremdem in der Kindheit durch die Erziehung in der Familie angelegt. Fremd ist zunächst jedeR nicht zum vertrauten Kreis der Familie gehörende. Wie dieses frühkindliche Fremdenbild später auf andere, neue oder fremde Personen, Dinge und Verhältnisse übertragen wird, hängt wesentlich von den Erfahrungen, Lernprozessen und Entwicklungen inner- und außerhalb der Familie ab. Ist dem Kind Vertrauen, Achtung und Neugier entgegengebracht worden, so wird es auch eher in der Lage sein, auf Fremde mit Neugier, Achtung und Vertrauen zuzugehen. Im anderen Fall kann das Fremde als Zeichen der Trennung Ängste und Schuldgefühle auslösen, die dann mit Fremdenphobie als Projektion des ›Bösen‹ in die ›anderen‹ bewältigt werden soll. Eine entgegengesetzte Projektion stellt der Exotismus z.B. als romantische Verlagerung von Sehnsüchten oder als Idealisierung des Fremden dar.[5]

Sozialpsychologisch gesehen ist Fremdenangst eine Abwehrreaktion auf gesellschaftliche Veränderungen im Zuge der technisch-industriellen und zugleich auch gesellschaftlich-kulturellen Revolutionen. Die damit verbundene Modernitätsentwicklung stellt alte Lebens- und Denkmuster in Frage und somit auch die überlieferte Kultur zur Disposition. Ein Rückzug auf Alt-Bekanntes oder auf sich selbst ist oft die Folge – die ein Versuch ist, das Neue und Fremde abzuwehren und das Unwiederbringliche festzuhalten.[6] Dabei sind die Objekte der ›Fremdenangst‹ austauschbar. Jede Gruppe, die Altes in Frage stellt oder gesellschaftliche Tabus bricht, kann ihr Opfer werden oder von den Herrschenden zum Sündenbock gemacht werden: Menschen aus anderen Kulturen, emanzipierte Frauen, Homosexuelle, antiautoritäre Linke, …

Mechanismen, die eine Neugier auf Fremdes erzeugen, ergeben sich z. B. daraus, daß der Mensch als Lebewesen darauf angewiesen ist, sich mit den ihn umgebenden natürlichen und gesellschaftlichen Bedingungen auseinanderzusetzen, um zu überleben und zu leben. Zum anderen gibt es in fast allen Kulturen ein Gebot zur Gastfreundschaft und ein Verbot des Inzest, die beide ebenfalls eine Außenorientierung bewirken.[7] Alle drei Faktoren erzeugen in gewisser Weise Offenheit und Neugier. Und so ist z.B. die mitteleuropäische Kultur mindestens seit 500 Jahren das Ergebnis von Veränderungen, gerade auch durch kulturelle Öffnung und Integration von Fremden. Auch die Türkei ist seit osmanischen Zeiten geprägt durch Handel mit und Wandel durch fremde Menschen.

Die Kultur(en) der Gewalt

In der deutschen Umgangssprache werden die Begriffe ›Kultur‹ und ›Gewalt‹ oft so gebraucht, als schlössen sie sich gegenseitig aus: Kultiviertes, zivilisiertes Umgehen miteinander steht im Gegensatz zu gewalttätigem Handeln. Nach der obigen Definition von Kultur ist der Begriff jedoch offen in bezug auf die Gewaltfrage. In Foça nun trafen TeilnehmerInnen aus zwei Kulturen aufeinander, die jeweils als ›Kultur der Gewalt‹ bezeichnet werden können.[8]

Auf deutschem Boden wurde die Form des Militarismus geboren, die heute weltweit prägend ist. Die preußischen Könige entwickelten vom 16. bis zum 19. Jahrhundert ihre Heere von mittelalterlichen Söldnertruppen hin zur modernen Armee, deren Drill und Gehorsam ihre Schlagkraft ausmachten.[9] Parallel schufen sie ein durch und durch militarisiertes Staatswesen, das zu allgemeiner Obrigkeitshörigkeit und Untertanengeist führte. Der deutsche Faschismus des 20. Jahrhunderts konnte sich dieser Tradition, deren grundsätzliche Haltungen bis heute viele Deutsche prägen, bruchlos bedienen. Nach 1945 haben kapitalistische Modernisierungsprozesse, zunehmender Wohlstand aller und nicht zuletzt die Studentenbewegung Ende der 60er Jahre die Gesellschaft jedoch auch stark verändert. Heute herrscht innerhalb von Deutschland Gewalt zumeist in struktureller Form. Regeln, Gesetze und Rollen sind von den meisten Deutschen so verinnerlicht, wie Augusto Boal es mit dem Begriff ›Polizist im Kopf‹ beschrieb.[10] Zustände und Begebenheiten werden deshalb oft gar nicht mehr mit Gewalt und Unterdrückung in Verbindung gebracht oder als ungerecht empfunden. Daneben gibt es natürlich auch personale Gewalt – von Männern gegen Frauen und Kinder, vom Staat gegen radikale KritikerInnen, usw. Gegenüber ArbeitsmigrantInnen und Flüchtlingen herrscht eine Situation, die zu vielen Menschenrechten im Widerspruch steht. Nach außen hin tritt die Bundesrepublik mit wirtschaftlicher Macht strukturell und mit militärischer Macht zunehmend auch wieder direkt gewaltsam auf.

Auch in der Türkei als alter, regionaler Großmacht ist der Militarismus tief verwurzelt. Die osmanischen Sultane bauten ihre äußere und ihre innere Macht auf der militärischen Klasse auf. Die moderne Türkei ist nach 1918 von Militärs geschaffen und über lange Phasen regiert worden. Bis heute liegt die eigentliche politische Macht – neben der wirtschaftlichen Macht der Industrie und der dörflich traditionellen Macht der Grundherren – in den Händen der Generalität.[11] Bis heute ist in der Türkei direkte und personale Gewalt alltäglich. Frauen, Kindern und Männern wird von Polizei, Militär, Vorgesetzten, ArbeitgeberInnen und nicht zuletzt in der Familie selber Gewalt angetan. In industrialisierten Gebieten entstehen heute Kulturen, die denen Europas ähneln und die zugleich traditionalistischen Widerstand hervorbringen. Es gibt einen Vorkriegszustand gegen das Nachbarland Griechenland und seit über zwölf Jahren einen (nicht erklärten) Krieg innerhalb der Landesgrenzen, der die Gesellschaft spaltet und die Betroffenen zeichnet – Opfer, TäterInnen und MittäterInnen auf je spezifische Weise.

Zwischen beiden Länder gibt es also sowohl historische Ähnlichkeiten als auch offensichtliche kulturelle Unterschiede, z.B. im spezifischen Umgang mit Hierarchie, Autorität und Gewalt, mit Konflikten und Versöhnung. Aber auch Alltägliches wie Glauben oder Bildung haben – neben individuellen Differenzierungen – verschiedene historische und aktuelle Bedeutungen aufgrund unterschiedlicher Traditionen. Der Protestantismus hat z.B. in Deutschland die Moderne entscheidend mit ermöglicht und geprägt, während in der Türkei z.B. die offeneren Ansichten des alewitischen Islam nicht zu den gesamtkulturell vorherrschenden geworden sind. Schulbildung hat in Deutschland eine lange emanzipatorische Funktion, auch in den Augen vieler Menschen, wogegen die türkische Schulpraxis viele der gesellschaftlichen Gewaltstrukturen widerspiegelt.

Aspekte interkulturellen Lernens

Um den interkulturellen Prozeß mit dem Ziel der Verständigung und Zusammenarbeit weiterentwickeln zu können, müssen Wege gesucht und Brücken gebaut werden.

Interkulturelles Lernen[12] beinhaltet verschiedene Aspekte oder Herangehensweisen, die sich historisch aus verschiedenen pädagogischen Fachdisziplinen entwickelt haben.

- Als soziales Lernen zielt interkulturelles Lernen ab auf die Anerkennung der anderen Kultur(en) als vollkommen gleichwertig und gleichberechtigt[13] und damit zugleich auf die Relativierung der eigenen Kultur. Hilfsmittel hierfür sind Empathie (sich einfühlend hineinversetzen können), Toleranz, Solidarität und Konfliktfähigkeit.[14] Interkulturelles Lernen erkennt und benennt verschiedene Deutungsmuster und vorhandene Konflikte, um sie überwinden zu können.[15] Es ist damit zugleich stark auf die Interaktion zwischen allen Beteiligten angelegt. In der Praxis steht es aufgrund hergebrachter Deutungsmuster oft in der Gefahr, entweder überheblich oder moralisierend vorzugehen. Dem vorzubeugen, eignen sich insbesondere alltags- oder situationsbezogene Vorgehensweisen.

- Als Beitrag zur Identitätsentwicklung befähigt es, (kulturell) widersprüchliche Situationen auszuhalten und die eigene Persönlichkeit für mehrdimensionales Denken zu öffnen und dadurch andere Sichtweisen mit in Betracht zu ziehen. Auf diesem Weg versucht es, »das Bewußtsein bewußt zu machen.«[16]
- Als politische Bildung nimmt es Bezug auf gesellschaftliche, soziale, historische Fragen und Entwicklungen und thematisiert dabei u.a. gemäß den Forderungen der kritischen Friedensforschung personale wie strukturelle Gewalt. Kolonialismus, Imperialismus, Weltwirtschaft, Ethno- und Eurozentrismus sind konkrete Themen, die jeweils aus ›doppelter Sichtweise‹ interpretiert werden. Über die Auseinandersetzung mit verschiedenen Standpunkten soll deren Relativität erkannt und die »Fremdheit in die eigene Identität« integriert werden.[17] Interkulturelles Lernen schafft auch die Verbindung zwischen Bildung und Aktion, da Lernen allein die politischen Bedingungen nicht verändern kann.
- Als antirassistische Erziehung betont interkulturelles Lernen die politische und ideologische Funktion kulturspezifischer oder ethnischer Interpretationsmuster. Es kritisiert diese als (zu) einfache und irreführende Erklärungsversuche für Probleme, die z.B. im Kapitalismus die Klassenfrage, in der Konsumgesellschaft die Ökologie oder im Patriarchat die Geschlechterfrage betreffen.[18] Es kritisert, daß Rassismus als Herrschaftsinstrument kulturelle Unterschiede in Minderwertigkeit verwandelt.[19]
- Als Eine-Welt-Pädagogik kritisiert interkulturelles Lernen Eurozentrismus und ausbeutende und enteignende Strukturen. Es ergänzt das ›globale Denken‹ nicht nur durch das ›lokale Handeln‹, sondern im Idealfall auch durch Ansätze zum ›globalen Handeln.‹[20]
- Als Friedenspädagogik schließlich thematisiert es personale und strukturelle Gewalt, kritisiert Vorurteile und Feindbilder und gibt Hilfestellungen, Konflikte erkennen, benennen und bearbeiten zu können.

Für alle diese Herangehensweisen kann die Begegnung ›vor Ort‹, d.h. hier im anderen Land, eine Vielzahl neuer Aspekte eröffnen und anregend und inspirierend zugleich sein. Sie bietet die Chance, nicht nur Erfahrungen vermittelt zu bekommen, sondern direkt und authentisch zu erleben, wie die Menschen in ihrem eigenen Umfeld Alltag und Politik gestalten, mit welchen Problemen sie konfrontiert sind und welche Strategien sie entwickeln.[21]

Inhalte und Probleme interkulturellen Lernens

In einem Gewaltfreiheitstraining, in dem sich Menschen aus verschiedenen Kulturen begegnen, ist davon auszugehen, daß alle Beteiligten auch Bilder in den Köpfen haben, die aus vielfältigen Vorannahmen und Eindrücken und aus Phantasien über die jeweils anderen Kulturen bestehen. Es ist auch davon auszugehen, daß die Menschen mit Verhaltensweisen, Erfahrungen, Wertvorstellungen, Erwartungen und Befürchtungen kommen, die aus ihren jeweiligen Kulturen und aus dem Zusammentreffen der Kulturen resultieren und die eventuell auch zu spezifischen Konflikten im Umgang miteinander führen können. Für die Organisierung eines Trainings bedeutet das, daß immer wieder – sowohl bei den thematischen Einheiten als auch im informellen Bereich – Gelegenheiten zum bewußten interkulturellen Austausch und zur kulturellen Selbstreflexion geschaffen werden sollten, um ein fragendes oder zuhörendes Interesse füreinander zu entwickeln.

Inhaltliche Themen, an denen interkulturelles Lernen in einem gewaltfreien Training organisiert werden kann, sind z.B. ›Vorurteile und Feindbilder‹ oder ›Konflikte‹, aber auch ›Was ist Gewaltfreiheit‹ und ›Ängste‹, bei denen kulturell bedingt jeweils verschiedene Sichtweisen, Erfahrungen und Bewältigungsstrategien auftauchen können und die dann in Beziehung – oder besser: in Dialog – miteinander gebracht werden können.

Prägend für die erste Zeit eines interkulturellen Trainings sind neben den Vorerfahrungen und Erwartungen die ersten Eindrücke im Training selber. Wichtig ist z. B., daß das Team der TrainerInnen interkulturell zusammengesetzt ist.

Zum Einstieg in das Programm des Trainings und für das richtige Ankommen nach der Anreise unter Zurücklassen des Alltags eignet sich eine ›Phantasiereise‹, die berücksichtigen muß, daß ein Teilnehmer aus dem Nachbarort etwas anderes hinter sich läßt als eine Teilnehmerin aus Übersee.[22]

Auch das Kennenlernen sollte besonders bedacht werden. So hatten wir in Foça z. B. in einer der Vorstellungsrunden die Frage »Welche Sprachen sprichst Du?« Diese Frage entpuppte sich als ungünstig, weil der Eindruck entstand, die Teilnehmenden aus Deutschland beherrschten mehr Fremdsprachen als die aus der Türkei. Nicht Verbindungen durch Aufzeigen von Kommunikationsmöglichkeiten wurden – wie beabsichtigt – geschaffen, sondern Trennung durch das Gefühl, weniger qualifiziert zu sein als andere. Geeigneter scheint z. B. ein gegenseitiges Kennenlernen über die Friedensarbeit, die jedeR zu Hause macht. Eine solche Frage schafft sofort Verbindungen, die helfen können, Fremdheit zu überwinden.

Mit einbeziehen kann man in dieses Ankommen auch eine Orientierung in der Stadt oder dem Dorf, in dem das Training stattfindet. In Kleingruppen könnte z. B. beim Spaziergang durch den Ort geschaut werden, was den Fremden und was den Einheimischen auffällt, und sie könnten sich gegenseitig erklären, wie ihre Kultur und ihr persönliches Leben aussieht. Der ›doppelte Blick‹ auf die Realität könnte so konkret bewußt gemacht werden.

Auch für das regelmäßige morgendliche Plenum oder für die Bezugsgruppen könnte mit Fragen wie »Gibt es etwas, das Du hier zum ersten Mal in Deinem Leben gesehen, erlebt oder erfahren hast?« oder »Was ist das Schönste und was ist das Außergewöhnlichste für Dich hier?« die kulturelle Sichtweise direkt angesprochen und zum Thema gemacht werden.

Weil sich Kultur im Alltag manifestiert, zieht sich der interkulturelle Aspekt aber nicht nur durch die organisierten Teile eines Trainings. Im Training leben die Teilnehmenden eine Zeitlang zusammen: Es gibt gemeinsames Essen, gemeinsame Unterbringung, kürzere und längere Pausen, es gibt eventuell gemeinsame Ausflüge und Kneipenbesuche – und jeweils wird es neben anderen auch kulturelle Differenzen geben und natürlich noch mehr Gemeinsamkeiten. Um eventuell auftretende Probleme aufgreifen zu können, sollten die TrainerInnen zumindest zeitweise an diesen informellen Teilen beteiligt sein.

In Foça machten wir z. B. folgende Erfahrungen: Immer wieder gab es heftige Debatten um Methoden und Inhalte des Trainings, kam die Frage nach dem ›Warum?‹ auf, entstand die Befürchtung, nicht genügend Zeit für grundsätzliche Diskussionen zu verwenden und zugleich zu anderen wichtigen Punkten nicht zu kommen. »Was machen die mit uns?« war die Frage einer Teilnehmerin aus der Türkei, die das spürbar werdende Mißtrauen nach einigen Tagen auf den Punkt brachte. Es schien sowohl ein Gegeneinander von Teilnehmenden aus der Türkei und Deutschland als auch gegenüber den TrainerInnen in ihrer Rolle als ›LehrerInnen‹ zu entstehen. Verschärft wurden die Probleme durch sprachliche Schwierigkeiten. Außerhalb der offiziellen Teile gab es oft keine gemeinsame Sprache, was zu einsprachigen Grüppchenbildungen führte. Vor diesen Hintergründen entstand aus einer Bezugsgruppe heraus der Wunsch, noch einmal ausführlich die Bedürfnisse, Erwartungen und Befürchtungen aller zu thematisieren. Wir setzten uns zusammen und gewannen in der Auseinandersetzung sehr interessante Erkenntnisse. So stellte sich z.B. heraus, daß die Skepsis der Teilnehmenden aus der Türkei sehr eng mit ihrer ständigen Erfahrung des Machtmißbrauchs und der massiven Unterdrückung in der ›Kultur der Gewalt der Türkei‹ verbunden war und sozusagen eine ›gesunde Schutzreaktion‹ darstellte. Zugleich wurde betont, daß es nicht darum gehen kann, in Westeuropa entwickelte gewaltfreie Strategien auf die Türkei zu übertragen, sondern nur darum, Hilfsmittel und Ideen vorzustellen und sie dann – bestenfalls gemeinsam – auf ihre Tauglichkeit und Veränderbarkeit für eine andere Situation hin zu überprüfen. Auch der Widerstand gegen die Bildung von Frauengruppen erklärte sich in der Absicht der türkischen Teilnehmenden, die traditionell vorgeschriebene Geschlechtertrennung überwinden zu wollen, während die deutschen für ›eigene Räume‹ plädiert hatten. Nach dieser längeren Grundsatzdiskussion begannen sich dann auch, die o. g. Grüppchen zu vermischen.

(Fremd-) Sprachen und Verstehen

In einem gewaltfreien Training erfolgt der Zugang zu den Themen grundsätzlich über persönliche und emotionale Zugänge. Anders als in anderen Lernformen steht deshalb die verbale oder schriftliche Vermittlung und Diskussion von Inhalten nicht an erster Stelle. Dennoch bleibt das gesprochene Wort wichtiges Mittel der Kommunikation. Da Sprache und Kultur sowie Sprache, Denken und Persönlichkeit eng verflochten sind, besteht in der Verständigung gerade für gemischt-kulturelle Gruppen eines der größten Probleme.

Von großer Bedeutung ist dabei, daß sprachliches Verstehen sich nicht nur in der Kenntnis von Vokabeln und Grammatik gründet, sondern daß daneben die Wahrnehmung und Interpretation der Begriffe sowie der sozialen Situation und des jeweiligen Zusammenhangs, in dem Äußerungen gemacht werden, ebenso zentral sind. Hier nun wirken sich viele kulturelle Fragen aus: Wie beeinflussen Rollenerwartungen und Rollenverhalten – wie z.B. der Lehrerin oder die des Schülers – die Kommunikation? Wie verläuft kulturell üblicherweise die Kommunikation zwischen den Geschlechtern? Welchen Stellenwert hat das Nonverbale gegenüber dem Verbalen in der Kommunikation der jeweiligen Kultur? Ein weiteres, speziell interkulturelles Problem des Verstehens tritt dann auf, wenn ein Verhalten oder eine Äußerung als Ausdruck von Dominanz oder Herrschaft gedeutet wird, denn dies birgt die Gefahr in sich, daß es zum Abbruch der Kommunikation kommen kann.

In Foça arbeiteten wir in den Einheiten des Trainings mit Übersetzern, die aus der Gruppe kamen, und hatten in den informellen Teilen Englisch als eher lückenhafte Möglichkeit zur groben Verständigung zwischen den meisten Teilnehmenden. Vielleicht lag es gerade an dieser Konstellation (Übersetzung und schwierige direkte Kommunikation), daß es einiger Tage und der oben angesprochenen Grundsatzdiskussion bedurfte, bis auch in den freien Zeiten die Kommunikation stärker zwischen den Teilnehmenden aus beiden beteiligten Ländern begann. Zuvor hatte die Erwartung, daß Verständigung schwierig sein würde, die Wahrnehmung der anderen und das eigene Verhalten beeinflußt.

Hinzu kommt, daß gerade in geselligen Situationen die einzelnen ganz selbstverständlich auf die eigenen kulturspezifischen Umgangsformen und Färbungen des Handelns und Sprechens zurückgreifen, so daß Fremde sich hier am schwierigsten bewegen können. Als in Foça dann noch der türkische ›geyik‹ (Form des intelligenten Blödelns) zusammentraf mit dem Vorurteil, Deutsche seien humorlos, bedurfte es auf beiden Seiten einiger Anstrengungen und Beweise, daß es dennoch eine gemeinsame Basis und Sprache gibt.

Beide Wege, im interkulturellen Training zu kommunizieren – durch Übersetzung oder durch eine gemeinsame Fremdsprache – beinhalten also Probleme, die grundsätzlich nicht zu verhindern sind, sondern nur bewußt mitbedacht und aufgegriffen werden können. Jede Abweichung vom normalen oder beabsichtigten Kommunikationsverlauf sollte deshalb angesprochen werden, damit die Störung behoben werden kann. Hierfür könnten die TrainerInnen z. B. anregen, eine auf die Sprache bezogene Regel in den Umgangsvertrag der Gruppe aufzunehmen.[23]

Nun, all dies soll nicht zu dem Schluß führen, daß interkulturelle Kommunikation unmöglich ist, sonden nur auf deren Anforderungen hinweisen. Hervorzuheben ist deshalb, daß Sprachprobleme das Verstehen um so weniger behindern, je offener und positiver das Klima in der Gruppe ist und je klarer, durchschaubarer und beeinflußbarer die Struktur des Trainings, seine Inhalte und Methoden für alle TeilnehmerInnen sind.

Erleichternd wirkt sich ferner aus, daß nonverbale Zugänge über Spiele und Übungen eine zentrale Rolle in gewaltfreien Trainings haben. Sie sind darüber hinaus insgesamt für interkulturelle Lernprozesse von Bedeutung, weil sie das Eingehen auf Unbewußtes und die Übernahme ungewohnter Rollen fördern, weil sie die Aufmerksamkeit auf den Verlauf des Spiels oder der Übung und nicht allein auf deren Ergebnis lenken, weil sie in einem sanktionsarmen Raum stattfinden, weil sie Zusammenspiel und -arbeit anregen, und nicht zuletzt, weil der Spaß im Vordergrund steht.[24]

Und abschießend wollen wir noch einmal auf die positive Rolle gemeinsamer praktischer Arbeit hinweisen. Lernen ist immer dann besonders effektiv, wenn es mit einer realen, praktischen Tätigkeit verbunden ist. Das gilt auch für interkulturelles Lernen. Aktion und Interaktion begünstigen sich gegenseitig. Die Erfahrungen unserer internationalen Friedensarbeit und des Trainings in Foça belegen, daß gemeinsame Projekte und Kooperationen dabei helfen, sich verstehen zu wollen und sich verstehen zu können. Wenn sie sich als ›roter Faden‹ durch ein Training mit Teilnehmenden aus unterschiedlichen Kulturen ziehen, werden sie dessen gesamten Verlauf beflügeln.

Anmerkungen

1) Auch wenn es wichtig ist, sich die interkulturellen Aspekte von Begegnungen bewußt zu machen, möchten wir darauf hinweisen, daß nicht jeder Konflikt interkulturell bedingt ist, sondern daß individuelle Persönlichkeitsstrukturen ebenso wie soziale, geschlechtsspezifische und andere Erfahrungen eine Rolle spielen können.
2) Vgl. Georg Auernheimer, Einführung in die interkulturelle Erziehung, Darmstadt 1990, S. 207 f.
3) Vgl. ebd., S. 126 ff und S. 206 ff.
4) Vgl. Elisabeth Rohr, Begegnung mit Fremden – Geschlechtsspezifische Unterschiede, in: Arthur Frischkopf / Ursula Schneider-Wohlfart, Von der Utopie der multikulturellen Gesellschaft, Soest 1990, S. 87.
5) Vgl. Ulrich Mai, Die Wahrnehmung des Fremden: Über Möglichkeiten und Grenzen des Verstehens, in: Jürgen Hasse / Wolfgang Isenberg, Die Geographiedidaktik neu denken, Bergisch-Gladbach, 1991, S. 67 f.
6) Vgl. Willy Klawe, Sozialer Wandel, Migration und multikulturelle Gesellschaft – Perspektiven interkultureller Erziehung, in: ders., Lernen gegen Ausländerfeindlichkeit, Weinheim 1993, S. 111 f.

7) Vgl. Karl Engelhard, Interkulturelles Lernen – Aspekte und Thesen, in: Dr. Nikolaus Klein / Udo Rossbach, Interkulturelle Kommunikation und Interkulturelles Training, Stuttgart, 1994, S. 30.

8) Der folgende Versuch der Charakterisierung dieser beiden Kulturen der Gewalt muß unvollständig, ungenau, klischeehaft und damit falsch bleiben. Er mag jedoch dennoch als Anregung zum Nachdenken und zur Themenfindung für interkulturelle gewaltfreie Trainings dienen.

9) Vom preußischen König Friedrich II ist der Satz überliefert: »Wenn meine Soldaten nachdächten, würden sie noch heute desertieren.«

10) Vgl. Augusto Boal, Theater der Unterdrückten, Frankfurt, 1979, S. 261.

11) Vgl. das Kapitel »Eine allgegenwärtige Ideologie. Zur Geschichte von Gewalt und Militarismus in der Türkei« in diesem Buch.

12) Wir verwenden im folgenden den Begriff ›interkulturell‹, weil er sich besonders auf das Verhältnis zwischen den (existierenden) Kulturen und dessen Veränderung bezieht; der Begriff ›multikulturell‹ beschreibt dagegen eher einen Ist-Zustand, ist damit statischer und weniger auf lernende Veränderung hin angelegt; der Begriff ›transkulturell‹ beschreibt als politisches Ziel ein Denken jenseits der üblichen Kulturdefinitionen, er will die Pädagogik nicht an den einzelnen Kulturen orientieren, sondern an übergeordneten menschlichen Werten. In diesem Sinn ist unser Ansatz auch ›transkulturell‹, denn die Grundlage unserer Arbeit bilden gemeinsame Werte wie Gewaltfreiheit, Antimilitarismus und Menschenrechte.

13) Vgl. Günther Sander, Interkultureller Austausch im Jugendverband, in: Willy Klawe, a.a.O., S. 61.

14) Vgl. Georg Auernheimer, a.a.O., S. 179ff.

15) Vgl. Willy Klawe, a.a.O., S. 115.

16) Michele Borrelli, Interkulturelle Pädagogik, Baltmannsweiler, 1986, S. 23.

17) Vgl. Georg Auernheimer, a.a.O., S. 184 ff.

18) Vgl. Georg Auernheimer, a.a.O., S. 194 ff.

19) Vgl. K.Peter Fritzsche, Strategien gegen die Furcht vor den Fremden, in: Päd-Extra, Heft 11 / 1992, S. 14.

20) Vgl. Klaus Seitz, Eine Welt für alle? Herausforderungen für Dritte-Welt-Bewegung und Entwicklungspädagogik, in: Jahrbuch Frieden 1994, München, 1993, S. 252 f.

21) Vgl. das Kapitel »Persönlicher Bericht eines Teilnehmers ...« am Anfang dieses Buches.

22) Vgl. das Kapitel »Wenn Fremde Fremde treffen – die ersten Stunden eines Trainings« in diesem Buch.

23) Vgl. das Kapitel »Zum Umgang miteinander« in diesem Buch. Siehe dort auch, daß es ein allgemeines Prinzip gewaltfreier Trainings ist, auftretende Störungen und Konflikte direkt aufzugreifen und gemeinsam zu bearbeiten.

24) Vgl. Willy Klawe, Interkulturelles Lernen im Spiel, in: ders., a.a.O., S. 79 f.

Eine Gruppe entsteht

Jörg Rohwedder

Wenn Fremde Fremde treffen

Die ersten Stunden eines Trainings

Tagesablauf

17.00	Ankunft
18.00	Abendessen
19.40	Begrüßung, Vorstellung der TrainerInnen
20.00	Reise durch den Tag, Namensspiel 1, Kennenlernen
21.30	Schluß
8.30	Atemübung, Auflockerungsspiel (Amsterdamer Clown)
8.40	Kennenlernen, Namensspiel 2
8.50	Is-was-Runde, Organisatorisches, Tagesprogramm
9.10	Erwartungen und Befürchtungen
9.30	Vertrag zum Umgang miteinander
10.30	Pause
11.00	Prinzipien und Ziele eines Trainings, praktische Schritte, Rolle der TrainerInnen
11.15	Bezugsgruppenbildung

Mit dem Einstieg in ein Seminar verlassen die Teilnehmenden eine für sie gewohnte Umwelt und tauschen sie gegen eine stark auf die Gruppe und das Thema konzentrierte Lebens- und Arbeitsweise ein. Am Anfang stehen die Erwartungen und Befürchtungen, die damit verbunden sind, neue Menschen kennenzulernen, sowie das Loslösen vom Alltag der letzten Tage. Zudem sind die Teilnehmenden begierig, das Thema aufzunehmen und sich mit neuen Inhalten zu beschäftigen. Die Motivation, an einem Training teilzunehmen, kann sehr vielschichtig sein:

- Die Neugier, neue Menschen kennenzulernen; durch das Training ergeben sich Kontakte zu Leuten, die sich mit ähnlichen Themen beschäftigen.

- Die ›Flucht‹ aus dem Alltag; das Training wird als Urlaub verstanden, der den alltäglichen Lebensrhythmus unterbricht.
- Die Lust, das Thema intensiv zu bearbeiten; das Training bietet den Rahmen, ein Thema, ungestört durch äußere Einflüsse, ausführlich zu behandeln.
- Die Anmeldung unter Druck; im ungünstigsten Fall kommen die Teilnehmenden aufgrund von bewußten oder unbewußten Zwängen innerhalb einer Institution oder Gruppe.

In der Seminarkonzeption sind diese Stimmungen und Motive zu berücksichtigen. Gerade der letzte Punkt sollte bei Vorgesprächen zwischen allen organisierenden Gruppen geklärt werden. Obwohl Menschen an gewaltfreien Trainings grundsätzlich freiwillig teilnehmen sollen, kommen immer wieder Teilnehmende eher unfreiwillig und daher mit einer entsprechenden Reserviertheit.

Die Lust auf das Thema, die Neugier auf neue Menschen und die ›Flucht‹ aus dem Alltag sind Stimmungen, die bei den Teilnehmenden unterschiedlich stark ausgeprägt sind. Einige drängen darauf, so bald wie möglich mit den Inhalten zu beginnen, andere sind eher daran interessiert, mit anderen ins Gespräch zu kommen. Alle kommen mit Gedanken der vergangenen Tage an. Die Anfangssituation ist oft angespannt, weil nicht alle Bedürfnisse gleichzeitig befriedigt werden können.

Wir beginnen ein Training damit, daß der Alltag ›abgelegt‹ wird, die TeilnehmerInnen sich kennenlernen und dann einen ersten thematischen Einstieg machen. Wir folgen bei den Übungen in dieser Phase den Schritten ›Ich-Du-Wir‹. Im ersten Schritt beschäftigt sich die Person mit sich selbst, mit eigenen Gedanken. In den Übungen wird kein Bezug zu anderen hergestellt. Im zweiten Schritt werden Übungen für zwei Personen angeboten. Die Teilnehmenden müssen sich nicht sofort der ganzen Gruppe öffnen, sondern erst einzelnen Personen oder sehr kleinen Gruppen. Erst im dritten Schritt handelt die Gruppe zusammen oder eine einzelne Person vor allen. Den Schritten folgen wir sowohl in der Reihenfolge der Stimmungen und Motive, die wir ansprechen, als auch der Methoden, die wir anwenden.

Nachdem die notwendigen organisatorischen Dinge wie Bekanntgabe der Essenszeiten, Verteilung der Schlafplätze und Angabe der Seminarzeiten geklärt sind, bieten wir in der ersten Stunde eines Trainings Übungen an, mit denen die TeilnehmerInnen im Training ankommen und den Alltag zurücklassen können. Sie sollen ihnen ermöglichen, zunächst für sich zu sein, sich einige Minuten Ruhe zu gönnen und sich darauf zu besinnen, was sie zurücklassen. Wir schlagen dazu eine ›Reise durch den Tag‹ vor.

Übung: Reise durch den Tag

Die Teilnehmenden setzen sich bequem im Stuhlkreis hin. Die Hände liegen auf den Oberschenkeln, die Füße stehen parallel auf der Erde, wenn die Hose zwackt, Knopf auf. Es spielt leise, meditative Musik. Es wird mit ruhiger Stimme ein Text vorgelesen. Bei zweisprachigen Gruppen kann der Text Satz für Satz abwechselnd in beiden Sprachen vorgelesen werden. Nach jedem Satz soll eine Pause gemacht werden, die mindestens die Zeit der genannten Atemzüge dauert, eher länger.

Text für eine Reise durch den Tag

Setze Dich bequem hin. (2 Atemzüge Pause)
Schließe die Augen. Spüre Deinen Körper. (3)
Du sitzt bequem. (2)
Spüre Deinen Atem. (4)
Du atmest gleichmäßig und ruhig. (2)
Du machst nun eine Reise durch den Tag. Beginne mit dem Morgen. (1)
Wie bist Du aufgewacht? (4)
Wen hast Du getroffen? (4)
Welche Gedanken begleiteten Dich durch den Morgen? (6)
Es wird Mittag. Was hast Du gegessen? (3)
Das Training rückt näher. Du bist auf dem Weg zum Trainingsort. (6)
Welche Landschaften beobachtest Du? (3)
Wie ist das Wetter? (3)
Du triffst die ersten Leute, die auch an dem Training teilnehmen. Wie ist die Begrüßung? (5)
Erinnere Dich an die Gesichter. (5)
Wer macht Dich neugierig? (4)
Worauf bist Du gespannt? (4)
Du betrittst diesen Raum und siehst Dich um. Was ist Dein erster Eindruck? (4)
Du sitzt bequem auf Deinem Stuhl. (2)

Dein Atem geht ruhig. (2)
Du bewegst die Finger (1)
Du beginnst, Dich zu recken und zu strecken. (3)
Öffne die Augen und sieh Dir den Raum an, in dem Du bist. (3)
Stehe immer noch schweigend auf und berühre die Wände, Fenster, Möbel und Blumen. (Pause)
Wie fühlen sie sich an? Hart oder weich, warm oder kalt, rauh oder glatt? (Pause)
Sieh nun die Menschen an, mit denen Du die nächste Woche verbringen wirst. (Pause)
Sieh sie an, nicke ihnen zu. (Pause)
Berühre sie vorsichtig an den Schultern. (Pause)
Gib jemanden die Hand, gehe weiter und begrüße immer mehr Leute. (Pause)
Die Begrüßungen werden herzlicher. So herzlich wie jedeR mag.

In der Regel können sich die Teilnehmenden natürlich nicht vollständig von ihrem Alltag verabschieden. Es bleiben Reste. Aber ein Durchdenken der letzten Tage kann zu einer Klärung beitragen und für das Training öffnen. In der kurzen Reise durch den Tag können auch die ersten Einstimmungen auf die folgende Woche angeregt werden. Die Teilnehmenden bedenken noch einmal, welche Gefühle sie im Hinblick auf das Training hatten.

In der Anfangsphase besteht eine besondere Anspannung, weil jede Person in der Gruppe zu Beginn die eigene Position finden muß. Sie steht in dem Zwiespalt, sich öffnen zu müssen und dabei vorsichtig genug zu sein, um nicht verletzbar zu werden. Einige verhalten sich abwartend, beobachtend, während andere ›aufdrehen‹ und sich präsentieren. Für den weiteren Verlauf zählt zunächst der erste Eindruck, nach dem jede und jeder die anderen in schematische Kategorien einsortiert: Kasper, Denkerin, Aktiver, Sabblerin usw. Diese Kategorien helfen über erste Handlungsunsicherheiten hinweg. Sie bieten einen Rahmen, innerhalb dessen gehandelt werden kann. Sie beeinträchtigen aber auch ein vorurteilsfreies Kennenlernen. In der Anfangsphase soll daher ein Klima geschaffen werden, in dem sich die Teilnehmenden zwanglos kennenlernen können. In einer Atmosphäre, in der von Anfang an Unterschiede akzeptiert werden, kann erstes Vertrauen wachsen. Die Leute sollen sich in Paaren oder kleinen Gruppen unter Fragestellungen vorstellen, die weniger Vergleiche zu anderen erzeugen, etwa in Bezug auf Bildung, Herkunft oder den kulturellen Hintergrund. Sie sollen vielmehr mit der eigenen

Motivation, am Training teilzunehmen, zu tun haben. Ein Kennenlernen, das nicht über Klischees erfolgt, läßt andere Erfahrungen entstehen, die anfängliche Vorurteile hinterfragen helfen.

In einem Training, in dem es keine gemeinsame Sprache gibt, sind besonders für die Anfangsphase verschiedene Vorbereitungen zu treffen. So muß eine Reise durch den Tag in beiden Sprachen vorliegen oder der Dolmetscher muß in die Technik einer solcher Traumreise eingewiesen werden. Mit dem zweisprachigen Beginn soll den Teilnehmenden die erste Angst vor Schwierigkeiten mit der Sprache genommen werden. Die TeilnehmerInnen müssen aber auch im direkten Umgang miteinander das Sprachproblem bewältigen. Dazu kann eine Übung dienen, bei der sich die Personen im spielerischen Umgang kennenlernen und bei der sie gleichzeitig mit dem Problem fertig werden müssen, daß sie in eine Kleingruppe kommen, in der keine gemeinsame Sprache gesprochen wird. Ein einfaches Abfragen, wer welche Sprache spricht, führt hingegen schnell dazu, daß einige als besser, andere als schlechter gebildet angesehen werden, weil sie mehrere oder eben keine Fremdsprachen sprechen.

Spiel: Namensspiel 1

Im Kreis aufstellen, den eigenen Namen sagen und dazu eine Geste machen, die eine Lieblingsbeschäftigung zeigt. JedeR wiederholt jeweils die drei vorhergegangenen Namen und Gesten.

Spiel: Namensspiel 2

Im Kreis aufstellen und in einer bestimmten Gangart durch diesen Kreis gehen, den eigenen Namen sagen und dann den Namen der Person vorstellen, auf die zugegangen wird.

Spiel: Atomspiel

Alle Personen bewegen sich im Raum (evtl. zu Musik). Der oder die AnleiterIn nennt eine Zahl, z.B. drei. Jetzt sollen sich ganz schnell Gruppen mit drei Personen bilden. Es ist möglich, alle Zahlen zu nennen, durch die die gesamte Gruppenzahl teilbar ist. Dieses Spiel eignet sich, um für die Weiterarbeit Kleingruppen willkürlich zu bilden, aber auch, um den jeweiligen Kleingruppen Fragen zu stellen, die sie zum gegenseitigen Kennenlernen beantworten sollen. Dann hat es den Zweck einer Übung. Beispiele für Fragen:

- Wie bist Du hergekommen?
- Wo und wie wohnst Du?
- Was arbeitest Du?
- Was für Hobbys hast Du?
- Was für einen politischen Schwerpunkt hast Du?

Sich Zeit zu lassen für Ankommen und Kennenlernen steht in einem Spannungsverhältnis zu dem Wunsch, rasch ins Thema einzusteigen. Dieser Wunsch ist zum einen gespeist aus Interesse am Thema, zum anderen ist eine inhaltliche Diskussion eine gewohnte Form in politischen Gruppen und verheißt eine größere Sicherheit, als sofort Persönliches preiszugeben. Bei einem Training, das mehrere Tage oder Wochen dauert, kann für den ersten Abend bedenkenlos auf einen Einstieg ins Thema verzichtet werden, wenn erklärt wird, daß dafür ausreichend Zeit bleiben wird. Es ist also am ersten Abend wichtiger, das Programm zu skizzieren und klare Strukturen darüber herzustellen, wo und zu welchen Zeiten sich die Gruppe trifft, um zu essen, zu arbeiten oder die Freizeit zu verbringen. Die Teilnehmenden sind gerade in der Anfangsphase auf Anleitung angewiesen. Die Phase sollte vom Team klar strukturiert werden. Eine eindeutige Struktur baut Handlungsunsicherheiten ab. Einstiegsthemen ermöglichen ein Kennenlernen, ein Abwenden von der Umwelt und ein Hinwenden zum Thema.

Das Team besitzt in der Anfangsphase noch Autorität. Ihm wird zugetraut, die Ziele der Gruppen und deren Arbeitsschwerpunkte und Strukturen vorzugeben. Das Team hat die Aufgabe, die Gruppe aus dieser faktischen und zum Teil selbstgewählten Abhängigkeit hinauszuführen. Diese Autorität, die im Selbstverständnis des Teams kritisch hinterfragt werden sollte, wird von den Teilnehmenden geprüft und in der Regel nach einiger Zeit in Zweifel gezogen. Nach der ersten Phase des Vertrauensvorschusses verlieren die TeilnehmerInnen das Vertrauen und hören auf, die Leitung zu akzeptieren. Sie stehen eine Zeit lang zwischen dem Wunsch nach Unabhängigkeit und dem nach Führung. In einer Begegnung von Teilnehmenden aus armen und reichen Ländern werden die TrainerInnen nicht nur in ihrer Funktion, sondern darüber hinaus auch in ihrer Herkunft in Frage gestellt. Es wird bezweifelt, daß ihre Aussagen Relevanz für die anderen Kulturen haben. Als VertreterInnen aus einem reichen Land wird ihnen unterstellt, sie wollten ›missionieren‹. Eine Teilnehmerin brachte ihre Befürchtung auf den Punkt, als sie sagte: »Ich möchte gerne lernen, aber ich will nicht als dumme Schülerin hingestellt werden.«

Das Gefälle zwischen Team und TeilnehmerInnen, das eine anfängliche Leitung erfordert, ist eng mit den Inhalten des Trainings verbunden. Die TrainerInnen stehen bereits zu Beginn des Trainings im Thema. Sie haben sich einige Tage vorher gedanklich mit dem Training beschäftigt. Ihr Einstieg in das Training ist daher für den gesamten Verlauf von besonderer Bedeutung. Die Teilnehmenden orientieren sich an den (impliziten und expliziten) Vorgaben des Teams. Für ein gewaltfreies Training heißt das, so bald wie möglich mit der Partizipation der Teilnehmenden zu beginnen. Mit dem Training soll ein Teil unserer Utopie abgebildet werden, und so gilt auch hier, daß der Weg dem Ziel entsprechen soll. Zum Thema hinzuführen, bedeutet nicht, nur das Sachthema zu bestimmen und einzugrenzen. Darüber hinaus sollte der methodische Ansatz erläutert werden. Der Begriff ›Training‹ kann Unsicherheiten wecken und sollte daher relativ früh definiert werden. Es ist allerdings darauf zu achten, daß bereits alle TeilnehmerInnen anwesend sind und daß die Fragen von »Wo schlafe, esse und arbeite ich?« und »Mit wem werde ich es in den kommenden Tagen zu tun haben?« geklärt sind. In der Beschreibung des Trainingsansatzes wird auch die Frage zu klären sein, welche Rolle und welche Ziele die TrainerInnen haben. Die Offenheit, mit der das Team diese Frage beantwortet, wird die Stimmung in der Anfangsphase maßgeblich beeinflussen. Bedeutsam ist, wie auf die Erwartungen und Befürchtungen eingegangen wird. Gerade Befürchtungen zu äußern, ist ein mutiger Schritt für Teilnehmende. Sie öffnen sich mit einer Schwäche, die sie an sich vermuten. Die Einheit zu den Erwartungen und Befürchtungen sollte daher so gewählt werden, daß sie ausreichend Zeit für einen Austausch und eine entsprechende Berücksichtigung für das spätere Programm läßt. Das Programm sollte also auch nicht zu starr vorstrukturiert werden. Es sind Zeiten freizuhalten, die flexible Gestaltung durch Teilnehmende und Team ermöglichen.

Wir haben in Foça einige Grundlagen im gewaltfreien Umgang miteinander dem ersten thematischen Einstieg vorangestellt. Dazu gehören neben Erwartungen und Befürchtungen der Umgang in der Gruppe und die Bildung von Bezugsgruppen. Die Gruppe sollte damit methodisches Handwerkszeug für gewaltfreies Arbeiten in der Gruppe bekommen. Wir haben diesen Teil nicht ausdrücklich als einen Teil von Gewaltfreiheit bezeichnet und versäumten es, die Verbindung zwischen Bezugsgruppe, Umgangsvereinbarung und Gewaltfreiheit aufzuzeigen. Zudem versäumten wir zu erklären, was ein gewaltfreies Training ist. Die Handlungssicherheit, die das Team in der Anfangsphase gewährleisten sollte, blieb so aus. Im Gegenteil waren den Teilnehmenden einige Programmpunkte schlicht unverständlich und es waren der Vertrauensvorschuß und die Anfangsautorität, welche die Eskalation von Konflikten hinauszögerten. Zuerst in der Bezugsgruppenbildung und später bei der Frage zum thematischen Einstieg eskalierten Konflikte, die uns das nachholen ließen, was zu Beginn notwendig gewesen wäre. Der rote Faden wurde gesponnen, das Selbstverständnis der TrainerInnen erklärt und die Arbeitsweise in einem gewaltfreien Training erläutert.

Jörg Rohwedder

Zum Umgang miteinander

Im gewaltfreien Training organisiert sich die Gruppe selbst. Sie soll sich freimachen von Regeln, die sie in der Gesellschaft umgeben, und ein Stück der Utopie vorwegnehmen, die wir anstreben. Das bedeutet, daß die Individuen, die Gruppe und das Thema für den Zeitraum des Trainings in einem Zusammenhang stehen.

Themenzentrierte Interaktion (TZI)[1]

Das Konzept TZI ist ein Modell, das diese Ansprüche umzusetzen versucht. Es ist von der Psychoanalytikerin Ruth Cohn entwickelt und verbreitet worden. Ihr Ausgangspunkt war die Frage, wie Ich-stärkende Faktoren therapeutischer Arbeit auch im alltäglichen Umgang wirksam werden können, um zu einer ganzheitlichen, die ganze Persönlichkeit ansprechenden Lern-, Lebens- und Arbeitssituation zu gelangen. Dabei sollen Kopf, Herz und Hand aktiv in die Lern- und Arbeitsprozesse einbezogen werden. Die TZI macht folgende Überlegungen für die gemeinsame Arbeit zur Grundlage:

- Es gibt eine Suche nach Balance zwischen der Arbeit am jeweiligen Thema, der Interaktion in der Gruppe und dem Beteiligtsein des Individuums.
- Das Umfeld der Gruppe und das Umfeld jedes Gruppenmitgliedes wird beachtet und mit einbezogen.
- Es gibt eine deutlich wahrnehmbare Leitung, die für die Gruppe transparent ist. Sie ist an der Autonomie des einzelnen ausgerichtet und soll diese genauso fördern wie die Sensibilität sich selbst und anderen gegenüber. Das Ziel ist ein vertrauensvolles, angstfreies Gruppenklima.
- Das Themenprinzip wird konsequent durchgehalten. Jede Einheit steht unter einem Thema, an dem die Gruppe arbeiten will. Das ist ein Unterschied zu anderen Methoden der Gruppenarbeit, die den Prozeß als Quelle des Lernens in den Mittelpunkt stellen.

- Die Gruppe formuliert Umgangsvereinbarungen für die Zusammenarbeit.

Das System der TZI basiert auf drei Grundannahmen, den Axiomen, aus denen wiederum verschiedene Postulate und Hilfsregeln abgeleitet werden.

Die Axiome sind:

Das existentiell-anthropologische Axiom
Der Mensch ist sowohl ein eigenständiges Individuum als auch Teil des Universums und damit gleichzeitig autonom und interdependent.

Das ethisch-soziale Axiom
Ehrfurcht gebührt allem Lebendigem und seinem Wachstum. Das Humane ist wertvoll, Inhumanes ist wertbedrohend.

Das pragmatisch-politische Axiom
Der Mensch ist fähig, Entscheidungen zu treffen, unterliegt dabei jedoch Grenzen, die wiederum veränderbar sind. Der Mensch ist weder allmächtig noch ohnmächtig.

Die Postulate der TZI sind:

»Sei deine eigene Vorsitzende und dein eigener Vorsitzender«
Übernimm Verantwortung für Dich und bestimme Dein Vorgehen im Hinblick auf das Thema und die Gruppe. Bestimme was Du sagen willst und wann und vertraue darauf, daß alle anderen ebenso handeln.

»Gib Störungen den angemessenen Raum«
Störungen, die Du empfindest, die Dich oder die Gruppe betreffen, sollen ausgesprochen werden. Es können Schmerzen, Müdigkeit, Langeweile oder eine starke Abneigung sein. Unterbrich das Gespräch, wenn Du nicht wirklich folgen kannst. Der Arbeitsablauf kann dadurch gestört sein. Die TZI geht aber davon aus, daß eine unausgesprochene Störung ebenfalls den Arbeitsablauf früher oder später behindert und letztlich das Arbeitsergebnis verschlechtert.

Die Hilfsregeln lauten:

»Sprich per ›ich‹, nicht per ›wir‹ oder ›man«‹
Achte auf Deine Gefühle und drücke sie als solche aus. ›Wir‹ und ›man‹ sind unzulässige Verallgemeinerungen, die oft die eigenen Gefühle und Meinungen auf die Gruppe oder die Allgemeinheit übertragen.

»Nur eine Person spricht zur gleichen Zeit«
Niemand kann mehreren Äußerungen zur gleichen Zeit folgen. Damit sich alle auf das Gesprochene konzentrieren können, soll jeweils nur eine Person sprechen. Wenn Seitengespräche geführt werden, haben sie eine Bedeutung. Entweder sind die Teilnehmenden sehr beteiligt oder gar nicht. Das Seitengespräch kann für die Gruppe geöffnet werden.

»Sei authentisch und entscheide, woran Du teilnimmst«
Achte auf Deine Stimmungen und Wünsche und entscheide selbst, was Du wann und zu wem sagen willst und an welchen Übungen Du dich beteiligst. Die TrainerInnen sollten vor bestimmten Übungen immer wieder daran appellieren, daß alle Teilnehmenden sich freiwillig beteiligen und genauso aussetzen können.

Die TZI beschreibt weitere Hilfsregeln, die hier vernachlässigt werden. Statt dessen möchte ich einige Vorschläge nennen, die sich aus der Trainingsarbeit zu Gewaltfreiheit entwickelt haben.

»Gleiche Zeit, gleicher Raum«
Jede Person in der Gruppe soll in etwa die gleiche Zeit haben, sich in der Gruppe zu äußern. Dabei hilft eine einfache Regel. Wenn eine Frage 30 Minuten besprochen werden soll und die Gruppe aus zehn Personen besteht, kann jede Person drei Minuten sprechen.

»Das Team ist transparent«
Das Team macht die Zielsetzung von Übungen und Spielen öffentlich. Mit Zustimmung der Teilnehmenden kann dies für bestimmte Einheiten aufgehoben werden. Der Planungsprozeß kann durch die Teilnehmenden beobachtet werden, d.h. sie können den Teamsitzungen beiwohnen, allerdings ohne sich zu beteiligen.

»Kein Niedermachen«, »Positiv Kritik üben«
Die Personen sollen sich nicht verletzend über andere äußern. Das heißt aber nicht, daß Kritik ausgeschlossen ist. Sie soll so geäußert werden, daß sie auch angenommen werden kann. Dazu können »Kritikregeln« eingeführt werden.

»Schlage nur Dich selber vor«
Jede Person prüft, ob sie eine erforderte Verantwortung übernehmen kann. Sie schlägt niemanden für eine Aufgabe vor.

Im System der TZI sind die Postulate als Grundlage und die Hilfsregeln als Vorschläge zu verstehen, um den Umgang in der Gruppe so zu gestalten, daß die Bedürfnisse und Interessen jedes einzelnen und aller zusammen Berücksichtigung finden. Weil sich diese Ansprüche der TZI mit denen der Gewaltfreiheit decken, können sie in der Trainingsarbeit ein Hilfsmittel darstellen. Es ist aber auch möglich, von den Erwartungen und Befürchtungen der Teilnehmenden und der TrainerInnen ausgehend, einen Vertrag zu entwickeln und gegebenenfalls durch die Postulate und Hilfsregeln der TZI zu ergänzen. Dabei kommt es jedoch weniger auf die Vollständigkeit an. Sollten Regeln fehlen, so können sie immer dann zum Vertrag hinzugefügt werden, wenn sie zum Problem in der Gruppe geworden sind. Wichtig ist in jedem Fall die gemeinsame Entscheidung über die Vereinbarung. So wächst vielleicht eine Umgangsvereinbarung, die auch über die Dauer des Trainings hinausreichen kann.

Grundsätzlich signalisiert eine Vereinbarung oder ein Vertrag, daß die Gruppe autonom ist. Sie schafft sich eigene Regeln, macht sie transparent und schreibt sie auf. Aufschreiben heißt aber nicht, auf alle Ewigkeit festschreiben. So wie der Vertrag geschlossen wurde, kann er auch wieder verändert werden. Eine einseitige Aufhebung des Vertrages durch eine Person kann von der Gruppe unter Berufung auf den gemeinsamen Vertragsschluß ›angeklagt‹ werden. Eine mögliche Folge von Vertragsverletzung ist die erneute Diskussion über den Vertrag und unter Umständen die gemeinsame Auflösung oder Veränderung des Vertrages. Ein ›Herausstehlen‹ ohne jede Transparenz soll aber verhindert werden.

›Ich – Wir – Thema‹: Das Dreieck der TZI im Kreis der Umwelt

Neben den Umgangsvereinbarungen ist das Verhältnis zwischen dem Ich (der Person), dem Wir (der Gruppe) und dem Thema von besonderer Bedeutung

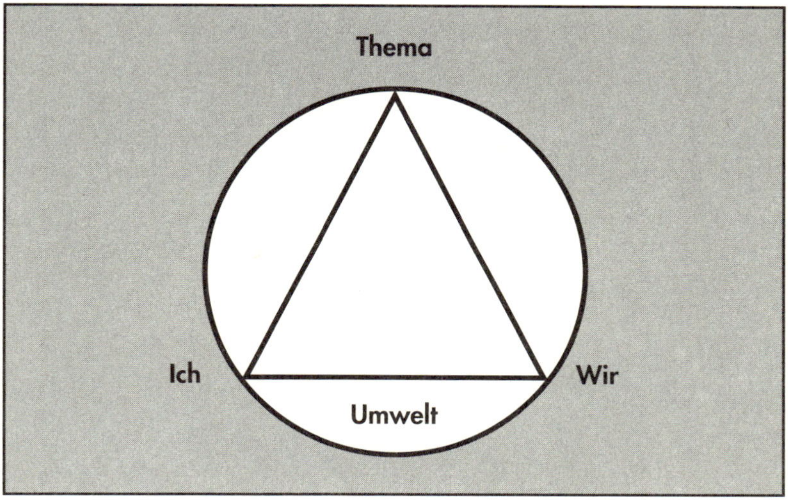

für die TZI. Um optimale Bedingungen für diese drei Faktoren herzustellen, soll innerhalb des Dreiecks ein dynamisches Gleichgewicht erarbeitet werden. Selbstverwirklichung, Kooperation und Aufgabenlösung gehen so Hand in Hand. Das Dreieck befindet sich in einer Umwelt, die jedes Gruppenmitglied und die Gruppe betrifft. Zur Umwelt zählen Natur, Gesellschaft, Menschen in Vergangenheit, Gegenwart und Zukunft, somit aktuelle, kulturelle und politische Einflüsse genauso wie eine geschlechtsspezifische und milieutypische Sozialisation.

Der Prozeß in der Gruppe ist um so erfolgreicher, je ausgewogener das Verhältnis der drei Faktoren unter Berücksichtigung der Umwelt ist. Bekommt eine der Spitzen eine zu große Bedeutung, geht dies automatisch zu Lasten der beiden anderen und des Prozesses. Dominiert eine ichbezogene Arbeitsweise, kommen Gruppe und Thema zu kurz. Ist das Thema übermächtig, so werden die Bedürfnisse des einzelnen und die der Gruppe vernachlässigt, und wenn sich die Gruppe um sich dreht, werden zum Thema wenige Ergebnisse erzielt. Nicht in jeder Einheit kann jeder Faktor gleich angesprochen werden. Doch nach einer theorielastigen Einheit, in der viel mit der Gruppe gearbeitet wurde, sollte auch eine Phase folgen, in der die Individuen Gelegenheit haben, das Erarbeitete zu verdauen. Das Gleichgewicht der Faktoren ist keine Rechnung in Zeiteinheiten, sondern eine Abstimmung auf die Situation. Wenn es erhebliche Probleme in der Gruppe gibt, so sind sie vorrangig zu klären, um dann für einen längeren Zeitraum wieder am Thema arbeiten zu können. TrainerInnen und Teilnehmende sind gleichermaßen angesprochen, die Balance der Faktoren zu erhalten. Die TrainerInnen sind bereits bei der Vorbereitung aufgefordert, die entsprechenden Räume einzuplanen. Ihnen kann das Modell immer wieder als Folie für eine Beschreibung der gegenwärtigen Situation der Gruppe dienen.

Umgangsvereinbarungen im Training

Mit dem Ablauf, wie wir ihn für das Training in Foça wählten, versuchten wir die oben beschriebenen Überlegungen umzusetzen. Wir wählten die Kartenabfrage als Methode für die Erwartungen und Befürchtungen, weil dabei die Teilnehmenden ihre Gefühle unbeeinflußt von den Äußerungen anderer aufschreiben können. Die Karten wurden eingesammelt, gemischt und vom Team vorgelesen. So blieben die VerfasserInnen anonym.

Übung: Erwartungen und Befürchtungen

Nach einer angemessenen Kennenlernphase schreiben die Teilnehmenden ihre Erwartungen und Befürchtungen auf verschiedenfarbige Karteikarten. Pro Person sollten nicht mehr als jeweils drei Erwartungen und Befürchtungen notiert werden. Die Karten werden eingesammelt, vorgelesen und auf einer Wandzeitung befestigt. Dabei können ähnliche Erwartungen und Befürchtungen gebündelt werden. Die Wandzeitung kann während des Trainings hängen bleiben, so daß die Teilnehmenden sich ihre Erwartungen immer wieder vor Augen führen können. Aus den Erwartungen und Befürchtungen werden anschließend die Umgangsvereinbarungen entwickelt. Bei der Programmvorstellung sollte aufgezeigt werden, welche Erwartungen zu erfüllen sind.

Folgende Erwartungen wurden gesammelt:
Erfahren, wie der türkische Mensch mit Repression umgeht / Wissen über Gewaltfreiheit steigern / Wissen über Gewaltfreiheit vertiefen / geschlechtsspezifische Gewalterfahrungen und ihre Auswirkungen thematisieren / künftig mehr Trainings in der Türkei durchführen / sozialer werden / Klarheit über Gewalt-

freiheit gewinnen / Erfahrungen aus dem Training in die eigene Arbeit integrieren / internationale Kontakte über einige Personen hinaus vernetzen / Gefühl der Zusammengehörigkeit entwickeln / Programm flexibel gestalten / besser wissen, wie politische Arbeit in der Türkei laufen kann / von euch lernen, wie ihr mit Angst und Ohnmacht umgeht / entdecken, was gewaltfreie Aktion heißt.

Als Befürchtungen wurden genannt:
In der Gruppe keine gemeinsame Sprache zu finden / zu wenig Output mitzunehmen / morgens zu früh anfangen zu müssen / Angst, Gefühle weiterzugeben / Sprach- und Verständigungsprobleme nicht lösen zu können / schlechte Atmosphäre wegen Zeitdruck / Streß mit der Polizei / Übungen, an denen ich wegen meiner Behinderung nicht teilnehmen kann / Ängste definieren / nicht genug schlafen / nicht genug Zeit nehmen, uns zu verstehen

In einer anschließenden Diskussion entwickelten wir aus den gesammelten Erwartungen und Befürchtungen folgende Vereinbarungen für den Umgang:
Pünktlichkeit / aktiv werden können / andere respektieren / Offenheit / Zuhören / ausreden lassen / Transparenz / Freiwilligkeit / Eigenverantwortlichkeit / konstruktive Kritik

Übung: Umgangsvereinbarung

Im Plenum formulieren die Teilnehmenden aus ihren Erwartungen und Befürchtungen die Wünsche, die sie an den Umgang miteinander in der Zeit des Trainings haben. Die Wünsche werden gesammelt. Nach der Sammlung werden diese Vorschläge diskutiert, und erst, wenn über einen Punkt Konsens erreicht wurde, wird er in die Umgangsvereinbarung aufgenommen. Nachdem der Vertrag auf eine Wandzeitung geschrieben wurde, wird er von allen unterzeichnet. Die Teilnehmenden signalisieren so ihre Zustimmung. Der unterzeichnete Vertrag wird für alle sichtbar aufgehängt und bleibt während des Trainings hängen.

Im Laufe des Trainings verlor die geschriebene Vereinbarung an Bedeutung, da sich in der Gruppe ein Gemeinschaftsgefühl entwickelte, das Respekt vor den anderen ohne geschriebene Vereinbarungen beinhaltete. Lediglich zu Beginn des Trainings, als ein Konflikt eskalierte, wurde im Konfliktgespräch auf bestimmte Vereinbarungen verwiesen.

Die Gedanken zur Themenzentrierten Interaktion wurden nicht mit der Gruppe erarbeitet. Sie wurden in einem Referat mit Hilfe der Skizze ›Ich – Wir – Thema – Umwelt‹ vorgestellt und diskutiert. Dabei wurde der Zusammenhang zur Gewaltfreiheit nicht ausreichend hergestellt. So erschien der Vormittag, der darüber hinaus von der Bezugsgruppenbildung bestimmt war, sehr auf Methoden fixiert. Die Teilnehmenden wurden ungeduldig und wollten endlich ›ernsthaft‹ mit dem Thema Gewaltfreiheit beginnen.

Anmerkung

1) Das Konzept wird beschrieben nach einer Darstellung in: Barbara Langmaack, Michael Braune-Krickau: Wie die Gruppe laufen lernt. Weinheim 1995, 5. Aufl., S. 97ff.

Jörg Rohwedder

Zwischen Individuum und Gruppe

Die Bezugsgruppe

Ein Training findet immer in Gruppen statt. Dabei kann die Größe zwischen vier und 150 Personen betragen. Wie in der gewaltfreien Aktion so werden auch während eines Trainings Bezugsgruppen gebildet. Sie haben für die Aktion und für das Training jeweils spezielle Aufgaben.

Bezugsgruppe in der politischen Aktion

Bezugsgruppen zu bilden, bietet sich in der politischen Arbeit besonders dann an, wenn größere Gruppen gewaltfrei handeln wollen. Ein wesentliches Element gewaltfreier Arbeit ist, gleichberechtigt und basisdemokratisch im Konsens Aktivitäten zu planen, zu entscheiden und umzusetzen. Um dies in Gruppen, die größer als etwa 20 Personen sind, zu gewährleisten, ist ein Verfahren nötig, das über das klassische Plenum hinausgeht: das SprecherInnenratssystem oder auch Rätemodell. Dazu muß die Gruppe in kleinere Bezugsgruppen aufgeteilt werden, deren Größe zwölf Personen möglichst nicht überschreiten sollte. Eine Gruppe dieser Größe ermöglicht in der politischen Aktion ausreichend Zeit für jede Person und kann als Gruppe Einfluß auf das Geschehen nehmen. Die Bezugsgruppe bleibt bei Entscheidungen autonom. Sie bestimmt, welches die für sie relevante Entscheidungsfrage ist und welche Lösungen sie anstrebt. Sicher, der SprecherInnenrat wird Vorschläge für die Entscheidungsfrage liefern. Er hat aber keinen Einfluß darauf, was die Gruppe wie entscheidet. Die Gruppe diskutiert über das eigene Vorgehen und entsendet eine SprecherIn und eine BeobachterIn in den Rat. Der trägt die Informationen aus den Bezugsgruppen zusammen. Dabei organisiert sich der Rat wie eine Gruppe, die einen Konsens erreichen will.

Aus den zusammengetragenen Informationen stellt der Rat die Übereinstimmungen, die bisher erzielt wurden, und die bestehenden Unterschiede fest. Offene Fragen, die sich dabei ergeben, und die unterschiedlichen Positionen werden wieder in die Bezugsgruppen zurückgegeben. Der Rat hat ausdrücklich nicht die Aufgabe, eine Entscheidung für alle zu treffen. Er kann Konsensvorschläge formulieren und in die Bezugsgruppen zurückgeben. Die Bezugsgruppen beginnen ihre Diskussion erneut und teilen ihr Ergebnis dem Rat mit. Es kann so ein mehrfaches Hin und Her zwischen Rat und Bezugsgruppen geben. Um die Diskussion im Rat für möglichst viele transparent zu machen, sitzt der Rat in der Mitte eines Kreises aus ZuschauerInnen. Alle Mitglieder einer Bezugsgruppe (oft sind es zwei oder drei BeobachterInnen), können dem Rat zusehen und zuhören. Sie dürfen allerdings nicht aktiv in das Gespräch des Rates eingreifen, es sei denn sie erheben beifälliges oder ablehnendes Gemurmel.

Das Rätemodell mit Bezugsgruppen, die im Konsens entscheiden, hat einige Vorteile:

1. Das Rätemodell ermöglicht es relativ großen Gruppen, im Konsens zu entscheiden. Wenn eine Bezugsgruppe maximal 20 Personen umfaßt, und ein SprecherInnenrat etwa 15 Personen, dann sind 300 Personen miteinander verbunden. Aus zehn SprecherInnenräten kann ein weiterer gebildet werden und mit einem dreistufigen Modell haben 3.000 Personen eine Entscheidungsmöglichkeit mit möglichst großer Verbindung von Autonomie des Individuums und Gruppenentscheidung. Gelungene Beispiele belegen, daß mit ein wenig Übung so große Gruppen organisiert werden können.
2. Die Gruppen vollziehen mit dem Entscheidungsmodell Elemente ihrer Utopie nach. In kleinen, dezentralen Gruppen wird autonom entschieden, ohne sich langwierigen und ermüdenden Plenumsdiskussionen auszusetzen. Die Autonomie der Kleingruppe bedeutet gleichzeitig aber nicht Zersplitterung. Der Kontakt zu den anderen bleibt erhalten.
3. Das Verfahren ermöglicht einen Schutz vor Spitzeln und ProvokateurInnen. Eine Plenumsdiskussion ist durch eine ProvokateurIn viel leichter zu lähmen als ein SprecherInnenrat. Im Rätemodell kann eine StörerIn schneller unterschieden werden von jemandem, die oder der ernste Bedenken vorträgt.

Die Bezugsgruppe hat über die politische Funktion, sich basisdemokratisch und herrschaftsfrei zu organisieren, noch andere Funktionen. Sie ist die emotionale Heimat. Hier werden Ängste, Frustrationen und auch Wünsche und Hoffnungen miteinander geteilt. Die Gruppenmitglieder lernen einander kennen und aufeinander zu achten. Der Zusammenhalt in der Gruppe wird höher durch ausgetauschte Erfahrungen und Gefühle. In Diskussionen kann die persönliche Geschichte und Motivation erörtert werden. Die Gruppe kann Handlungsmöglichkeiten für extreme Situationen besprechen und so ein Gefühl von Vertrauen schaffen: »Ich weiß, daß die anderen wissen, wie sie mir helfen können. Wir haben eine gemeinsame Idee, die wir hier zusammen oder anderswo getrennt verfolgen.« Die Bezugsgruppe gibt Solidarität, die über die Aktion hinausreicht. Auch in der Nachbereitung einer gewaltfreien Aktion bleibt die Gruppe zusammen und bespricht das Erlebte.

Bezugsgruppe im Training

Eine weitere Funktion hat die Bezugsgruppe im gewaltfreien Training. Dort werden wesentlich kleinere Einheiten gebildet. Sie schaffen die Verbindung zwischen dem Individuum (Ich) und der Gesamtgruppe (Wir).[1] In Gruppen von drei oder vier haben die Teilnehmenden die Möglichkeit, sich über Gefühle und Erfahrungen auszutauschen. Es kann ein Vertrauen und Verständnis füreinander entstehen, das über das zur Gesamtgruppe hinausgeht. Die Schritte, die zu einem solchen Verständnis führen, sind ein erstes Kennenlernen, die Beschreibung, wie der eigene Weg in die politische Aktivität begann, der tägliche ›Wetterbericht‹, Auswertungen und eine Diskussion über politische Inhalte, an denen die einzelnen interessiert sind.

Die Bezugsgruppe im Training bietet auch die Möglichkeit, Kritik am Trainingsprozeß, am Team oder anderen TeilnehmerInnen zu reflektieren. Bevor eine Störung in die Großgruppe getragen wird, kann die Bezugsgruppe über die Bedeutung reden und vielleicht sogar erste Handlungsmöglichkeiten erarbeiten. Das Bereden in der Bezugsgruppe soll dabei kein Lästern über andere sein, sondern eine Vorbereitung darauf, Kritik und Störungen angemessen zu äußern. So geschah es in Foça. In der Gesamtgruppe tauchte eine Störung auf. Die Teilnehmenden waren in ihrer Erwartung, ein Gesamtkonzept von Gewaltfreiheit vorgestellt zu bekommen, enttäuscht. Das Team hatte darüber hinaus den Fehler gemacht, die Ziele und die Arbeitsweise im Training nicht darzustellen. Eine Bezugsgruppe besprach die Stim-

Bezugsgruppentreffen in einem Café in Foça

mung in der Gruppe und schlug ein Treffen nach dem Abendessen vor, in dem die anstehenden Probleme besprochen werden konnten. Die Bezugsgruppe übernahm die Moderation des Treffens und zeigte Verantwortung für die Gesamtgruppe.

In Foça gab es für die Bezugsgruppen nur in der ersten Sitzung einen Arbeitsvorschlag. Sie sollten einander vorstellen und erzählen, woher sie kommen und warum sie zu dem Training gekommen sind. Ansonsten waren für die täglichen Gruppentreffen keine Arbeitsvorschläge unterbreitet. Die Bezugsgruppen konnten so ihre Ziele selber definieren. Gab es auf der einen Seite immer wieder den Bedarf, in der Gesamtgruppe schwelende Konflikte zu besprechen, so wollten andere politische Themen des Trainingstages in der Bezugsgruppe vertiefen. Für eine Zielfindung durch die Bezugsgruppe fehlte die deutliche Anleitung, daß die Bezugsgruppen in Foça nicht so sehr der inhaltlichen als vielmehr der emotionalen Auseinandersetzung dienen sollten

Den Bezugsgruppen können im Laufe eines Trainings z.B. folgende Arbeitsvorschläge unterbreitet werden:

- Wie ist das Verhalten von Männern und Frauen zueinander?
- Wie ist das Verhalten gegenüber Minderheiten in der Gruppe?
- Welches Verhältnis besteht zu den TeamerInnen?
- Wie nehme ich die anderen wahr?

Es soll jeweils ein Austausch über die Gefühle und weniger über gesamtgesellschaftliche Kontexte zu diesen Themen erfolgen.

Die Bezugsgruppe kann gerade bei längeren Trainings oder bei langfristigen Gruppen dazu dienen, eigene Verhaltens- und Handlungsänderungen festzustellen und zu kontrollieren. So kann jede Person in der Bezugsgruppe benennen, welches Verhalten sie an sich selbst verändern will. Sie kann die anderen bitten, dabei zu helfen. Die Bezugsgruppe kann überlegen, wie sie die Person bei den von ihr gewählten Schritten unterstützen kann. Dabei bestimmt die Person selbst, welche der Vorschläge sie annimmt. Im fortschreitenden Prozeß kann jedes Gruppenmitglied schildern, welche Veränderungen geschehen sind, welche Schwierigkeiten auftauchten und wie es weitergehen soll. Die anderen Gruppenmitglieder können ein vorsichtiges Feedback über ihre Wahrnehmung abgeben. Es bietet sich für diese Funktion der Bezugsgruppe an, Übungen zum Feedback, zum Gesprächsverhalten und zum Geben und Nehmen von Kritik anzubieten. Lernerfolge und Mißerfolge mitzuteilen, ist für viele Menschen neu und sollte daher behutsam eingeführt werden.

Übung: Gib mir eine Rückmeldung

Ziel der Übung: Die Teilnehmenden lernen, nach ihrem Eindruck auf andere zu fragen. Sie erbitten ein Feedback

Ablauf: Im Raum werden paarweise Stühle aufgestellt. Die Personen wandern im Raum umher und überlegen, wen sie um ein Feedback bitten wollen. Sie sprechen eine Person an und setzen sich auf die Stühle. So lange sie dort sitzen, dürfen sie nicht gestört oder gar ›belauscht‹ werden. Die Person, die um das Feedback gebeten hat, entscheidet, wie lange und zu welcher Situation sie etwas hören möchte. Sie ist nicht verpflichtet, ebenfalls ein Feedback zu geben.

Die Übung, die sich dann eignet, wenn die Gruppe ein gewisses Vertrauen zueinander hat, braucht mindestens eineinhalb Stunden.

Bezugsgruppenbildung im Training

Da wir der Bezugsgruppe die oben geschilderten Bedeutungen zumessen, ist die Bildung ebenfalls ein sensibler Bereich. Wie behutsam mit der Gruppenbildung umgegangen werden muß, hängt sehr davon ab, wie die Bezugsgruppe eingeführt wird und welche Zielgruppe mit dem Training angesprochen wurde. Werden in der Vorstellung der Bezugsgruppen die Schwerpunkte auf den Austausch von Gefühlen, Feedback und Vertrauen gelegt, dann werden die Teilnehmenden sehr viel mehr an der Gruppenbildung interessiert sein. Die Bezugsgruppe kann aber auch als politische Entscheidungsfindungsstruktur vorgestellt werden, in der für politische Aktionen geübt wird und sich die Personen in ihrer Vielschichtigkeit kennenlernen. Eine solche Anleitung stellt die Bezugsgruppe nicht als den Ort des absoluten Vertrauens vor. Die Teilnehmenden werden an der Bildung emotional nicht so beteiligt sein. Bei der Vorstellung der Bezugsgruppe sollte auch darauf hingewiesen werden, daß Vertrauen und Nähe die Ziele der Gruppe sind und nicht ihre Eingangsvoraussetzung. Die Teilnehmenden sollten in jedem Fall eine Offenheit den anderen gegenüber haben sowie den Willen, die anderen kennenzulernen und die auftretenden Schwierigkeiten offen zu diskutieren.

Die im folgenden vorgestellten Verfahren der Gruppenbildung sollten darauf abgestimmt werden, welche Funktion den Bezugsgruppen von Teilnehmenden und Team beigemessen wird.

Es sollen sich Kleingruppen von drei bis vier Personen zusammenfinden. Dafür gibt es mehrere Möglichkeiten:

- Die Gruppen werden gelost.
- Die Gruppen werden nach bestimmten Kriterien von den TrainerInnen oder den Teilnehmenden gebildet. Im Training in Foça wären mögliche Kriterien Sprachkenntnisse, Nationalität und Geschlecht gewesen.
- Die Gruppen werden nach Sympathie von den Teilnehmenden gebildet.
- Die Gruppe wird per Zufall gebildet, ohne von vornherein zu wissen, daß es sich um die Bezugsgruppe handelt. Kleingruppen arbeiten den ganzen Tag thematisch miteinander, mal alleine, mal mit einer oder zwei weiteren Gruppen zusammen. Die Personen lernen sich unverkrampft kennen. Die Gruppenbildung und die erste inhaltliche Auseinandersetzung sind am ersten Tag ein Prozeß. In der letzten Nachmittagseinheit wird das Be-

Bezugsgruppe der TrainerInnen:
Fatik Özakoglu, Kühya Üçpinar, Jörg Rohwedder, Eva-Maria Willkomm

zugsgruppensystem vorgestellt. Hier sollte sich entscheiden, ob die Kleingruppe mit der Konstellation zufrieden ist und als Bezugsgruppe weiterarbeiten will. Ist sie es nicht, muß nach neuen Lösungen gesucht werden.

Die Erfahrung mit allen vier Arten zeigt, daß es keinen Königsweg gibt. Das Losverfahren scheidet bei Sprachproblemen, wie wir sie in Foça hatten, nahezu aus. Es ist jedoch das gerechteste, weil es niemanden bevorzugt oder benachteiligt. Es kann natürlich Personen zusammenführen, die für ein Training keine Bezugsgruppe bilden wollen. Die Bezugsgruppen können im Verlauf des Trainings immer noch in Frage gestellt und verändert werden.

Werden die Gruppen nach Sympathie gebildet, kann innerhalb der Gesamtgruppe Streß entstehen. Die Gruppenbildung wird zu einer Offenbarung darüber, wer wen mag und wen nicht. Es besteht die Gefahr der ›Restegruppe‹, also derjenigen, die nicht in die Gruppe integriert sind.

Bestimmen die TrainerInnen die Bezugsgruppen, so müssen sie später auch die Verantwortung für die Zuordnung übernehmen. Die Gruppe hat zuwenig Entscheidungsmöglichkeiten, und eine solche Form der Gruppenbildung entspricht nicht dem Selbstverständnis von gewaltfreier Trainingsarbeit. In Foça wurde ein entsprechender Vorschlag als autoritär zurückgewiesen. Dort hatte das Team als ein Kriterium vorgeschlagen, eine reine Frauengruppe zu bilden. Der Vorschlag stieß auf erheblichen Protest. Die türkischen Frauen erklärten, daß sie in der patriarchalen Kultur der Türkei von der Politik ausgeschlossen werden; als Frauen würde ihnen die Rolle zugeschrieben, für die Kinder und den Haushalt zuständig zu sein, also für den Innenbereich; die Männer nähmen den öffentlichen Bereich in Anspruch; sie seien es, die Politik machen, in den Teehäusern sitzen und nur unter Männern die Tagesereignisse diskutieren; Frauen würden aus diesem Bereich ausgegrenzt. Vor diesem Hintergrund wollten die türkischen Frauen keine Frauenbezugsgruppe bilden. »Wir kämpfen dafür, endlich mit Männern gemeinsam politisch aktiv zu sein. Eine reine Frauengruppe wäre ein Rückschritt.«

Im vierten Verfahren ist eine Kombination aus Zufall und Kennenlernen der Personen angestrebt. Die Teilnehmenden fühlen sich unter Umständen hinters Licht geführt, weil sie an der Gruppenbildung nicht beteiligt waren und sie sich eine andere Zusammensetzung gewünscht hätten.

Die Bezugsgruppenbildung ist mit Problemen behaftet. Das ist nicht weiter tragisch, sollte aber in der Programmplanung berücksichtigt werden. Die auftretenden Konflikte sind ein Prüfstein dafür, ob es der Gruppe mit Hilfe der TrainerInnen gelingt, eine für alle befriedigende Lösung zu erreichen.

Anmerkung

1) Vgl. das Kapitel »Zum Umgang miteinander« in diesem Buch.

Eva-Maria Willkomm

Was ist? Was war? Was soll kommen?

Ansehen, beurteilen und bewerten

Die Auswertung ist in jedem Training ein wesentlicher Bestandteil und sollte nie zu kurz kommen. Über die Rückmeldungen der Teilnehmenden und TrainerInnen lassen sich Schlüsse ziehen, ob das, was vermittelt werden sollte, angekommen ist. Es findet eine ganz persönliche Beurteilung des Gewesenen statt.

Gerade bei einem Thema wie ›Gewaltfreiheit‹ ist es schwer, vorherzusagen, wie die einzelnen Personen damit umgehen, darauf reagieren werden. Deshalb ist es wichtig, das herauszuarbeiten und die Teilnehmenden angemessen zu begleiten.

Auswertung bedeutet für alle: genau ansehen, beurteilen und bewerten.

Das kann mit folgenden Fragen geschehen:

- Was ist bisher passiert?
- Was war gut, mittelmäßig, schlecht?
- Wie war die Zeiteinteilung?
- Wie ist es mir gegangen?
- In welchen Situationen habe ich mich wohl oder unwohl gefühlt?
- Was hat mich besonders angesprochen, was nicht?
- Was hat mir gefehlt?

Für die TrainerInnen sind zusätzlich noch diese Fragen wichtig:

- Wie war die Zusammenarbeit im Team?
- Haben die Absprachen geklappt?
- Wie war die Aufteilung und die Präsentation?
- Was ist vergessen oder weggelassen worden und warum?

Über die Antworten entscheidet sich der weitere Verlauf des Trainings. Das, was gefehlt hat, wird ergänzt. Dort, wo sich unangenehme Gefühle eingestellt haben, kann tiefer darauf eingegangen und damit gearbeitet werden. Die Wünsche und Bedürfnisse der Gruppe werden berücksichtigt und in das Programm eingebaut, soweit das möglich ist. Hier wird deutlich, daß ein ›Gewaltfreies Training‹ kein starres Programm hat, sondern orientiert am Prozeß, der in der Gruppe stattfindet, veränderbar sein muß.

Für die Auswertung in und nach einem Training gibt es viele verschiedene Methoden, die nach der Gruppenzusammensetzung und der Atmosphäre in der Gruppe ausgewählt werden sollten. Bei der Auswahl sollten folgende Ziele berücksichtigt werden:

1. Eigene Ziele überprüfen
Mit der Auswertung werden Lernprozesse sichtbar gemacht. Wo steht die Gruppe jetzt? Wo steht jedeR einzelne? Um diese Lernprozesse zu überprüfen muß das persönliche Lernziel klar sein. Es ist jedoch nicht selbstverständlich, daß die TeilnehmerInnen mit eigenen Zielen in ein Training kommen. Ziele zu erkennen, kann Teil des Trainings sein. Wenn alle sich die Frage nach den persönlichen Zielen stellen, werden Lernprozesse deutlicher erkannt. Damit geht oft ein Selbsterkenntnisprozeß einher, der wahrgenommen und begleitet werden muß.

2. Eigene Gefühle wahrnehmen
Über Erlebnisse und Erfahrungen in einer Gruppensituation werden eigene Stärken und Schwächen deutlich wahrgenommen. Je offener sich Menschen auf diese Prozesse einlassen, desto mehr erfahren sie – vor allem über sich selbst – aber auch über andere. Zu einem Training für gewaltfreies Handeln gehört nicht nur, eigene Gefühle wahrzunehmen. Im nächsten Schritt sollen die Teilnehmenden lernen, darüber zu sprechen und den Empfindungen den nötigen Raum zu geben. Auch die Gefühle von anderen sollen wahr- und ernstgenommen werden.

3. Gefühle und Kritik weitergeben
Durch die Rückmeldung können nötige Veränderungen im Programm vorgenommen werden. Für eine Trainingsplanung ist wichtig, einen ›roten Faden‹ zu haben und danach das Programm zu erarbeiten. Ebenso wichtig ist es, flexibel zu sein, sich auf die Bedürfnisse und die besondere Situation der Gruppe einzustellen.

In den Auswertungsphasen ist es den Teilnehmenden möglich, Konflikte aus der Gruppe an das Team weiterzugeben, denn nicht alles können die TeamerInnen erspüren, es aber gemeinsam bearbeiten, wenn sie davon wissen.

Direkte Rückmeldungen an andere Gruppenmitglieder fallen leichter, wenn die Gruppe sich gut kennt und Vertrauen gewachsen ist. So können Unklarheiten und Schwierigkeiten aufgelöst werden, ohne sie in die Gruppe zu tragen. Die Frage: »Wie sehen und erleben mich andere?« kann geklärt werden.[1] Rückmeldungen sollten möglichst positiv gegeben werden. Bei negativer Kritik ist es hilfreich, einen Veränderungsvorschlag einzubringen.

4. Vertrautheit in der Gruppe herstellen

Nicht zuletzt ist die Auswertung ein Ritual. Wenn an jedem Morgen z.B. eine ›Is-was-Runde‹ und/oder am Ende des Tages ein ›Blitzlicht‹ zur jeweiligen Befindlichkeit der Teilnehmenden gemacht wird, dann können das vertraute Rituale werden, die bald selbstverständlich sind und zum guten Gruppenklima beitragen. Alle TeilnehmerInnen können sich darauf verlassen, daß eigene Gefühle ausgesprochen werden können, daß dafür Raum und Zeit ist.

Übung: Blitzlicht

Die Gruppe sitzt im Kreis. Jede Person äußert sich zu einem bestimmten Thema mit einem ›Gedankenblitz‹. In ein paar Sätzen wird die eigene Position dargestellt. Es geht der Reihe nach. Die Äußerungen sind freiwillig, d.h. jede und jeder kann sich auch entscheiden, nichts zu sagen. Sie werden nicht kommentiert. Es geht darum, eine Momentaufnahme über das angesprochene Thema zu erhalten.

Übung: Is-was-Runde

Diese Runde ist vom Ablauf her dem Blitzlicht gleich. Hierbei geht es aber um die eigene Befindlichkeit. Liegt irgend etwas an, das ich der Gruppe mitteilen möchte? Das kann z.B. am Anfang eines Tages sehr hilfreich sein. Es gibt einen Eindruck über die Stimmung in der Gruppe. Vielleicht hat jemand schlecht geschlafen und ist deshalb mißgelaunt. Durch die Is-was-Runde wird das der

Gruppe mitgeteilt. Dadurch erübrigen sich Spekulationen über den Grund der schlechten Laune.

Umsetzung im politischen Alltag

Die Auswertungen unterschiedlichster Art nehmen mindestens ein Drittel der Trainingszeit in Anspruch. Daran wird deutlich, was für eine wichtige Rolle das Auswerten spielt. Ziele bestimmen und überprüfen, um sich neu zu orientieren, ist wesentlich für den Prozeß eines Trainings. Ebenso wichtig ist die Frage, wie sich die Menschen dabei gefühlt haben.

In einem gewaltfreien Training sollen Umgangsweisen erlernt und geübt werden, die in der bestehenden Gesellschaft nicht üblich sind. Sie sind Teil der Utopie einer gewaltfreien Welt und finden in einem geschützten Rahmen statt. Hier stellt sich die Frage nach der Übertragbarkeit in die politische Praxis. Alle Ziele und Methoden der Auswertung können und sollten übernommen werden. Wie wird das gehandhabt? Nehmen sich Menschen, die in politischen Zusammenhängen arbeiten, die Zeit für gründliche Auswertung und Weiterentwicklung?

In überschaubaren Projekten ist das der Fall. In Form von Dokumentationen und Artikeln findet Auswertung statt. Nach Aktionen wird ebenfalls ausgewertet. Dabei stellen sich folgende Fragen: Warum hat die Aktion stattgefunden? Warum haben einzelne daran teilgenommen? Was ist erreicht worden, evtl.: Welche Teilziele? Wie ist es den Beteiligten gegangen? Wie war der Zusammenhalt in der Gruppe? Hat das Konsensverfahren funktioniert?

Werden diese Fragen beantwortet, hilft es den Teilnehmenden, sich über das Gewesene klar zu werden. Es motiviert zum Dabeibleiben und Weitermachen. Die Gefühle, ernst genommen zu werden, beteiligt zu sein und etwas abzuschließen – mit Blick auf die weitere Entwicklung – werden vermittelt.

Aus diesen Gründen ist es wünschenswert, in der gewaltfreien Bewegung Auswertungen als unverzichtbaren Teil der Arbeit einzubeziehen.

Möglichkeiten und Formen der Auswertung im Training

Auswertung der TrainerInnen nach jeder Einheit

Das Team sollte sich nach jeder Einheit zusammensetzen und eine kurze Einschätzung des Gewesenen machen. So kann direkt auf Probleme eingegangen, Vergessenes ergänzt oder das Programm verändert werden. Je eher Schwierigkeiten aus dem Weg geräumt werden, desto besser für den Gruppenprozeß. Die Gefahr der Ausweitung negativer Gefühle einzelner auf die ganze Gruppe ist dann eingegrenzt. Bei TrainerInnen, die sich noch nicht so gut kennen, empfiehlt sich ein ›Blitzlicht‹. Danach können die Übereinstimmungen, Unterschiede und Konsequenzen diskutiert werden.

Auswertung der Teilnehmenden nach jeder Einheit

In jeder Einheit ist Zeit für Reflexion und Auswertung eingeplant. Das sind z.B. die Ruhephasen nach einer Übung oder das Gespräch darüber, wie die Übung empfunden wurde. In den Pausen nach den Einheiten findet durch Gespräche über das Erlebte ein Austausch statt – nicht nur zwischen TrainerInnen – auch unter den Teilnehmenden. Wenn in der Gruppe Umgangsvereinbarungen getroffen wurden,[2] können TrainerInnen und Teilnehmende sich bei Störungen auch ohne Auswertung entsprechend verhalten.

Auswertung des Tages als Einzelperson

Jede Person, die an einem Training teilnimmt, hat die Möglichkeit, sich über das, was passiert ist, selber Gedanken zu machen. »Was habe ich gelernt, wie habe ich mich gefühlt, wobei ging es mir besonders gut oder schlecht?« sind mögliche Fragestellungen. Die Übung ›Heute war ich zufrieden‹ eignet sich gut dafür, in der Gruppe deutlich zu machen, was für die einzelnen gut oder schwierig war.

Übung: Heute war ich zufrieden

Auf einer gedachten Linie von 0 bis 100 können sich die Teilnehmenden im Raum aufstellen. Die Zuordnung kann z.B. unter dem Satz: »Heute war ich zufrieden« oder »Wie sehr bin ich gehört worden?« geschehen. Wenn ich bei null stehe, war ich völlig unzufrieden oder bin gar nicht gehört worden. Bei 100 war ich absolut zufrieden oder bin ausreichend gehört worden. Es ist möglich, Anmerkungen zuzulassen. Dabei sollte darauf geachtet werden, daß die offengelegten Empfindungen nicht diskutiert werden. Diese Übung läßt sich auch ohne Kommentare durchführen. Für TrainerInnen kann es danach wichtig sein, Personen direkt anzusprechen, um sie auf ihre negativen Empfindungen hin zu befragen. Damit können mögliche Probleme aufgelöst werden.

Auswertung des Tages in Bezugsgruppen

Zur Tagesauswertung sind die Bezugsgruppen gut geeignet.[3] Sie sind Orte der Vertrautheit und Geborgenheit. In dieser kleinen Gruppe ist es eher möglich, Gefühle zu äußern und Themen anzusprechen, die der Tag gebracht hat und die besonders bewegen oder belasten.

Weil sich die Teilnehmenden in den regelmäßigen Bezugsgruppentreffen gut kennengelernt haben, kann das Äußern von Kritik, Störungen oder Hoffnungen in Vorschläge oder Lösungen gewandelt werden, die dann der Großgruppe mitgeteilt werden.

Ob die Bezugsgruppen ein Thema bekommen oder ihre Auswertung selbst gestalten, hängt von der Zielsetzung und der Dynamik in der Gesamtgruppe ab. Ein Ziel im Training ist, die Bezugsgruppen dahin zu begleiten, daß sie selber entscheiden, wie sie auswerten wollen. Dazu können anfangs von den TrainerInnen Vorschläge gemacht werden. Später werden die Bezugsgruppentreffen von den Teilnehmenden zunehmend selbstverantwortlich und nach den eigenen Bedürfnissen gestaltet.

Auswertung des Tages im gesamten Plenum

Eine Auswertung des ganzen Tages im gesamten Plenum hat den Vorteil, daß alle ›Reste‹ des Tages vor dem Schlafengehen losgelassen werden können. Außerdem gibt es einen Überblick über die Stimmung in der Gruppe, was für die weitere Planung sehr wesentlich sein kann.

Gute Erfahrungen haben wir mit der Form des ›Blitzlichts‹ gemacht. Es bietet für alle TeilnehmerInnen die Möglichkeit, augenblickliche Stimmungen und besondere Anmerkungen zum Tag in einer Runde kundzutun. Das wird ohne Kommentar angehört. Damit werden ausschweifende abendliche Gesprächsrunden vermieden, trotzdem kann Angestautes losgelassen werden.

Eine andere Möglichkeit der Gesamtauswertung sind Berichte aus den Bezugsgruppen.

Zum Abschluß der Tagesauswertung im Plenum einen Kreis zu bilden, in dem sich alle an den Händen halten und kurze Zeit schweigen, kann ein schönes Ritual sein und zum Entstehen eines positiven Gruppengefühles beitragen.

Auswertung des ganzen Trainings am Schluß

Eine Endauswertung am Schluß eines Trainings ist für die Rückmeldung an die TrainerInnen wichtig, um zu erfahren, was im Training gut gelaufen ist und was in zukünftigen Trainings anders gemacht werden könnte. Auch für die Teilnehmenden ist es gut, den Verlauf des Trainings noch einmal zu rekonstruieren und auf die vorn beschriebenen Ziele hin zu prüfen. Wieviel Selbsterkenntnis hat stattgefunden? Wie bin ich mit meinen Gefühlen und denen der anderen umgegangen? Was habe ich gelernt und was will ich an Rückmeldungen den TrainerInnen und Teilnehmenden geben bzw. von ihnen bekommen?

Es gibt viele Formen der Auswertung. Bei der Auswahl ist es wichtig zu berücksichtigen, wieviel schon im Laufe des Trainings ausgewertet wurde und welches Ziel hinter der Auswertung steht.

In jedem Fall sollte das gesamte Programm noch einmal ins Gedächtnis gerufen werden.

In Foça fand die Endauswertung auf folgenden Ebenen statt:

- Brief an mich (eigene Auswertung).
- Letztes Bezugsgruppentreffen (Auswertung in der Kleingruppe).
- Kurze Berichte aus den Bezugsgruppen im Plenum.
- Zielscheibe (Gruppenauswertung).
- Wünscherunde (Ausblick).

Übung: Schriftliche Äußerungen

Die Teilnehmenden werden gebeten, sich schriftlich zu äußern. Dazu können verschiedenfarbige Kärtchen oder eine Wandzeitung mit folgenden Fragen vorbereitet werden:

- Was war gut?
- Was war schlecht?
- Gibt es Vorschläge oder Wünsche?

Die Antworten werden entweder auf die Kärtchen geschrieben und später vorgelesen oder sie kommen direkt auf die Wandzeitung und werden anschließend gemeinsam gelesen und besprochen.

Übung: Brief an mich

Am Ende eines Trainings machen sich Teilnehmende und TrainerInnen Gedanken über die Erfahrungen und die Selbsterkenntnis, die sie in diesem Training gewonnen haben. Alle TeilnehmerInnen schreiben einen Brief an sich selbst, der von den TrainerInnen nach vier Wochen an die Heimatadresse geschickt wird. Die TrainerInnen erhalten die Erlaubnis, die Briefe zu lesen, sofern sie nicht fest verschlossen wurden. Durch diese Art der Auswertung kann das Erlebte nach einiger Zeit noch einmal erinnert und reflektiert werden. Meistens ist das ein sehr schöner Moment, wenn der eigene Brief ankommt.

Übung: Zielscheibe

Auf ein großes Papier wird ein Kreis gemalt, der in verschiedene Tortenstücke eingeteilt wird. Jedes Stück steht für ein Thema oder eine Einheit, die bewertet werden soll. Diese werden an den äußeren Rand geschrieben. Jede TeilnehmerIn bekommt soviel Klebepunkte, wie Tortenstücke da sind. Diese werden in dem Kreis in jedem Feld nach eigener Einschätzung wie bei einer Zielscheibe angeordnet. Wenn der Punkt ganz innen ist, dann wird die Einheit als absolut positiv empfunden. Je weiter außen der Punkt ist, desto negativer wird das gefragte Thema eingeschätzt.

Bei dieser Methode läßt sich auf einen Blick erkennen, wie die einzelnen Themen bei den Teilnehmenden angekommen sind. Durch Nachfragen läßt sich dann herausbekommen, warum einzelne Personen so geurteilt haben. Gerade auch Extrempositionen werden deutlich und können besprochen werden. Für die Beantwortung der Nachfragen gilt selbstverständlich das Prinzip der Freiwilligkeit.

Diese Methode ist nicht besonders differenziert, deshalb eher für eine Grobübersicht geeignet. Sie bietet sich an, wenn während des Trainings durch andere Methoden schon viel ausgewertet wurde.

Übung: Wünscherunde

Die Wünscherunde am Ende eines Trainings ist ein sehr schönes Ritual, um einen Abschluß zu haben und das Gewesene noch einmal Revue passieren zu

Auswertung des gesamten Trainings mit Hilfe einer Zielscheibe

lassen. Es bietet die Möglichkeit, den anderen etwas Schönes mitzugeben, Gedanken und Gefühle zu teilen und Gemeinsamkeit zu erleben. Die Erinnerung daran kann für die einzelnen eine Kraftquelle sein.
Eine Person erklärt diese Runde, sagt den eigenen Wunsch und zündet sich eine Kerze an. Dann gibt sie der Nachbarln ebenfalls eine Kerze und entzündet diese an der eigenen. Jetzt spricht diese Person einen Wunsch aus. So geht es weiter, bis alle einen Wunsch genannt und eine brennende Kerze haben.

Für die Übung ›Zielscheibe‹ hatten wir folgende ›Tortenstücke‹ ausgewählt:

- Einheiten des Trainings:
  Gewaltfreiheit / Direkte Aktionen / Vorurteile / Konfliktanalyse / Konsens / Umgang mit Ängsten / Praktische Schritte.
- Zusätzlich noch folgende Punkte:
  Spiele / Unterkunft, Verpflegung / Gruppenbeziehung, unterteilt in: Großgruppe und Bezugsgruppe / TrainerInnen / Ich in der Gruppe.

Wie auf dem Foto zu sehen ist, sind einige Einheiten besonders favorisiert, wie z.B. die ›Praktischen Schritte‹, das Thema ›Ängste‹ und die ›Spiele‹. Bei letzterem ist ein Punkt ganz außen zu sehen. Diese Bewertung hat ein Teilnehmer getroffen, der eine Halbseitenlähmung hat und deshalb an vielen Spielen nicht teilnehmen konnte, was ihn ganz eindeutig in eine Außenseiterposition gedrängt hat.

Die oben beschriebene Unzufriedenheit beim Thema ›Gewaltfreiheit‹ macht sich ebenfalls bei der Positionierung deutlich, allerdings auch, wie unterschiedlich das von den einzelnen bewertet wurde. Es schloß sich ein sehr gutes Gespräch über die Inhalte des Trainings an, wobei sowohl den Teilnehmenden als auch den TrainerInnen klar wurde, welchen Wert das Training für sie und andere hatte.

Anmerkungen

1) Vgl. das Kapitel »Zwischen Individuum und Gruppe – die Bezugsgruppe« in diesem Buch.
2) Vgl. das Kapitel »Zum Umgang miteinander«.
3) Vgl. das Kapitel »Zwischen Individuum und Gruppe – die Bezugsgruppe«.

Eine Gruppe lernt handeln

Jörg Rohwedder

Erste Annäherungen an Gewaltfreiheit

Tagesablauf

12.30	Mittagspause
15.00	Spiel: Hund und Katze
15.10	Meinungsbarometer zu Gewaltfreiheit
16.10	Geschichtlicher Abriß über Gewaltfreiheit
16.30	Pause
17.00	Bezugsgruppen
18.00	Plenum, Tagesauswertung, Bericht aus den Bezugsgruppen

8.30	Atemübung
8.40	Spiel: My boney is over the ocean
8.50	Plenum
9.00	Gewaltfreie Aktionen, Brainstorming: Welche Aktionsformen gibt es?
9.15	Eigene Erfahrungen und Beispiele, drei Kleingruppen
10.15	Bericht aus den Gruppen, eine SprecherIn pro Gruppe
10.30	Pause
11.00	Spiel: Regensturm
11.10	Neun Thesen zu gewaltfreien Aktionsformen. Diskussion von jeweils drei Thesen in Kleingruppen
12.30	Mittagspause
15.00	Plenum wegen eines angekündigten Besuches durch die Polizei
15.10	Präsentation der Kleingruppenergebnisse
16.30	Pause
17.00	Bezugsgruppen
18.00	Plenum
21.00	Plenum: Diskussion über den Umgang in der Gruppe, die Rolle des Teams und die Frage, wie ausführlich das Konzept von Gewaltfreiheit bearbeitet werden soll.

Diesem Kapitel stellen wir, anders als den folgenden Kapiteln zu spezifischen Inhalten von Trainingsarbeit, keinen eigenen inhaltlichen Beitrag voran. Es gibt schon unzählige Texte, die sich mit der Frage beschäftigen, was Gewaltfreiheit ist. Im folgenden ist daher ein Artikel abgedruckt, der ein erstes Verständnis von Gewaltfreiheit beschreibt. Daran anschließend folgt ein Grundlagentext, »Eine allgegenwärtige Ideologie – Zur Geschichte von Gewalt und Militarismus in der Türkei«, der die gegenwärtige Situation in der Türkei im Hinblick auf den Militarismus beschreibt. Dieser Text lag allen Teilnehmenden vor Seminarbeginn vor. Mit den Grundlagentexten und einigen einleitenden Diskussionen wollten wir ein Gespräch darüber ermöglichen, inwiefern gewaltfreie Aktionen in der Türkei möglich und sinnvoll sind.

Der Text »Das Mögliche wagen – Gewaltfreie Aktionen in der Türkei«, geht der Frage nach, ob die Prinzipien und Formen gewaltfreien Widerstandes unter den in der Türkei herrschenden Bedingungen anwendbar sind. Ausführlich wird auf die Möglichkeiten und Grenzen eingegangen, die sich sowohl aus anderen politischen Verhältnissen als auch aus dem anderen kulturellen Hintergrund ergeben.

Vorschlag für den Ablauf einer Einheit zum Thema ›Was ist Gewaltfreiheit‹:

Eine theoretische Diskussion im Rahmen eines Trainings ist vor die Herausforderung gestellt, die unterschiedlichen Erfahrungen der Teilnehmenden aufzunehmen und so viel theoretische Grundlagen zu vermitteln, daß auf einer gemeinsamen Basis diskutiert werden kann. Mit dem vorliegenden Programm haben wir versucht, die Spannung zwischen theoretischem Konzept und tatsächlicher Erfahrung zu überbrücken, um die für alle gleichermaßen spannende Frage zu stellen, ob gewaltfreie Aktionen in der Türkei möglich sind.

Wir begannen den Einstieg in das Thema mit einem Meinungsbarometer. Diese Übung eignet sich gut, ein komplexes Thema einzuführen und es auf die wesentlichen Punkte zu reduzieren. Es ist nicht das Team, das mit viel Wissen glänzt. Vielmehr ist die Einschätzung der Teilnehmenden gefordert. Erst nachdem sie ihre Meinungen ausgetauscht haben, sollte das Team mit einem kurzen Vortrag Inhalte ergänzen und Fragen beantworten. In Foça stützte sich der Vortrag auf den ersten Grundlagenartikel. Es zeigte sich, daß einige TeilnehmerInnen die Texte nicht erhalten oder, wenn doch, nicht gelesen hatten oder aufgrund fehlender Übersetzung ins Türkische nicht hatten lesen können. Es deutete sich hier bereits an, daß das Diskussionsbedürfnis größer war als die zur Verfügung stehende Zeit.

Übung: Meinungsbarometer

In der Übung nehmen die Teilnehmenden zum Thema Gewaltfreiheit Stellung. Sie können ihre Positionen sichtbar verändern. Die Gruppe stellt sich wahllos im Raum auf. Durch den Raum führt eine gedachte Linie mit einer Skala von null bis 100. Die Wände können die Extremwerte markieren. Die erste Aussage wird vorgetragen. Die Personen stellen sich entlang der Linie auf. Bei voller Zustimmung bei 100 und bei voller Ablehnung der Aussage bei null. Jeder Zwischenwert ist möglich. Einzelne Positionen können freiwillig oder auf Nachfrage begründet werden. Es soll keine offene Diskussion entstehen. Nachdem die Standpunkte erläutert wurden, können die Positionen gewechselt werden. Wer möchte, kann seine Veränderung kurz erklären. Danach folgt die nächste Aussage. Für jede Aussage sollten fünf Minuten zur Verfügung stehen. In der Übung sollten nicht mehr als sechs Aussagen vorgetragen werden. Das Meinungsbarometer braucht keine Auswertung. Es werden mit dieser Übung erste Ideen ausgetauscht.

Ideen für Aussagen zu Gewaltfreiheit

- Wenn ich bedroht würde, würde ich Gewalt anwenden.
- Gewaltfreiheit nutzt die Schwächen des Gegners nicht aus.
- Ein Prinzip gewaltfreier Aktion ist es, dem Gegner Vertrauen entgegenzubringen.
- Bei gewaltfreier Aktion nehme ich die Strafen einer ungerechten Ordnung bewußt auf mich.
- Gewaltfreie Aktion ist offen, nicht geheim.
- Ziele von Gewaltfreiheit sind eine gerechte Ordnung und Versöhnung.
- Gewaltfreiheit ist die stärkste Waffe der Schwachen.
- Bevor ich Feigheit wähle, wähle ich Gewalt.
- Jeder Konflikt läßt sich gewaltfrei lösen.
- Gewaltfreiheit ist das Gegenteil von Gewalt.

- Nichtstun kann auch Gewalt sein.
- Gewaltfreiheit ist stärker als Gewalt.
- Freundlichkeit und Passivität führen weiter als Gewalt.
- Konfliktfreiheit ist ein Zeichen einer gewaltfreien Gesellschaft.
- Zerstörung von Eigentum ist legitimer Bestandteil gewaltfreier Aktion.

Der folgende Vormittag war den Erfahrungen der Teilnehmenden gewidmet, und wir versuchten, die unterschiedlichen Erfahrungen mit der theoretischen Einführung in Verbindung zu bringen. Mittels eines Brainstormings wurden zunächst alle bekannten Aktionsformen gesammelt, die etwas mit gewaltfreier Aktion zu tun haben könnten. So wurde die Spannbreite dafür eröffnet, was überhaupt alles in die Kategorie ›Gewaltfreie Aktion‹ gehören könnte.

Übung: Brainstorming:

Diese Methode dient dem unstrukturierten Sammeln verschiedener Gedanken. Alle Teilnehmenden werden gebeten, zu einem Thema alles zu sagen, was ihnen spontan einfällt. Alle Beiträge werden auf einer Wandzeitung festgehalten – ohne Rangordnung.
Über ein Brainstorming kann eine Gruppe leicht in ein Thema einsteigen und durch die verschiedenen Sichtweisen zum Weiterdenken angeregt werden.
Danach kann es eine Diskussionsrunde geben und/oder die Punkte werden in eine Ordnung gebracht und, z.B. in Kleingruppen, bearbeitet.

Ergebnis aus dem Brainstorming: » Welche gewaltfreien Aktionen kennt ihr?«

Kriegsdienstverweigerung, Sitzblockade, Steuerverweigerung, Streik, Demonstration, Sabotage, Blockade, Trillerpfeifen, Besetzungen, Hungerstreik, Transparente an öffentlichen Plätzen, Slogans rufen, Flugblätter verteilen, zum Arzt gehen und sich krank schreiben lassen, Bummelstreik oder Dienst nach Vorschrift, Verweigerung von Kollaboration, Ziviler Ungehorsam, Blut verschütten, Ernte- und Warenvernichtung, Kommunikation und Verkehr behindern, Symbolische Aktionen, Mahnwachen, Schweigen, gefälschte Behördenbriefe, Verbrennung von Behördenpapieren, Internationales Friedenscamp, ›Arschlochpreise‹ vergeben, Unsichtbares Theater, sich ausziehen, autonome Freiräume schaffen, eine andere Kultur entwickeln, Selbstverbrennung, Generalstreik, Plakate kleben.

In drei Kleingruppen schilderten die Teilnehmenden ihre Erfahrungen mit politischen gewaltfreien Aktionen. Die Erfahrungen waren verständlicherweise sehr unterschiedlich. In der Bundesrepublik hat die direkte gewaltfreie Aktion eine dreißigjährige Tradition und die gesellschaftlichen Verhältnisse lassen größere Aktionen zu, ohne daß die staatlichen Repressionen das Ausmaß der Bedrohung für Leib und Leben erreichen, wie es in der Türkei üblich ist. Auf eine Schilderung von ›Ausrangiert‹, einer gewaltfreien Schienendemontage im Widerstand gegen Transporte von hochradioaktivem Atommüll, an der sich 1.000 Leute beteiligten, folgte die Frage einer türkischen Teilnehmerin, warum die Polizei denn nicht geschossen habe. So erfuhren wir in Gesprächen einen Teil der politischen Realität, in der wir jeweils leben. Prägend für etliche deutsche Teilnehmenden war sicher auch die an sie gerichtete Frage, die unverhohlen Unverständnis offenbarte, warum sich die deutsche Bevölkerung bei derart ›paradiesischen‹ Verhältnissen nicht viel stärker politisch engagiere. Die Diskussion verlief in einer angeregten und konzentrierten Atmosphäre. Es war deutlich zu merken, daß Grenzfälle auftreten, die nicht eindeutig zu beantworten sind. Die Unterschiede zwischen den gesellschaftlichen Verhältnissen in einer parlamentarischen Demokratie und in einem Land, das – inoffiziell zwar, aber offenkundig – vom Militär regiert wird, wurden offensichtlich.

Die Verbindung zwischen den Erfahrungen und einigen Grundfragen zu Gewaltfreiheit stellten wir über neun Thesen her.

Thesen zur gewaltfreien Aktion

1. Die gewaltfreie Aktion soll Symbolcharakter haben. Sie wendet sich symbolisch gegen eine Ungerechtigkeit.
2. Die gewaltfreie Aktion soll Widerstandscharakter haben. Über das Symbol hinaus soll sie Sand im Getriebe sein.
3. Die gewaltfreie Aktion soll für eine große Masse von Menschen nachahmbar sein. Ein Expertentum soll es nicht geben.
4. Die gewaltfreie Aktion kann gegen ungerechte Gesetze verstoßen. Sie muß aber nicht zwingend illegal sein.

5. Die Folgen der gewaltfreien Aktion werden einkalkuliert und die AktivistInnen sind zu Opfern bereit.
6. Die gewaltfreie Aktion ist öffentlich. Sie wird nicht geheim vorbereitet und ausgeführt.
7. Dem Gegner soll Vertrauen geschenkt werden. Es besteht die Hoffnung, den Gegner von der eigenen Meinung zu überzeugen.
8. Gewalt gegen Menschen und Sachen ist ausgeschlossen.
9. In der gewaltfreien Aktion entsprechen sich Mittel und Ziel.

Die Thesen zeigen strittige und unstrittige Grundfragen von Gewaltfreiheit und gewaltfreier Aktion auf. In Gruppen von bis zu sechs Personen sollen die Teilnehmenden die Thesen diskutieren. Eine Gruppe bekommt dafür jeweils drei Thesen; also Gruppe 1 die Thesen 1.–3., Gruppe 2 die Thesen 4.–6. und Gruppe 3 die letzten drei Thesen. Die Gruppen haben 90 Minuten Zeit, die Thesen zu diskutieren und dabei zu überlegen, inwiefern diese mit ihrer politischen Praxis in Verbindung stehen. Die Kleingruppen sollten dieselben sein, die sich vorher über ihre Erfahrungen ausgetauscht haben. Sie stellen ihr Ergebnis dem Plenum in einer selbst gewählten Form dar. Für die Darstellung sind mindestens 30 Minuten pro Gruppe anzusetzen.

Eine Gruppe stellte mittels Rollenspiel dar, wie eine Demonstration in der Türkei aussehen könnte, wenn sie spontan und unorganisiert stattfände und was geschehen würde, wenn sie nach den Gesichtspunkten gewaltfreier Aktion vorbereitet würde. Das Ergebnis war in einem Punkt gleich: Die staatliche Repression war unvermeidlich. Im Rollenspiel wurde allerdings die Hoffnung ausgedrückt, daß bei einer gewaltfreien Aktion die Öffentlichkeit größeren Anteil nehmen würde und die Folgen zum Teil durch eine solidarische Gruppe aufgefangen werden könnten. Deutlich wurde auch, daß die internationale Zusammenarbeit effektiver war, wenn sie auf der gemeinsamen Grundlage von Gewaltfreiheit und nach gemeinsamen Absprachen stattfand. Pessimistisch stimmte die gespielte Reaktion der vom Staat kontrollierten Medien. Ein Unterschied in der Berichterstattung war kaum auszumachen.

Auch die zweite Gruppe hatte sich dafür entschieden, ihr Ergebnis in einem Rollenspiel darzustellen. Das Spiel zeigte, daß es sowohl symbolische Protestformen gegen den allgegenwärtigen Militarismus beider Länder geben kann als auch den tätigen Widerstand. Im Widerstand wurde einem Panzer das Rohr verbogen als Symbol für ›Pflugscharaktionen‹.[1]

Die dritte Gruppe zeigte in einem Statuentheater, welche möglichen Reaktionen es auf die direkte staatliche Gewalt gibt. Polizisten schlagen mit ihren Stöcken auf Demonstrierende ein. Es gibt Menschen, die dies erleiden und sich zu schützen versuchen. Andere greifen ein, stellen sich dazwischen und halten den Schlagstock auf. Die Gruppe der ›Dritten‹ (neben Tätern und Opfern) schwankt zwischen der Flucht und einem zögerndem Beteiligtsein. Aber sie versuchen dabei zumindest, beisammen zu sein, und halten sich an der Hand. Die Statue zeigte verschiedene Möglichkeiten und in diesen Alternativen auch die Zerrissenheit, die zwischen verschiedenen Formen liegt. Ein gemeinsames Handeln wurde in dieser Statue noch nicht dargestellt.

Insgesamt zeigte sich, daß die an zwei Tagen gewählte Methodik sowie die vorgegebene Zeit nicht ausreichte, um die Fragen an Gewaltfreiheit hinreichend zu beantworten. Das führte zu erheblicher Unzufriedenheit bei einigen TeilnehmerInnen. Eine ausführliche Diskussion am Montag nach dem Abendessen brachte aber ein notwendiges Verständnis füreinander. Als Ergebnis wurde der freie Dienstagnachmittag für ein intensives Gespräch genutzt. Die Diskussionsergebnisse, die sich aus den Impulsen von Sonntag bis Dienstag ergaben, sind in dem Artikel »Das Mögliche wagen« nachgezeichnet.

Anmerkung

1) Vgl. das Kapitel »Pflugschar für Kurdistan« in diesem Buch.

Gewaltfreies Aktionsbündnis Hamburg

Gewaltfreiheit in der BRD

Eine Sichtweise[1]

Das Gewaltfreie Aktionsbündnis Hamburg ist 1986 von mehreren Gruppen gegründet worden, die sich nach der Atomkatastrophe von Tschernobyl an den regelmäßigen Blockaden gegen das AKW Brokdorf beteiligten. Auch nach dem Ende der monatlichen Brokdorf-Blockaden kämpfen wir weiterhin gegen die Atomenergie. In den letzten Jahren sind weitere Themen in unserer politischen Arbeit hinzugekommen: Aktionen gegen Rassismus, gegen Atomwaffentests und für die Lebensrechte ethnischer Minderheiten, Diskussionen über Utopien. Unser Name ›Gewaltfreies Aktionsbündnis‹ drückt eine Gemeinsamkeit aus, die uns über das Engagement an diesen verschiedenen Themen verbindet.
Die Begriffe ›Gewaltfreie Aktion‹, ›Gewaltfreiheit‹ haben wir übernommen aus der Tradition der gewaltfreien Bewegungen (Friedensbewegung, Graswurzel-AnarchistInnen, christlicher Pazifismus). In diesem Text wollen wir erklären, was wir darunter verstehen, wobei wir nicht den Anspruch einer allgemeingültigen Definition erheben.

Was ist eine Gewaltfreie Aktion?

Gewaltfreie Aktion bedeutet, aus Passivität und Resignation herauszutreten und mit Aktionen gegen Unrecht zu protestieren und Widerstand zu leisten. Gewaltfreie Aktion ist an keine TeilnehmerInnenzahl gebunden. Eine einzelne oder ein einzelner kann gewaltfreien Widerstand leisten, es können sich aber auch Hunderttausende daran beteiligen. Gewaltfreie Aktion beruft sich nicht auf Mehrheitsentscheidungen, sondern auf die persönliche Verantwortung zum Widerstand gegen menschen- (oder natur-) verletzendes Unrecht.
Dieser Bezug auf Recht und Unrecht ist nicht nur eine Begründung für die Gewaltfreie Aktion, sondern auch eine Verpflichtung: Die Gewaltfreie Aktion muß so angelegt und durchgeführt werden, daß sie nicht neues Unrecht in die Welt setzt. Das ist nicht einfach, denn bei einer Gewaltfreien Aktion geht es um einen

Konflikt, meist sogar um einen ziemlich heftigen, mit allen damit verbundenen Emotionen und Einengungen der Wahrnehmungen.
Das Ziel einer gewaltfreien Aktion ist nicht, die GegnerInnen zu besiegen oder gar zu vernichten. Statt dessen will die Gewaltfreie Aktion den Konflikt auf der Basis lösen, daß alle Menschen grundsätzlich gleich an Rechten sind und es deshalb zu einem Ausgleich der (gegensätzlichen) Interessen kommen muß.
Diese grundsätzliche Anerkennung der Menschenrechte hat Konsequenzen für die Praxis der Gewaltfreien Aktion:

- Die Aktion muß so angelegt sein, daß die Verletzung oder Tötung anderer Menschen ausgeschlossen ist. Gewaltfreie Aktion verbietet auch Handlungen, welche die Würde eines Menschen verletzen. Was ›Menschenwürde‹ ist, läßt sich schwer definieren. Respekt der Menschenwürde verlangt eine selbstkritische Haltung, sich in den anderen Menschen und seine Verletzlichkeit hineinzuversetzen.
- Bei einer Gewaltfreien Aktion greifen wir niemanden tätlich an. Wird Gewalt gegen die Beteiligten einer Gewaltfreien Aktion ausgeübt, leisten wir entweder passiven Widerstand oder geben nach. Passiver Widerstand schließt für uns nicht aus, sich z.B. aneinander festzuhalten. Manchmal haken wir uns auch zu Menschenketten zusammen, um besser gegen Polizeimacht ›anzudrängeln‹.
- Gesetzesübertretungen, Blockaden, Besetzungen und auch die Beschädigung von Sachen gehören zu den Mitteln Gewaltfreier Aktion. Dabei muß abgewogen werden zwischen den Folgen, die solche Aktionen für andere Menschen haben, und den Zielen, welche die Aktion verfolgt.

Für uns gehören das persönliche, öffentliche Bekenntnis und die Übernahme der strafrechtlichen Folgen nicht zum Prinzip der Gewaltfreien Aktion. (Im Gegensatz zu einem anderen Verständnis Gewaltfreier Aktion, bei dem genau das im Zentrum steht.) Gewaltfreie Aktionen werden von uns oft konspirativ vorbereitet. Strafrechtliche Konsequenzen nehmen wir bei manchen Aktionen in Kauf, sie sind aber in der Regel nicht das Ziel der Aktion, und wenn wir sie vermeiden können, um so besser.

Warum Gewaltfreie Aktion?

Wir haben uns für die Gewaltfreie Aktion entschieden, weil die Eskalation von Gewalt und Gegengewalt die Menschen brutalisiert und den Boden für Men-

schenrechtsverletzungen bereitet. Zu oft geht das eigentliche Ziel, Unrecht zu überwinden, in der gewaltsamen Auseinandersetzung verloren.
Wir wollen nicht verschweigen, daß wir diese Entscheidung unter den relativ demokratischen Bedingungen in der BRD treffen. Gewaltfreie Aktion ermöglicht uns in der BRD, Protest und Widerstand auf einer Ebene der Eskalation zu leisten, die uns persönlich nicht überfordert. Auch wir haben schlicht Angst vor einer langjährigen Gefängnisstrafe oder einer harten Konfrontation mit der Staatsgewalt. Dabei schließen wir nicht aus, daß wir, wenn es uns sinnvoll erscheint, zu einem hohen Risiko bereit sein können. Gewaltfreie Aktion ist eine Alternative gegenüber ängstlicher und ohnmächtiger Passivität.

Perspektiven der Gewaltfreien Aktion

Wir haben die Hoffnung, daß Gewaltfreie Aktion – wenn viele Menschen sich an ihr beteiligen – in der Lage ist, ungerechte Staatsmacht und Staatsgewalt zu überwinden. Der Grundgedanke dieser Hoffnung ist folgender: Die MachthaberInnen sind nicht nur wegen ihrer Gewalt mächtig, sondern auch, weil viele Menschen sie unterstützen oder sich ihnen unterwerfen. Gewalt ist zugegeben ein sehr wirksames Mittel, Menschen einzuschüchtern und sie zum Gehorsam gegenüber der Macht zu zwingen. Aber unter bestimmten Bedingungen kann der Gehorsam gegenüber einer als ungerecht empfundenen Macht trotz aller Gewalt zerbrechen.
Ob und unter welchen Bedingungen dies gelingen kann, ist auch für uns eine Frage, die wir diskutieren: Welche Chancen hat Gewaltfreie Aktion, wenn die GegnerIn dazu übergeht, die Widerstandleistenden zu vernichten? In der Geschichte und in anderen Ländern gibt es eine wachsende Zahl von Erfahrungen mit Gewaltfreien Aktionen. Zum Teil sind dies sehr ermutigende Beispiele, aber auch Erfahrungen der Ohnmacht gewaltfreien Widerstands. Welche Chancen Gewaltfreie Aktion hat, die Unrechtsverhältnisse in der BRD zu verändern, wird sich in der Praxis erweisen.

Gewaltfreiheit als Gesellschaftskritik

Gewaltfreiheit ist für uns nicht nur eine Aktionsform, sondern drückt auch eines unserer wichtigen Gesellschaftsziele aus. Wir wollen Gewalt vermindern und

überwinden. Wie weit wir dabei den Begriff ›Gewalt‹ fassen, darüber gehen bei uns die Meinungen auseinander.
Unser Konsens ist, daß wir Handlungen ablehnen, die Menschen töten oder sie ernsthaft (körperlich oder psychisch) verletzen oder die elementaren Lebensgrundlagen von Menschen zerstören.
Darüber hinaus verbinden einige Menschen im ›Gewaltfreien Aktionsbündnis Hamburg‹ Gewaltfreiheit als Ehrfurcht vor dem Leben in allen seinen Formen, also vor der Natur insgesamt. Gewaltfreiheit bedeutet, daß wir in Opposition zu den Gewaltstrukturen unserer Gesellschaft stehen: ein hochgerüstetes Militär und Rüstungsexporte, Gefängnisse und polizeiliche Todesschüsse, Umweltzerstörung als direkte und indirekte Gewalt gegen Menschen und Natur, Gewalt und Diskriminierung gegen Frauen, Kinder, Behinderte, Alte und Menschen anderer Kulturen und Lebensweisen, die Teilhabe an einer Weltwirtschaftsordnung, die zu Hunger, Elend und Zerstörung auf der Welt beiträgt.
Wir erkennen an, daß das staatliche Gewaltmonopol heutzutage die Eskalation der Gewalt innerhalb der Gesellschaft verhindert, wenn auch Menschen in unterschiedlicher Weise von diesem Schutz durch die Staatsgewalt profitieren. Wir sind uns allerdings bewußt, daß dieser staatlich garantierte ›Frieden‹ trügerisch ist. Der Staat schützt und beteiligt sich am Unrecht, und die Erfahrungen zeigen, daß er selber zum Täter und verantwortlich für allerschlimmste Gewaltverbrechen werden kann. Gewaltfreie Aktion ist deshalb notwendig, um dem Unrecht durch das staatliche Gewaltmonopol zu begegnen und der Staatsmacht Grenzen zu setzen.
Als Konsequenz dieser Staatskritik arbeitet eine Gruppe in unserem ›Gewaltfreien Aktionsbündnis Hamburg‹ an einer gewaltfreien Gesellschaftsutopie: Wir diskutieren darüber, wie Menschen gleich an Rechten leben und ihre Konflikte gewaltfrei austragen und sich ohne den Rückgriff auf staatliche Gewalt vor Unrecht und Gewalt schützen können.

Auf dem Weg

Die Abschaffung der Staatsgewalt setzt allerdings in der Gesellschaft einen tiefgreifenden Veränderungsprozeß im Umgang mit Gewalt voraus. Gewaltfreie Aktionen sind Anfang solch einer Veränderung, die auch uns selber betrifft.
Gewaltfreiheit ist für uns ein Ziel, von dem wir noch weit entfernt sind, und das auch uns immer wieder Fragen aufwirft. In vielen Punkten machen wir persönlich

Kompromisse mit der herrschenden Gewaltordnung. Auch mußte bisher kaum eine oder einer von uns ihren bzw. seinen Anspruch auf Gewaltfreiheit in Situationen extremer Gewaltbedrohung durchhalten.

Aufforderung zur Mitarbeit

Wir verstehen uns als Bündnis, das offen für verschiedene Meinungen und Konzepte der gewaltfreien Bewegung und auch für kritische Infragestellungen ist. Wir haben uns zum ›Bündnis‹ zusammengeschlossen, weil wir den Weg der Befreiung von Gewalt und Unrecht nur gemeinsam schaffen können.

Anmerkung:

1) Gewaltfreies Aktionsbündnis Hamburg: Gewaltfreiheit – was wir damit meinen. In: Graswurzelrevolution Nr. 187, Heidelberg 1994.

Deniz Yücel

Eine allgegenwärtige Ideologie

Zur Geschichte von Gewalt und Militarismus in der Türkei

Einer im Januar 1996 in der linkskemalistischen Tageszeitung ›Cumhuriyet‹ veröffentlichten repräsentativen Umfrage zufolge genießen in der Bevölkerung in dieser Reihenfolge das Militär, die Polizei und die Justiz das meiste Ansehen, während den Gewerkschaften, der Presse und am allerwenigsten den Parteien das Vertrauen ausgesprochen wird.[1] Selbst wenn die aktuellen Werte angesichts des Imageverlusts der Polizei und des Prestigegewinns der Medien in Folge des Verkehrsunfalls von Susurluk[2] korrigiert werden müssen, kann hieraus beispielhaft ersehen werden, wie tief sich das Militär und andere repressive Organe im Bewußtsein der Bevölkerung verankert haben.

Das Öffentliche ist militärisch

Die Republik Türkei ist aus dem Osmanischen Reich hervorgegangen und setzt in vielen Bereichen dessen Erbe fort. Das Osmanische Reich stützte sich auf eine expansive Kriegs- und Plünderungswirtschaft und schuf infolgedessen eine militarisierte, vom ständigen Kriegszustand geprägte Staats- und Gesellschaftsformation. Ein Ausdruck dessen findet sich in dem Umstand, daß das Wort ›askeri‹ (dt. ›militärisch‹) den gesamten öffentlichen Dienst bezeichnete[3].
Einen Bestandteil der osmanischen Armee bildeten aus der Bevölkerung rekrutierte und von Fürsten unterhaltene Regimenter, die diese als Gegenleistung für abgetretene Ländereien bei Bedarf an den Sultan stellen mußten. Weil es hierfür an der notwendigen Masse ortsansässiger Bauern mangelte, wurden die im Zuge der türkischen Eroberung Anatoliens eingewanderten nomadischen Sippen zwangsweise seßhaft gemacht. Anders als der Sultan, der seinem Selbstverständnis zufolge der Nachfolger des Propheten Mohammed und der Kalifen war und das Oberhaupt der weltweiten sunnitischen Gemeinde darstellte, waren die Nomaden zumeist Anhänger der alevitischen Glaubensrichtung, einer hetero-

doxen, von alten Naturreligionen beeinflußten und hauptsächlich in Anatolien beheimateten Strömung des Islam. Nur unter vielen Massakern und einer Reihe niedergeschlagener Aufstände der Aleviten gelang das Vorhaben, sie unter Kontrolle zu bringen.[4]

Daneben gab es professionell organisierte militärische Verbände. Der wichtigste unter ihnen war die Elitetruppe der Janitscharen, deren Angehörige sich aus den geraubten Kindern christlicher Familien aus den eroberten Gebieten zusammensetzten. Die Organisation bildete zunehmend eine eigenständige Macht am Hof; selbst die Wesire waren ihr gegenüber nicht weisungsbefugt. Anfang des 18. Jahrhunderts löste Sultan Mahmut II. mit der ›Ordnung der Erneuerung‹ genannten Operation die Janitscharen auf. Es sollte zugleich zum letzten Mal in der Geschichte des Landes der Fall sein, daß sich die politische Führung des ›Staates im Staate‹ entledigte.

Im 19. Jahrhundert, als das Reich an allen Enden zu zerbröckeln begonnen hatte, entstand eine von der westeuropäischen Idee des Nationalstaates inspirierte Bewegung, die in der Gründung der ›Ittihat ve Terraki Firkasi‹ (Partei für Einheit und Fortschritt, auch bekannt als ›Jungtürken‹) mündete. Ihr Nationsbegriff war am pantürkischen ›Turanismus‹[5] orientiert. Die Partei, zunächst als illegale Organisation entstanden und innerhalb kurzer Zeit zu großem Einfluß innerhalb der Armee und der Administration gelangt, verkündete schließlich 1908 die II. Konstitutionelle Monarchie und ersetzte den regierenden Sultan durch einen von der Partei abhängigen Nachfolger. Die Ittihat ve Terraki bestimmte in der Endphase des Reiches maßgeblich dessen Politik: die Teilnahme am Ersten Weltkrieg auf Seiten der Achsenmächte sowie das Massaker an der armenischen Bevölkerung 1915.[6] Mit der Kriegsniederlage der Osmanen ging auch die Partei zugrunde, allerdings formierten sich aus ihren Beständen unter der Führung des Offiziers Mustafa Kemal die sogenannten Nationalen Streitkräfte, die den Unabhängigkeitskampf gegen die griechischen und französischen Besatzungstruppen aufnahmen und 1923 die Republik Türkei gründeten.

Die Armee als Trägerin des Fortschritts

Der ›Befreiungskampf‹ wurde von der kriegsmüden Bevölkerung kaum unterstützt, das Land war voller Deserteure, und annähernd so viele Menschen wie die Opfer der Kriegshandlungen, etwa 5.000 an der Zahl, wurden von den ›Freiheitsgerichten‹ wegen Desertion und Widerstand gegen die neuen Machthaber zum Tode verurteilt.

War am Unabhängigkeitskampf wegen der Aussicht auf Autonomie zunächst noch ein großer Teil der kurdischen Sippen beteiligt, entledigte sich die neue Staatsführung unter Mustafa Kemal ihrer bald.[7] Gleichzeitig baute Kemal seine eigene Macht schrittweise aus; die Führung der neugegründeten Kommunistischen Partei der Türkei (TKP), eine Reihe von Generälen und ehemaligen Weggefährten Mustafa Kemals wurden entmachtet, ermordet oder hingerichtet. Auf dem Höhepunkt der Macht ließ sich Mustafa Kemal im Zuge des neuen Namensrechts den Nachnamen Atatürk (›Vater der Türken‹) geben und legte selbst den Grundstein für einen bis heute andauernden Personenkult.

Unter der Alleinherrschaft der Republikanischen Volkspartei (CHP) begann in den folgenden Jahrzehnten eine Säkularisierung und partielle Modernisierung des Landes. In Abgrenzung zum Turanismus formulierte der Kemalismus keine über die im Vertrag von Lausanne festgelegten Staatsgrenzen hinausgehenden territorialen Ansprüche. Die Politik des neuen Staates aber wurde von der Armee und einem militaristischen, totalitären und staatsfetischistischen Geist bestimmt. Das Militär wurde zu einem ökonomischen Faktor, dem noch heute eine Reihe von staatlichen Konzernen gehören.

Zugleich setzte eine aggressive Nationalisierungspolitik ein, die darauf abzielte, die aus verschiedenen Religionen und Völkern bestehende anatolische Bevölkerung zu einer einheitlichen Nation zu formen. Sowohl bestehende ethnische und kulturelle Pluralismen als auch Klassenunterschiede wurden für nichtexistent erklärt und jegliche Meinungsäußerung in diese Richtungen unter Strafe gestellt. Nachdem bereits die überwiegende Mehrheit der überlebenden Armenier geflohen war, wurden infolge des zwischenstaatlich vereinbarten ›Migrantenaustauschs‹ 1,2 Millionen griechischstämmige Einwohner Anatoliens zwangsausgewiesen, die Existenz der Kurden ignoriert und kleinere ethnische, zumeist nichtmoslemische Minderheiten wie die Yezidi und die Assyrer durch Vertreibung auf Reste dezimiert. Gleichzeitig war man bestrebt, die Religion als noch immer relevanten gesellschaftlichen Faktor auszuschalten. So wurden die zahlreichen, kaum zentral kontrollierbaren Orden und Gemeinden verboten, was vor allem die ausschließlich auf diese Weise organisierten Aleviten traf. Der sunnitische Islam hingegen unterstand fortan durch die Schaffung des Präsidiums für Religiöse Angelegenheiten direkter staatlicher Kontrolle.

Entsprechend kam es in den 20er und 30er Jahren immer wieder zu vereinzelten, kurdisch-nationalistisch oder religiös motivierten Erhebungen, die allesamt blutig niedergeschlagen wurden. Allein nach dem Aufstand der kurdisch-alevitischen Bevölkerung von Dersim (heute: Tunceli) wurden 30.000 Menschen ermordet und Zehntausende vertrieben. Der Kemalismus schaffte sich durch seine nationalistische Linie mit den Kurden und seiner laizistisch bis antireligiösen Linie mit den Islamisten zwei Kontrahenten, die in der Gegenwart erneut die beiden größten politischen Massenbewegungen des Landes bilden.

Anfang der 50er Jahre, inzwischen war ein Mehrparteiensystem eingeführt, begann unter der Regierung der konservativen Demokratischen Partei (DP), der Vorläuferin der heutigen Partei des Rechten Weges (DYP) von Tansu Çiller, eine politische wie ökonomische Westbindung des Landes. Die Teilnahme am Koreakrieg und der Beitritt zur NATO fielen in diese Periode. Parallel setzte eine staatliche Unterstützung der islamistischen und turanistisch-faschistischen Kräfte ein, die als Gegenbewegung zu einer (eher befürchteten als real existierenden) kommunistischen Bewegung aufgebaut wurden und sich, wie zum Beispiel bei den organisierten Pogromen gegen die verbliebene griechische Bevölkerung 1955 deutlich wurde, für verschiedene Einsätze eigneten.

Wie keine spätere politische Elite begab sich die Führung der DP in zunehmenden Widerspruch zum Militär. Ministerpräsident Menderes versuchte, parallel zur ökonomischen Liberalisierung und Islamisierung, den Einfluß der Armee zurückzudrängen. In Zusammenhang mit der geplanten Armeereform erklärte er unter Verweis auf Sultan Mahmut II.: »Das ist ein zweiter Plan zur ›Ordnung der Erneuerung‹. Ihn umzusetzen, wird uns eine Ehre sein.«[8] Und an anderer Stelle: »Wenn es nötig ist, regiere ich dieses Land auch mit Unteroffizieren.«

Am 27. Mai 1960 setzte das Militär diesen Ambitionen ein Ende. Adnan Menderes wurde abgesetzt und später gemeinsam mit zwei seiner Minister hingerichtet. 1961 trat eine neue Verfassung in Kraft, die bei isolierter Betrachtung die demokratischste in der Geschichte des Landes geblieben ist. Gleichzeitig wurde die unsägliche Tradition von militärischen Umstürzen eingeleitet, und innerhalb der linken Opposition verbreitete sich die Illusion, die Armee enthalte ein fortschrittliches oder freiheitliches Moment. Tatsächlich stellten die Putschisten ein breites Bündnis von turanistischen bis linkskemalistischen Kräften dar, deren gemeinsames Anliegen der Machterhalt der Armee war. Aus dem inneren Ringen gingen letztere siegreich hervor und ein weiterer Putschversuch der Minderheit der faschistischen Armeekreise scheiterte an seiner dilettantischen Ausführung.

1964 wurden im Zuge der ersten Zypernkrise etwa 40.000 griechische Einwohner Istanbuls zunächst als Verhandlungsmasse eingesetzt, um dann in einer Nacht-und-Nebel-Aktion ausgewiesen zu werden. Dies bedeutete das faktische Ende der langen Geschichte griechischer Kultur in Anatolien.[9]

Ab Mitte der 60er Jahre gewann die Arbeiterpartei der Türkei (TIP) an Einfluß und

es entstand eine sozialistische Studentenbewegung. Der türkische Staat war erstmals mit einer spürbaren linken Opposition[10] konfrontiert und reagierte, insbesondere gegen die Jugendbewegung, mit massiver Gewalt. Staatliche Repression einerseits und weltweit kursierende Guerillakonzepte andererseits führten zu einer Radikalisierung der Studentenschaft.
Sowohl die linke Opposition als auch die Regierung beriefen sich in dieser Zeit auf den Kemalismus, wenngleich mit unterschiedlicher Akzentuierung auf dessen staatsbildend-volksgemeinschaftlichen bzw. antiimperialistisch-laizistischen Charakter. Militarismus und Nationalismus blieben aber gemeinsame Elemente. Die Linke war weit von einer Kritik des Militarismus oder zumindest einer Kritik der Armee entfernt, statt dessen erhoffte sie sich, durch Organisierung innerhalb der Institution die soziale Revolution zu beschleunigen oder herbeizuführen. Ihr Erfolg blieb jedoch vorwiegend auf junge Offiziere aus den unteren und mittleren Schichten beschränkt. Und auch die herrschende Klasse bediente sich zur Sicherung ihrer Macht des Militärs: Nachdem im März 1971 ein Putschvorhaben linker Offiziere an deren Unentschlossenheit scheiterte, ergriffen wenige Tage darauf, am 12. März 1971, die reaktionären Generäle aus der Armeeführung unter dem Vorwand die Macht, der kemalistische Staat sei von linksradikalen und islamistischen Kräften bedroht. Die islamistische ›Partei der Nationalen Ordnung‹[11] und die TIP wurden verboten, es folgte eine Repressionswelle, die in der Aufnahme des bewaffneten Kampfes durch die Führung der Studentenbewegung mündete. Innerhalb kurzer Zeit wurden jedoch deren wichtigste Aktivisten verhaftet, erschossen oder hingerichtet. Anders ging die Junta gegen die Islamisten vor, die sich bald reorganisieren konnten und im folgenden gemeinsam mit den Faschisten als konterrevolutionäre Kräfte aufgebaut wurden. Letztere hatten sich inzwischen als Partei der Nationalistischen Bewegung (MHP, auch bekannt als ›Graue Wölfe‹) zusammengeschlossen und bewegten sich zunehmend vom Turanismus zur ›türkisch-islamischen Synthese‹.
1974 landeten türkische Truppen auf Zypern. Der Westen verhängte wirtschaftliche Sanktionen. Die Folge war eine ökonomische Krise, die ab Mitte der 70er Jahre zum Aufleben der sozialistischen Bewegung beitrug. Die Linke erreichte eine Massenbasis, atomisierte sich aber gleichzeitig. In dieser Zeit regierte mehrmals die sogenannte ›Nationalistische Front‹, eine aus der konservativen Gerechtigkeitspartei Demirels, anderen konservativen Parteien, den Islamisten sowie der MHP bestehende Koalitionsregierung. Im folgenden eskalierte der staatlich geförderte faschistische Terror gegen die Linke; Schießereien und Attentate waren an der Tagesordnung. Die Linke war einerseits in der Situation, sich gegen

Angriffe wehren zu müssen, andererseits entwickelte sich hieraus eine zunehmend vulgäre und mystifizierende Interpretation des bewaffneten Kampfes, so daß eine Gewaltspirale entstand, die immer mehr der traditionellen Blutrache ähnelte. Veysi Sarisözen, früheres Politbüromitglied der moskauorientierten TKP, beschrieb jene Zeit wie folgt: »Auch die TKP spürte, daß mit der Eskalation der Konflikte die Notwendigkeit zur Waffe zu greifen größer werden würde. Natürlich vertrat sie die Ansicht, daß dies die Sache der Massen sein würde. Andere hingegen schlugen vor, bereits jetzt und heute mit dem bewaffneten Kampf anzufangen. Abgesehen hiervon, war ohnehin fast jeder dazu gezwungen, sich gegen den Terror mit der Waffe zu verteidigen.«[12]

Am 12. September 1980, als die staatliche Autorität in manchen Regionen und Stadtvierteln weitgehend oder völlig aufgehoben war, putschte mit Unterstützung des CIA[13] die Armee erneut, diesmal allerdings in der festen Absicht, eine langfristige Lösung im eigenen Sinne zu finden. Alle Parteien, Gewerkschaften und Vereine wurden verboten, Parteifunktionäre festgenommen und die Mitglieder der linken und rechten Gruppen und Bewegungen verhaftet, Tausende verschwanden für lange Zeit in den Gefängnissen, etwa 650.000 Menschen wurden gefoltert, Hunderte auf der Straße ermordet, zu Tode gefoltert oder hingerichtet.

Obwohl die Putschisten unter General Evren ihr Vorgehen wie gehabt mit der »Zerstörung der Republik durch Links- und Rechtsradikale sowie Islamisten« begründeten und sich auf den Kemalismus beriefen, traf der Schlag vor allem die Linke, die sich bis heute von dieser Niederlage nicht erholt hat.

In den ersten Jahren des Putsches machte ein Wort des Faschistenführers Türkes die Runde: »Unsere Ideen sind an der Macht, wir selbst aber im Knast.« Letzteres war jedoch nicht von Dauer. Nach der Hinrichtung einiger Militanter aus dem Fußvolk wurden die MHP-Kader bald wieder freigelassen und bekleiden heute führende Positionen im Sicherheitsapparat, in der Administration, in den konservativen Parteien und in der Mafia.

Nach dem Putsch wurde trotz aller kemalistischer Lippenbekenntnisse die türkisch-islamische Synthese zur eigentlichen Staatsideologie. In Folge der US-Strategie der Bildung eines ›grünen Gürtels‹ um die Sowjetunion wird eine gemäßigte Islamisierung[14] forciert und damit ein Grundstein für die heutige islamistische Bewegung gelegt.

Ab 1982 begann unter der strengen Aufsicht der Armee eine scheinbare Rezivilisierung des Landes und schließlich trat Evren 1989 ab, jedoch nicht ohne den Putsch posthum legalisiert und die Immunität der Putschisten verfassungsrechtlich verankert zu haben.

Söhne des Volkes

Niederschmetternder als es eine rein militärische Niederlage gewesen wäre, wirkten für die Linke Umstände und Folgen des Putsches: Trotz der Massenverhaftungen der ersten Tage blieb ein großer Teil der Basis ›draußen‹, dennoch kam es weder auf der Straße, noch im Militär selbst zu nennenswerten bewaffneten oder zivilen Widerstandsaktionen. Viele Mitglieder der Gruppen warteten auf Befehle. Da aber die weisungsbefugten Kader verhaftet waren, warteten sie vergeblich und blieben passiv. Genauso vom Kadavergehorsam geprägt, handelten die sozialistischen Soldaten und Offiziere, die sich unfähig zeigten, den Putsch zu verhindern oder zumindest ihre individuelle Teilnahme zu verweigern. Einerseits vom Ende der alltäglichen Gewalt erleichtert, andererseits vom Druck des Militärs eingeschüchtert, votierten 1982 die Wähler mit 98% für den neuen, in weiten Teilen antidemokratischen Verfassungsentwurf der Junta und bestätigten den Putschistenchef Kenan Evren in seinem Amt als Staatspräsident.

Trotz dieser bitteren Erfahrungen hat die Linke bis heute eine grundsätzliche Auseinandersetzung mit der eigenen Vergangenheit vermieden. Nach wie vor basieren die eigenen Strukturen auf Befehls- und Gehorsamsbeziehungen, werden quantitative Organisierung und oberflächliche Massenorientierung den Prinzipien von Selbstbestimmung und individueller Verantwortung vorgezogen; ist der Mythos der Gewalt vorherrschend und die Legende von dem Hauptwiderspruch lebendig; wird die Armeeführung zwar scharf kritisiert, aber der einzelne Soldat als bloßer Befehlsempfänger moralisch entlastet, als ›Sohn des Volkes‹ und somit als potentielles revolutionäres Subjekt betrachtet.

Kurdistan oder der Militarismus der Gegenwart

Militarisierung und Nationalismus haben als Folge des Krieges in Kurdistan in der Türkei von heute eine neue Qualität erreicht.

Die nationalistische Politik der Türkischen Republik wirkte sich im ökonomischen und sozialen Bereich in einer gezielten Nichtentwicklung Kurdistans aus, was den Fortbestand der traditionellen, feudalen Strukturen bedeutete. So waren bis in die jüngste Zeit hinein die kurdischen Großgrundbesitzer die alleinigen Herrscher über Land und Menschen, war die Blutrache eine Form der Konfliktaustragung usw.

Vor diesem politischen und sozialen Hintergrund begann die Kurdische Arbeiterpartei (PKK), die gemeinsam mit anderen kurdischen Organisationen in den 70er Jahren als Atomisierungsprodukt der Linken entstanden war, 1984 den bewaffneten Kampf und konnte sich innerhalb weniger Jahre zu einer breiten Bewegung entwickeln. Die PKK organisierte sich trotz aller sozialistischer Symbolik der Anfangszeit konsequent als nationalstaatliche Bewegung.
Der Staat entgegnet der durch die PKK thematisierten Kurdenfrage mit rein militärischen Mitteln. So wurden neben den ordentlichen Truppen eine Reihe von neuen paramilitärischen Einheiten geschaffen, wie die dem ›Büro für Besondere Kriegführung‹ der Gendarmerie angegliederte JITEM, die aus den Reihen der MHP rekrutierten Sonderkommandos der Polizei, die von loyalen kurdischen Sippen gestellten sogenannten ›Dorfschützer‹-Milizen sowie aus übergelaufenen PKK-Kämpfern gebildete Einheiten. Diese Mischung aus Konterguerilla, Faschisten und Mafia kulminierte schließlich auf höchster Ebene in einer Organisation, welche die Verbindung zwischen diesen Gruppen herstellte (in der türkischen Öffentlichkeit seit Susurluk schlicht ›Bande‹ genannt.)
Die Kriegführung des Staates richtete und richtet sich gezielt und systematisch gegen die nicht durch das Dorfschützersystem direkt kontrollierten Bevölkerungsteile. So sind seit 1984 über 2500 Dörfer zerstört und etwa drei Millionen Menschen vertrieben worden. Aber auch die PKK schreckt – vor allem in der ersten Phase des Krieges – vor Aktionen gegen Zivilpersonen nicht zurück. So wurden in den 80er Jahren eine Reihe von Dorfschützern mitsamt ihren Familien ermordet. Daneben unternahm und unternimmt die PKK auch Angriffe auf die als ›zivile Vertreter der Okkupationsmacht‹ angesehenen dienstverpflichteten Ärzte, Lehrer, Ingenieure usw., die in den letzten Jahren verstärkt in Kurdistan eingesetzt werden. Hierauf wurden mancherorts auf Anweisung des Verteidigungsministers Lehrer und Ärzte bewaffnet, damit sie, »wenn sie schon sterben, wenigstens ein paar mitnehmen«[15]. Andererseits ermordeten in den vergangenen Jahren auch Staatskräfte Lehrer, um die Morde propagandistisch gegen die PKK auszuschlachten[16]. So waren und sind die Urheber einer gewalttätigen Aktion nicht immer eindeutig benennbar, waren und sind die Handelnden austauschbar. Die Militarisierung der Gesellschaft erreicht immer größere Ausmaße.
Die in der Region lebenden Menschen wurden im Verlauf des Krieges, sofern sie nicht direkt vertrieben wurden, vor die Alternative gestellt, sich entweder einer Seite der Front anzuschließen oder ihre Heimat, zumeist in Richtung der kurdischen Städte oder der westlichen Türkei, zu verlassen.

Die kompromißlose Haltung des Staates gegen jede Form der kurdischen Opposition war und ist ein weiterer Faktor, der zur Eskalation des Krieges und zum Erstarken der PKK beitrug und noch immer beiträgt. So wurden die zwar von der PKK beeinflußten, aber nicht unbedingt unter ihrer absoluten Kontrolle stehenden legalen Organe der kurdischen Bewegung einer juristischen und terroristischen Repressionswelle ausgesetzt. Betroffen sind insbesondere die 1990 aus einer Abspaltung von der sozialdemokratischen SHP hervorgegangene Arbeitspartei des Volkes (HEP) bzw. deren Folgeorganisationen Demokratiepartei (DEP) und Arbeitspartei des Volkes (HADEP) sowie die 1992 gegründete Tageszeitung ›Özgür Gündem‹ (Freie Tagesordnung). Über hundert Mitglieder und Funktionäre (darunter auch ein Parlamentsabgeordneter) der legalen Parteien und etwa dreißig Redakteure und Mitarbeiter der ›Özgür Gündem‹ bzw. der nacheinander gegründeten und verbotenen Zeitungen ›Özgür Ülke‹ (Freies Land) und ›Yeni Politika‹ (Neue Politik) wurden von Sicherheitskräften ermordet oder ›verschwanden‹ nach ihrer Festnahme. Im Vorfeld der Kommunalwahlen im Frühjahr 1994 wurden auf die Parteizentrale und weitere Gebäude der DEP sowie im Dezember desselben Jahres auf Redaktions- und Verlagsräume der ›Özgür Ülke‹ Bombenattentate verübt; Mitarbeiter der Zeitungen und andere Intellektuelle wurden wegen ›Separatismus‹ zu langen Haftstrafen verurteilt. Den bisherigen Höhepunkt der Kriminalisierung stellt der zivile Putsch vom 2. März 1994 dar, bei dem sieben Parlamentariern der DEP das Mandat entzogen und sie selbst verhaftet wurden. Dieses Vorgehen des Staates entzieht einer politischen Auseinandersetzung um den Kurdenkonflikt jede Basis und steigert die Popularität des bewaffneten Kampfes und der PKK.

Kriegsschauplätze

Die bislang etwa 20.000 Opfer des Krieges haben dazu geführt, daß die Atmosphäre im Land wesentlich aggressiver geworden ist, wobei sich die Stimmung aber nicht gegen den kriegführenden Staat oder gegen beide Kriegsparteien, sondern gegen die PKK und generell gegen die kurdische Bevölkerung richtet. Die steigende Anzahl getöteter wehrpflichtiger Soldaten und Zivilisten sowie die nationalistische Kriegshetze der Massenmedien haben längst einen Großteil der türkischen Bevölkerung erreicht. Die Begräbnisse der im Krieg getöteten Soldaten bilden seit Anfang der 90er Jahre ein wichtiges Aktions- und Propagandafeld der MHP. Hinzu kommen vor allem in den westlichen Metropolen

eine wachsende Anzahl von Kriegsflüchtlingen, denen mit der typischen Mischung aus rassistischen Ressentiments und ökonomisch begründeter Angst vor einer angeblichen Gefährdung der eigenen Existenz begegnet wird.
Und der Krieg findet nicht nur in den unter Ausnahmezustand stehenden Kampfgebieten in Kurdistan statt. So stellen beispielsweise die Polizeikräfte, insbesondere die in Kurdistan eingesetzten Sonderkommandos sowie die anderen Spezialeinheiten ein unkalkulierbares Gewaltpotential dar, das zunehmend eine eigenständige Macht bildet. Derselbe entfesselte Apparat wird im gesamten Land eingesetzt; Folter, außergerichtliche Hinrichtungen, ›Verschwundene‹, politische Morde sind ein direktes Ergebnis dieses Krieges, – genauso wie die nach dem Verkehrsunfall von Susurluk im November 1996 an die Öffentlichkeit gelangten Informationen über weitgehende Verstrickungen zwischen den faschistischen Killerkommandos, der MHP-nahen Mafia und hohen und höchsten Funktionären aus der Politik, der Polizei und der Armee. In der Umkehrung heißt das: Eine friedliche und gerechte Lösung des Kurdenkonfliktes ist existentielle Bedingung für eine Demokratisierung des Landes (nebenbei: genauso für eine Verbesserung der wirtschaftlichen Situation).
Ein Garant dafür, daß dies nicht auf die Tagesordnung gesetzt wird, war bisher die Armeeführung. Denn die eigentliche Macht im Staat hat der aus den Kommandanten der verschiedenen Streitkräfte und dem Generalstabschef sowie (eher der Form halber) dem Staats- und dem Ministerpräsidenten sowie dem Innen- und dem Verteidigungsminister bestehende Nationale Sicherheitsrat (MGK).
Lange Zeit konnte das Militär auf diese Art ›Einfluß nehmen‹, ohne daß sich nennenswerter Protest in der Öffentlichkeit regte. Die Armee wurde gegenüber den mit dem Ruf der Korruption und der Unglaubwürdigkeit behafteten Parteien als die Interessen des Vaterlandes verfolgende, über kurzfristige und eigennützige Ziele erhabene Institution angesehen; als Garant für Laizismus, nationale Einheit und Profit. Hinzu kam eine gewisse Angst vor einem neuerlichen Putsch. Diese Mischung aus Begeisterung für die Armee, Versatzstücken kemalistischer Ideologie und Opportunismus war und ist allen staatstragenden Parteien, den Medien, den übrigen Institutionen und der Bevölkerung gemeinsam.
Nach Susurluk hat sich das Bild etwas verschoben: Insbesondere der modernisierungsfreudige Teil des Kapitals, zu denen auch die großen Medienkonzerne gehören, versucht, den Anschluß an Westeuropa zu finden. Der Unfall bildete eine Gelegenheit, gegen die antiliberalen Kräfte im Staatsapparat, vor allem gegen die ›Bande‹, in die Offensive zu gehen. Die Medien riefen zu Massenaktionen auf (»Eine Minute Dunkelheit für ständiges Licht«) und der Unternehmer-

verband TÜSIAD ließ einen Bericht zur Demokratisierung und Entmilitarisierung erstellen, in dem weitgehende demokratische Verfassungsänderungen vor allem auf den Gebieten Stellung der Armee, Kurdenfrage und Laizismus gefordert werden.

Seitdem ist eine Stellungsschlacht innerhalb der Machteliten zu beobachten: Die Machtverteilung zwischen Armee, Kapital, Islamisten und Polizei bzw. der ›Bande‹ steht zur Disposition. Alle Beteiligten sind bestrebt, das eigene Prestige und damit die eigenen Interessen zu wahren bzw. auszubauen. Andererseits wird, da trotz der Massenaktionen die Herrschenden die Protagonisten der Auseinandersetzung sind, zugleich das Ganze vor Schlimmerem geschützt. Und alle derzeit konkurrierenden Kreise haben dieses Land bisher ohne größere Reibungen gemeinsam beherrscht; es ist davon auszugehen, daß sie wieder einen gemeinsamen Nenner finden werden.

Anmerkungen:

1) Vgl. Cumhuriyet, 7.1.96, S.5

2) Ende November 1996 ereignete sich nahe der westtürkischen Stadt Susurluk ein Verkehrsunfall, bei dem u.a. ein Abgeordneter der regierenden Partei des Rechten Weges, ein hochrangiger Polizeioffizier und ein international wegen Drogenhandels gesuchter Mafiachef und faschistischer Killer ums Leben kamen bzw. schwer verletzt wurden. Infolge dieses Vorfalls gerieten weitgehende Informationen über Verstrickungen zwischen den Mordkommandos der faschistischen MHP, der MHP-nahen Drogenmafia und hohen und höchsten Verantwortlichen aus dem Sicherheitsapparat und der Politik an die Öffentlichkeit.

3) Vgl. Ahmet Mumcu: Osmanli Devletinde Siyaseten Katl. Ankara 1963. Zitiert nach: Ahmet Hür: Das Militärstrafgesetz in Bezug auf die Verweigerung des Kriegsdienstes & Die Militärgerichtsbarkeit. Dortmund 1995, S. 39

4) Die Aleviten stellen heute etwa 20% der Gesamtbevölkerung und sind in ihrer Mehrzahl sozialdemokratisch-sozialistisch orientiert. Sie sind ein Angriffsziel faschistischer und islamistisch-fundamentalistischer Propaganda, wie zuletzt bei dem Pogrom von Sivas 1993 und dem Polizeimassaker im Istanbuler Stadtteil Gazi 1995. Ihre Opposition zum Fundamentalismus führt die Aleviten zur Verteidigung des Laizismus und damit des Kemalismus, womit sie (paradoxerweise) zu einer potentiell staatstragenden Kraft werden.

5) Turan‹ meint ein von der Ägäis bis nach Ostasien reichendes imaginäres Herkunftsland aller Türken.

6) Innerhalb armenischer Intellektueller entfaltete sich ebenfalls eine nationale Bewegung, die sich an England und Frankreich orientierte, so daß bei dem Massenmord rassisti-

sche und imperiale Motivationen zusammenkamen. Die Ausführung erfolgte unter beachtlicher Beteiligung der in Ostanatolien lebenden kurdischen Bevölkerung.

7) Zum Verhältnis zwischen Atatürk und den kurdischen Sippen vgl. Muhsin Kîzîlkaya/Halil Nebiler: Dünden Bugüne Kürtler, Ankara 1991.

8) Sevket Süreya Aydemir: Îkinci Adam. Îstanbul 1968, Band 3, S.54f.

9) Heute leben noch etwa 5.000 griechischsprachige Menschen in der Türkei, die meisten davon in Istanbul.

10) Die linke Opposition war bis Ende der 80er Jahre ausschließlich marxistisch-leninistisch geprägt und ist dies mehrheitlich noch immer.

11) Vorgängerin der ›Nationalen Heilspartei‹, aus der wiederum die heute stärkste Partei des Landes, die ›Wohlfahrtspartei‹ (RP) hervorgegangen ist.

12) Veysi Sarisözen in: Rafet Balli (Hg.): Sosyalist Sol Konusuyor. Îstanbul 1989.

13) Zur Beteiligung des CIA vgl. Jürgen Roth/Kamil Taylan: Türkei – Republik unter Wölfen. Frankfurt 1981.

14) Die Bezeichnung ›gemäßigt‹ leitete sich aus dem Verhältnis zu den USA ab. So galt dieser Kategorie zufolge der Iran aufgrund seiner antiimperialistischen Haltung als ›radikal‹, das nicht minder fundamentalistische Saudi-Arabien wegen seiner Westbindung hingegen als ›gemäßigt‹. Vgl. Soner Yalçin: Hangi Erbakan. Ankara 1995.

15) Verteidigungsminister Mehmet Gölhan (DYP), zitiert nach: Özgür Ülke, 17.9.1994, S.1.

16) Vgl. Demokrasi, 23.5.96, S.1.

Deniz Yücel / Jörg Rohwedder

Das Mögliche wagen

Gewaltfreiheit in der Türkei

Das Ausmaß der systematischen Menschenrechtsverletzungen in der Türkei ist bekannt. Die nicht selten auf physische Vernichtung abzielende staatliche Gewalt konfrontiert die oppositionellen Kräfte des Landes mit zwei Fragen: Wie kann angesichts der organisierten Gewalt die individuelle sowie die politische Existenz verteidigt werden? Welche Perspektiven für politische Arbeit sind überhaupt denkbar?
In der Diskussion über diese Fragen wird innerhalb der Opposition mit dem Hinweis auf die Repression Gegengewalt als einzig mögliche und erfolgversprechende Alternative aufgeführt. Umstritten bleiben zumeist nur die Fragen, ob revolutionäre Gewalt eine Sache der Massen oder die einer Avantgarde und ob der richtige Zeitpunkt für die organisierte Gegengewalt gekommen sei.

Angesichts dieser Ausgangssituation lautete bei dem gewaltfreien Training in Foça eine der zentralen Fragen, ob das Prinzip Gewaltfreiheit auf die Türkei übertragbar und dort gewaltfreie Aktionen realisierbar sind. Gemeint waren gewaltfreie Aktionen wie Protestaktionen (Demonstrationen, Publikationen, öffentliche symbolische Aktionen, Straßentheater); Formen der Nichtzusammenarbeit (Streik, Boykott, Kriegsdienstverweigerung, Hungerstreik und Selbsttötung) und direkte Aktionen des Zivilen Ungehorsams (Regelverletzungen, Besetzungen, Instandbesetzungen, Blockaden, Sabotagen und politischer Streik).

Verblüffend war für einige Teilnehmende die Feststellung, daß die meisten dieser Aktionen in der Türkei seit Jahren angewendet werden. Sie hatten bis dahin die praktizierten Aktionen nicht mit dem Prinzip Gewaltfreiheit in Verbindung gebracht. Mit dieser Feststellung hatte sich die Eingangsfrage, ob Gewaltfreiheit in der Türkei praktizierbar sei, beantwortet. Es zeigte sich schon zu Beginn eindrücklich: Ob eine gewaltfreie Aktion machbar ist, hat weniger mit den äußeren Umständen zu tun, als vielmehr mit der eigenen, bewußten Entscheidung, Gewaltfreiheit als Prinzip anzuerkennen.

Ausgangsbedingungen in der türkischen Linken

Auch wenn es in der Türkei erst seit einigen Jahren Gruppen gibt, die sich als ›gewaltfrei‹ begreifen, werden die allermeisten Aktionen der Opposition als ›gewaltlose‹ durchgeführt.[1]

Im wesentlichen sind es zwei Gründe, die Gruppen, welche die Anwendung von Gewalt als politisches Mittel nicht kategorisch ablehnen oder gar explizit propagieren, immer wieder gewaltlose Aktionsformen nutzen lassen. Zum einen beabsichtigen sie, Dritte anzusprechen und für die eigenen Ziele zu gewinnen. Auf Gewaltanwendung wird verzichtet, weil gewalttätige Auseinandersetzungen die eigene moralische Legitimität in Frage stellen, abschreckend wirken, zu negativer Berichterstattung in den Medien führen und die Vermittlung der Inhalte erschweren. Die andere Überlegung ist eine militärische: Weil die Gegenseite besser ausgerüstet ist, wird vorerst auf Gewaltanwendung verzichtet.

Beide Aspekte münden in die Aufnahme des militärischen Kampfes, wenn das Bewußtsein des Volkes (oder der Klasse) so weit gereift ist, daß die Frage der Legitimität revolutionärer Gewalt positiv beantwortet wird und die eigenen militärischen Mittel angewachsen sind. Daneben werden gewaltlose Aktionen stattfinden, die der politischen Unterstützung des bewaffneten Kampfes dienen. Das ist das Grundverständnis, von dem aus in der Türkei Aktionen als gewaltlos geplant werden. Die Frage der Gewalt stellt sich also in der traditionellen türkischen Linken nicht als ein grundlegendes, sondern als ein taktisches Problem.

Neben diesen politisch-strategischen Argumenten werden die Befürworter des gewaltfreien Prinzips häufig mit der rhetorischen Frage konfrontiert, ob man angesichts eines tätlichen Angriffs dem Beispiel Jesu folgen und die zweite Wange hinhalten solle. Diese Frage versucht, die Grenzen und die Ineffektivität gewaltfreien Handelns zu belegen und gleichzeitig die Anwendung von Gewalt moralisch zu legitimieren. Darin findet sich viel von den patriarchalen Strukturen der Gesellschaft wieder. Soll ein Mann wehrlos einem Angriff entgegenblicken und die ihm anvertrauten Frauen und Kinder ungeschützt lassen? Gewaltfreiheit wird als wehrlos, als inaktiv und hinnehmend verstanden. Abgesehen davon, daß die Selbstverteidigung auch in der Gewaltfreiheit legitim ist, sei hinzugefügt, daß die individuell angewandte Gewalt zur Abwehr »einer Situation persönlicher Bedrohung (...) etwas anderes ist, als kollektive Verteidigungssituationen, die vielschichtiger sind und mehr Handlungsmöglichkeiten bieten«[2]. Gewaltfreiheit ist ein aktives Konzept, das dem Schlag auf die individuelle oder kollektive Wange so früh wie möglich mit eigener Initiative begegnen will.

Trotz aller Kritik bildeten gewaltlose Aktionen, insbesondere nach der Zerschlagung der Massenbewegung durch den Militärputsch von 1980 in den 80er und 90er Jahren, das entscheidende Moment für das Wiederentstehen einer Opposition. Die Hungerstreiks der politischen Gefangenen und die Unterstützungsaktionen der Angehörigen, die 1986 zur Gründung des Menschenrechtsvereins führten, der Streik der Bergarbeiter von Zonguldak und deren Marsch nach Ankara 1990/91 sowie die Aktionen der StudentInnenbewegung seit 1995 trugen entscheidend dazu bei, daß sich die Linke einigermaßen wieder sammeln konnte. Und selbst die von der PKK maßgeblich beeinflußte kurdische Bewegung erlebte einen ihrer bisherigen Höhepunkte im Jahr 1992 nicht durch militärische Aktionen der Guerilla, sondern durch die Massenbeteiligung an den Newrozfeiern und durch Aktionen des Zivilen Ungehorsams, wie beispielsweise die Arbeitsniederlegung von Kaufleuten und Handwerkern.

Die Mittel entsprechen dem Ziel

In einem Papier der Gruppe der KriegsgegnerInnen aus Izmir heißt es zur Frage der Ziel-Mittel-Relation:

»(...) Hinsichtlich der Ziel-Mittel-Relation ist häufig von zwei Positionen die Rede, die – vordergründig – konträr erscheinen. Die erste Haltung legitimiert für das Erreichen eines Zieles jedes Mittel; ausschlaggebend für die Legitimität eines Mittels ist hier ihr ›Nutzen‹. Diese Position findet in Machiavelli eine Personifizierung. Die andere Position bestimmt sich nach einem anderen Grundsatz. Ihr zufolge ist die ›Vereinbarkeit‹ eines Mittels mit dem verfolgten Ziel bestimmend für dessen Legitimität. Als ein typischer Vertreter dieses Ansatzes kann Gandhi und sein gewaltfreier Widerstand genannt werden. Wir denken allerdings, daß diese Differenzierung die unmittelbare Wechselwirkung zwischen Mittel und Ziel für nichtig erklärt. (...) Es ist vergebens, nach einem strukturellen Unterschied zwischen Mittel und Zweck zu suchen. Unserer Auffassung nach waren sich dem sowohl Machiavelli als auch Gandhi durchaus bewußt. Beide haben die Wege, die zum Erreichen ihrer unterschiedlichen Ziele führen sollten, in der dem jeweiligen Ideal strukturell entsprechenden Weise formuliert. Die vorrangige Frage ist nicht, ob ein Zweck die Mittel heiligt oder nicht; entscheidend ist vielmehr die Festlegung des Zieles selbst. Jedes Ziel bestimmt seine eigenen Mittel.
(...) Schließlich gibt es für das Ziel des Aufbaus eines Nationalstaates bzw. einer Staatsnation kaum ein so geeignetes Mittel wie den Krieg. Die ›Natur‹ des Krieges widerspricht kaum der ›Natur‹ eines Nationalstaates: Beide haben einen repressiven Charakter.«[3]

Wenn es also nicht das Ziel ist, eine repressive Gesellschaftsformation zu schaffen, sondern Herrschaft zu überwinden, müssen die Mittel in einer dialektischen Beziehung zu dieser Utopie stehen. Daß heißt, die Organisationsformen, sozialen Beziehungen, Lebensweisen usw. der angestrebten Utopie müssen bereits in der Gegenwart angestrebt und im Verlauf des Kampfes ausgebaut werden.

Dezentralität, Basisdemokratie und autonome Individuen

Gewaltfreiheit richtet sich gegen alle Formen von personaler und struktureller Gewalt. Ein zentralistisches Organisationsmodell schafft Machtstrukturen, institutionalisiert und transformiert sie in Herrschaftsstrukturen. Von daher müssen die herrschaftsfreie Gesellschaft ebenso wie eine gewaltfreie Aktionsgruppe so dezentral wie möglich organisiert sein, um soviel Selbstbestimmung wie möglich zu gewährleisten. Daß heißt, dezentrale Gruppen (Bezugsgruppen) als Basis der Bewegung, Konsensprinzip als Form der Entscheidungsfindung[4] und autonome Individuen, die auf der Grundlage von Eigenverantwortung, gegenseitigem Vertrauen und Solidarität handeln.
Die Geschichte der Linken in der Türkei vor dem und während des Militärputsches 1980 zeigt, daß Bewegungen, die sich an militärischen Organisationsmodellen orientieren und auf Hierarchien und Befehl-Gehorsam-Beziehungen beruhen, auch militärisch (zentral) zerschlagen werden können. Doch nur wenige Gruppen haben sich nach dieser Erfahrung von dem traditionellen Politikmodell lösen können. Der hierarchiearme Ansatz, den der Verein der KriegsgegnerInnen vertritt, wird entweder lächerlich gemacht oder als Gefahr empfunden, weil er die großen und kleinen Machthaber in der oppositionellen Bewegung in Frage stellt. Die Frage der militärischen Organisationsform und das nicht hinterfragte Ziel, irgendwann den bewaffneten Kampf aufzunehmen, führen in der traditionellen Linken und besonders in der PKK dazu, den Widerstand nur bestimmten Gruppen zuzutrauen. Es sind überwiegend Männer, die eine zentrale Rolle spielen und das Recht auf aktiven Widerstand für sich in Anspruch nehmen. Die Strukturen des Widerstands sind ensprechend schmal und können schnell zerschlagen werden.
Die gewaltfreien Gruppen setzen sich deshalb stärker mit dem Individuum in der politischen Bewegung auseinander. Sie behandeln Themen wie Ängste und Selbstbewußtsein und halten an Gewaltfreiheit fest, nicht trotz der Verhältnisse in der Türkei, sondern gerade ihretwegen. Sicher, auch gewaltfreie Organisationen können aufgelöst werden, doch der Wille des Individuums ist der letzte, – selbst unter den Bedingungen des Faschismus – am schwierigsten zerstörbare Kern.

Dialogbereitschaft und Einladung an den Gegner

Die gewaltfreie Aktion hat den Anspruch, dem Gegenüber Offenheit entgegenzubringen und darauf zu vertrauen, daß er als Mensch erreicht werden kann. Das stößt in einer Quasi-Militärdiktatur auf Skepsis. Dem Folterer Dialogbereitschaft entgegenbringen? Das ist eine schwierige Aufgabe, aber alle Gegner verdienen den Respekt als Menschen, wenn auch ihre Handlungen strikt abgelehnt werden. Die Bereitschaft, in einen Dialog einzutreten, betrifft vor allem die einfachen Soldaten oder die gewaltbefürwortende Linke. Die prinzipielle Bereitschaft der gewaltfreien Aktion zum Dialog mit dem Gegner hat weder etwas mit Täterentlastung zu tun, noch geht es um ›Kompromißbereitschaft‹. Sie ist ein Ausdruck moralischer Stärke.
Es gibt kein Vertrauen in das Rechtssystem, und politische Gerichtsverhandlungen werden daher auch nicht mit der Hoffnung betrieben, daß Recht entsprechend der Menschenrechte gesprochen werde. Die Prozesse werden vielmehr als eine politische Bühne begriffen, auf der die eigenen Argumente einer breiteren Öffentlichkeit dargelegt werden können und eine direkte Auseinandersetzung, ein Dialog mit dem Staat und seinen ungerechten Strukturen möglich ist.[5] Das ist ein Grund, warum der Kriegsdienstverweigerer Osman Murat Ülke nach kurzer Zeit in Freiheit Anfang 1997 wieder vor Gericht erschien. Er wollte der Auseinandersetzung mit dem Staat nicht aus dem Weg gehen und wählte dazu seinen Militärgerichtsprozeß in Ankara, auch auf die Gefahr hin, erneut ins Militärgefängnis zu kommen.[6]

Transparenz von Planung und Durchführung

Sofern eine vorige Verkündung nicht die Wirksamkeit einer direkten Aktion maßgeblich zu beeinträchtigen droht, gehört sie zu den Merkmalen einer gewaltfreien Aktion. Die Offenheit zeigt sowohl dem Gegenüber als auch noch nicht beteiligten Dritten die eigene Überzeugung, Mut, Entschlossenheit und Aufrichtigkeit. Beiden Seiten wird die Möglichkeit eröffnet, sich an der Aktion zu beteiligen, auf sie zu reagieren oder sich vorzubereiten. Die Vorankündigung einer illegalen Aktion hilft, die eigene Legitimität zu vermitteln und die der Gegenseite in Frage zu stellen. Schließlich veröffentlichen z.B. die ›Sicherheitskräfte‹ ihre Aktionen eben nicht.
Dadurch, daß die Gruppen- und Organisationsstrukturen weitgehend transparent gehalten werden, wird Außenstehenden die Mitwirkung ermöglicht. Die Transparenz wird vom Verein der KriegsgegnerInnen in Izmir bewußt zum Schutz be-

nutzt. Als von Faschisten ein Angriff auf den Verein drohte, wurde die Nachbarschaft über die Vereinstätigkeit informiert, um Solidarität aufzubauen.
Der Verein arbeitet auch aus der Erkenntnis offen, daß Konspiration in einem Staat wie der Türkei auf Dauer nur unter sehr großem Aufwand wirkungsvoll gewährleistet werden kann. In der PKK zeigt sich, welche Konsequenz eine massiv betriebene Konspiration auch haben kann: Zum Austreten gewillte Mitglieder sind durch den von außen auf der Gruppe lastenden Druck zum Verbleib gezwungen. Aus Mangel an Alternativen heuern etliche bei der Gegenseite an.

Die ›Samstagsmütter‹

Eine Aktionsform, die vor allem auf Öffentlichkeit und auf regelmäßige Wiederholung setzt, sind die seit Mai 1995 jeden Samstag im Zentrum von Istanbul stattfindenden, halbstündigen Sitzaktionen der Angehörigen der ›Verschwundenen‹. Ihren Anfang nahm die lateinamerikanischen Beispielen entlehnte Aktion, als einige Tage nach dem Polizeimassaker im von AlevitInnen bewohnten Istanbuler Stadtteil Gazi im März 1995 Hasan Ocak, ein Bewohner des Viertels, von der Polizei festgenommen wurde und danach verschwunden blieb[7]. Seine Familienangehörigen trugen den Fall in die Öffentlichkeit und begannen schließlich, unterstützt vom Menschenrechtsverein und anderen demokratischen Organisationen, jeden Samstag in der Fußgängerzone von Istanbul eine Sitzaktion durchzuführen. Innerhalb kurzer Zeit schlossen sich Familienangehörige anderer ›Verschwundener‹, Inhaftierter und Ermordeter an. Die Kontinuität der Aktion, die Legitimität ihrer Forderungen, ihre nur schwer als ›TerroristInnen‹ diffamierbaren ProtagonistInnen und schließlich die Sorgfalt, mit der OrganisatorInnen darauf achteten, daß die Aktion nicht als Forum für andere Ziele benutzt wurde, haben im Laufe der Zeit eine Sympathie in der Öffentlichkeit bewirkt. Einige Male wurde versucht, die Aktion mit Gewalt aufzulösen. Da sich aber die AktivistInnen nicht gewaltsam zur Wehr setzten, blieben den Fernsehkameras nur Bilder von Polizisten, die Mütter verprügelten und in Polizeifahrzeuge schleppten.

Bereitschaft, Sanktionen und Opfer auf sich zu nehmen

Die Handelnden in einer gewaltfreien Aktion sollen dazu bereit sein, die möglichen Konsequenzen ihrer Handlungen auf sich zu nehmen. Deswegen wird in

der Vorbereitung und Durchführung einer gewaltfreien Aktion nicht nur auf die thematischen Auseinandersetzungen großen Wert gelegt, sondern auch auf die kollektiven und individuellen. Im Vorfeld und in der Aktion wird im Konsens entschieden und gehandelt. Jeder Person soll der Ausstieg aus der Aktion prinzipiell jederzeit offengehalten werden. Jede einzelne Person geht nur so weit, wie sie es mit sich vereinbaren kann. Eine Entscheidung, die auf dieser Basis getroffen wird, kann nur schwer durch die Mittel der Gewalt gebrochen werden. Dieser Ansatz bezieht sich sehr auf das Individuum und stößt deshalb in der türkischen und kurdischen Linken auf Kritik. Dort wird das Wohl einzelner im Zweifelsfall hinter das Ziel des Volkes oder der Klasse gestellt.
Darin enthalten ist auch der Gedanke, daß einem Opfer für die Sache eine moralische Kraft innewohnt. In der türkischen und kurdischen Gesellschaft geht die Bedeutung eines Opfers weit über dieses Maß hinaus. Der Märtyrer ist eine gefeierte Figur. Der ›devrimci seyhit‹, der ›Märtyrer der Revolution‹ hat eine hohe Bedeutung. Sein Leben hinter die Ziele der Bewegung zu stellen, gilt als besonders ehrenvoll. Inhaftierung, Folter und Haftstrafen zu riskieren, hat ein hohes Ansehen, auch wenn es die ›normale‹ Bevölkerung eher abschreckt. Selbstverbrennungen gab es in der oppositionellen Bewegung der Türkei bisher allerdings nur vereinzelt[8], während das Todesfasten häufiger vorkommt.
Selbsttötungsaktionen überschreiten die Grenzen dessen, was mit den Prinzipien von Gewaltfreiheit vereinbart werden kann. Jedem Menschen steht die Entscheidung über sein Leben zu. Der Freitod ist zunächst legitim. Aus einem materialistischen Standpunkt heraus, demzufolge alles Gegenwärtige und Zukünftige auf dem wirklichen Leben basieren und an ihm orientiert sind, ist eine Selbsttötung aus politischen Gründen jedoch nicht zu rechtfertigen. Zweifelsohne wird kein Mensch, der nicht völlig verzweifelt ist, zu diesem Mittel greifen. Der Mut der Verzweiflung, die Entschlossenheit, bis zum letzten zu gehen und nichts mehr zu verlieren zu haben, sollte nicht in einer Selbsttötung enden, sondern in der Grundeinstellung zum politischen Kampf. Wichtig ist, daß neben dem Gefühl, nichts mehr zu verlieren zu haben, nicht das Gefühl abhanden kommt, etwas zu gewinnen zu haben.

Der Hungerstreik 1996 in der Türkei

Im Mai 1996 traten die Gefangenen der illegalen linken Gruppierungen aus Protest gegen zwei Erlasse des Justizministers Agar in einen Hungerstreik. Im weiteren Verlauf beteiligten sich mit den Gefangenen der PKK über 10.000 Inhaf-

tierte. Über 300 waren in ein Todesfasten[9] getreten. Die Kernforderungen lauteten: Rücknahme der Agar-Erlasse (Schließung des Isolationsgefängnisses von Eskisehir; Einheit von Gerichts- und Gefängnisorten); Beendigung der Mißhandlungen bei Krankenhaus- und Gerichtstransporten und aller anderen Gewaltanwendungen sowie die Schaffung eines einheitlichen, menschenwürdigen Status für alle Gefängnisse des Landes.
Nach 69 Tagen Hungerstreik und zwölf Toten wurde am 27. Juli 1996 über Vermittler das Angebot des neuen Justizministers Kazan akzeptiert, das Gefängnis von Eskisehir zu schließen und ein unabhängiges Komitee zur Überwachung der humanitären Situation zu gründen. Tatsächlich hat sich aber danach in den Gefängnissen nichts geändert. Schon zwei Monate nach Beendigung des Hungerstreiks stürmten Militäreinheiten im September 1996 den Trakt der PKK-Gefangenen im Gefängnis von Diyarbakir und erschlugen zehn Inhaftierte mit Eisenstangen.
Angesichts dessen muß die Frage gestellt werden, ob das konkrete Ergebnis die Opfer gerechtfertigt hat. Die Gefangenen und die illegalen Organisationen haben diesen Kampf vor allem politisch verloren. ›Draußen‹ wurde der Hungerstreik im wesentlichen von den Familienangehörigen und der radikalen Linken unterstützt. Die erhoffte Solidarisierungswelle in der Bevölkerung blieb aus. Und erst in den letzten Tagen, als bereits Tote zu vermelden waren, konnte ein größeres Interesse der Öffentlichkeit gewonnen werden.
Sowohl die Gefängnispolitik des Staates, als auch sein so weit hinausgezögertes Einlenken[10] haben gezeigt, daß der Staat sich seiner Legitimität so sicher ist, daß er in diesen Fragen – die nur eine Minderheit betreffen – fast nach Belieben verfahren kann. Zum Vergleich: Als die Militärdiktatur noch offen an der Macht und Proteste in der Öffentlichkeit ungleich schwieriger waren, dauerte der längste Hungerstreik, 1984, 61 Tage und kostete vier Todesopfer. Maßnahmen wie die Isolationshaft wurden damals bereits im Vorfeld durch Hungerstreiks und andere Aktionen verhindert.
Ein Hungerstreik kann aufgrund seiner Dramaturgie eine Mobilisierungswirkung haben, und wenn seine Forderungen sehr konkrete, ›realistische‹ Dinge betreffen, kann er auch erfolgreich beendet werden. Im besten Fall reicht der Erfolg über das konkrete Ziel hinaus und wirkt sich auf gesamtgesellschaftliche Zusammenhänge aus[11]. Der Hungerstreik ist ein gewichtiges Mittel, dem besonders in der Türkei eine große Mobilisierungskraft innewohnt. Als Todesfasten ist er aber auch – wie das Beispiel zeigt – gefährlich, da er ultimativ ist. Wird die Forderung durch den Staat nicht erfüllt, ist es schwer, Enttäuschung und Mißerfolg in neue Energie für weitere Aktionen umzusetzen.

Legalität und Widerstand

Ob eine Aktion legal ist oder nicht, hat im Hinblick auf ihre Vorbereitung, Durchführung und mögliche Konsequenzen für die Teilnehmenden eine Bedeutung. Die Frage spielt aber hinsichtlich ihrer ethisch-politischen Zulässigkeit keine Rolle. Gewaltfreie Aktionen überschreiten immer wieder die Grenzen des jeweils Erlaubten, weil geltende Gesetze oder Verordnungen dem Ziel einer herrschaftsfreien Gesellschaft oder dem eigenen Gewissen widersprechen.
Gesetzesüberschreitungen sind ein wichtiges Element im Konzept der gewaltfreien Revolution. »Gewaltfreie Aktion kontrolliert oder bekämpft die Herrschenden nicht mit Androhung von Blutvergießen, aber auch nicht mit Appellen, Hoffnungen darauf, daß die Herrschenden sich ändern, sondern, indem die Macht von ihren Wurzeln abgeschnitten wird, der Unterstützung durch die Beherrschten. Dieser Widerstand durch Ungehorsam (...) und eine direkte Aktion gegen die Herrschenden kann trotz der ansetzenden Repression Erfolg haben, wenn bestimmte Umstände erfüllt sind. Zu diesen Umständen gehört in erster Linie eine breite und gut organisierte Solidarität unter den Unterdrückten. (...) Nichtzusammenarbeit an den richtigen Stellen, lange genug und von genug Menschen unterstützt, macht jede Regierung unmöglich.«[12]
Eine erfolgreiche Aktion von Nichtzusammenarbeit leisteten die Inhaftierten in den türkischen Gefängnissen in den Jahren 1981-84. Wie im Hungerstreik 1996 wurden menschlichere Haftbedingungen und bessere Behandlung gefordert. Eine zentrale Aktionsform war der Uniformboykott. Die Gefangenen weigerten sich, die Gefängnisuniform anzuziehen. Nach erheblichen Repressionen und einer Jahre währenden Auseinandersetzung setzten sie diese und andere Forderungen durch.
Die Entscheidung für eine legale oder eine illegale Aktion stellt sich in einer parlamentarischen Demokratie mit relativ vielen Freiheiten ganz anders als in einer Quasi-Militärdiktatur. Bevor AktivistInnen in Deutschland eine illegale Handlung begehen, können sie mit verschiedenen Mitteln politisch arbeiten. Nach der illegalen Aktion können sie in die Legalität zurückkehren. Lediglich sehr kleine Gruppen wie die RAF oder die AIZ entschließen sich für die andauernde Illegalität. In der Türkei ist der Schritt in die politische Arbeit bereits ein Schritt in die Illegalität. Die Möglichkeiten, sich zu äußern, sind so beschränkt, daß schnell Gesetze zum Vereinswesen, zu Publikationen und anderen Äußerungsmöglichkeiten übertreten werden. Aber auch das massenhafte Übertreten schützt vor Bestrafung nicht. Die Solidarität in der Linken und in

der Bevölkerung reicht dazu nicht aus. So sammeln sich die großen und kleinen Gesetzesübertretungen an und werden zu einem Zeitpunkt, zu dem es den Herrschenden für günstig erscheint, aus der Schublade geholt. Der Verein der KriegsgegnerInnen z.B. konnte zwei Jahre nahezu unbehelligt arbeiten, um sich dann plötzlich einer Flut von Prozessen erwehren zu müssen. Das Handeln gegen Gesetze über Jahre hinweg macht eindrucksvoll deutlich, daß den Gesetzen der Diktatur keine Legitimität beigemessen wird. Die bestehenden Gesetze werden damit zu einer Nebenbedingung für die gewaltfreie Aktion und sind nicht Maßstab für deren Qualität.

Symbolcharakter oder Widerstand

Eine gewaltfreie Aktion kann symbolischen oder revolutionären Charakter haben. In beiden soll stets ein emanzipatorischer Anteil enthalten sein, der eine Masse von Menschen von der Autorität gewalttätiger Herrschaft befreit und sie zu einer autonomen Lebensweise befähigt. Die Individuen sollen allein oder gemeinsam aus der »freiwilligen Knechtschaft« (Etienne de la Boetie) heraustreten. Dazu braucht die gewaltfreie Aktion autonome Individuen, die begonnen haben, sich von der Knechtschaft zu lösen. Der bewußt vollzogene, konstruktive Bruch mit dem System kann symbolisches und widerständisches Ausmaß haben.
Beide Aktionsformen sollten dabei von Massen einfach auszuführen sein. Die Aktion soll nicht an einige wenige delegiert werden, wie es z.B. bei den medienwirksamen Aktionen von Greenpeace der Fall ist. Nur so erfahren sich viele Menschen als handlungsfähige Subjekte und ergreifen selbst die Initiative. Der Widerstand ist nicht reserviert für (männliche) Eliten, die mittels technisch aufwendiger Aktionen oder gewalttätiger Konspiration stellvertretend für die Masse die Revolte ausüben.
In dem Wunsch, Massen anzusprechen, darf die Aktion sich nicht in reinem Symbolcharakter erschöpfen. Irgendwann soll – zumindest argumentativ – eine Verbindung zu widerständischen Aktionen hergestellt werden. Der Betroffenheit über fremdenfeindliche Angriffe, die sich im Winter 1992/93 im Lichterkettenspektakel in Deutschland ausdrückte, fehlte der Charakter von gewaltfreiem Handeln. Sie zeigte Betroffenheit, ohne Ursachen und Hintergründe der Ungerechtigkeit zu benennen oder gar zu bekämpfen. Trotz Lichterketten bestand ein breiter gesellschaftlicher Konsens über die Änderung des Asylrechts.
Zwischen den beiden Aktionsformen besteht keine Hierarchie. Eindrucksvoll zei-

gen die Beispiele gewaltfreier Aufstände (Indien 1930/40er, Prag 1968, Belgrad 1997), daß sie beide in ihrer Verbindung notwendig sind.

›Eine Minute Dunkelheit‹

Als in den ersten Wochen nach dem Unfall von Susurluk[13] versucht wurde, das Ausmaß der Verstrickungen zwischen Politik, Militär und Mafia zu vertuschen, begann die Aktion ›Eine Minute Dunkelheit für ständiges Licht‹. Angeregt von Intellektuellen, Prominenten, linken Organisationen und eigens hierfür gebildete Bürgerinitiativen, schalteten sich bald die privaten Medien in die Kampagne ein, und binnen weniger Wochen gingen in Millionen Haushalten jeden Abend um 21.00 Uhr für eine Minute die Lichter aus. Im Laufe der Kampagne wurde das Lichtausschalten durch Lärmaktionen u.ä. ergänzt.
›Eine Minute Dunkelheit‹ wurde zur größten Massenaktion in der Geschichte des Landes überhaupt. Was so erfolgversprechend begann, ging im Frühjahr 1997, ohne auch nur einen konkreten Teilerfolg erzielt zu haben, zu Ende. Es wurde zwar symbolisch deutlich gemacht, daß die Menschen die Lügen durchschauen, aber es gab keine Schritte hin zu zivilen Widerstandshandlungen.

Sachbeschädigung und Sabotage

Eine am Menschen orientierte Auffassung von gewaltfreier Aktion schließt die Frage aus, ob es ›Gewalt gegen Sachen‹ gibt. Weder Eisenbahnschienen noch Panzer erleiden Schmerzen, wenn sie funktionsuntüchtig gemacht werden. Wohl aber können sie direkt der Ausübung von Gewalt und Herrschaft dienen. Daher widerspricht Sabotage nicht prinzipiell der Gewaltfreiheit, sofern in ihrer Ausübung keine Menschen unmittelbarer oder mittelbarer Gefahr ausgesetzt werden und sie den übrigen Prinzipien gewaltfreier Aktion entspricht.
Sabotageaktionen, welche die Kriterien der gewaltfreien Strategie erfüllen (Offenheit in Planung und Durchführung, Vermittelbarkeit, Bereitschaft zu Sanktionen), können einen Akt »emanzipatorischer Zerstörung« (Theodor Ebert) darstellen. Die Aktionen der indischen Unhängigkeitsbewegung gegen britische Stoffimporte und öffentliche Schienen- und Straßenbeschädigungen im Widerstand gegen die Endlagerung hochradioaktiven Mülls in Gorleben sind zwei Beispiele, die als gewaltfreie Aktionen und als »emanzipatorische Zerstörung« zu kategorisieren sind.

In der Türkei sind bisher keine Beispiele von gewaltfreien Sachbeschädigungen dokumentiert. Die auch für die Bundesrepublik recht außergewöhnlichen ›Pflugscharaktionen‹[14] erschienen den türkischen Teilnehmenden des Trainings in Foça als absolut unmöglich. Sie würden ›wahnsinnige Reaktionen‹ des Staates hervorrufen.

Gewalt ist nicht gleich Gewalt

Sowohl in ihrer Quantität, also in ihren Auswirkungen, als auch in ihrer Qualität, das heißt in ihrem moralischen Anspruch, sind die Gewalt der Unterdrücker und die Gewalt der Unterdrückten nicht gleichzusetzen. Auf eine knappe Formel bringt es eine Stellungnahme der ›War Resisters International‹ zu den Befreiungsbewegungen, in der es heißt: »Die Gewalt der Herrschenden ist ein Verbrechen, die Gewalt der Beherrschten eine Tragödie.«
Ob das Ziel einer herrschaftsfreien Gesellschaft überhaupt erreicht werden kann, ist ungewiß. Eine gewalt- und herrschaftsfreie Gesellschaft ist keine zwingende Notwendigkeit, aber eine Möglichkeit der Geschichte. Das wiederum macht Menschen zu Subjekten der Geschichte, die sich frei entscheiden können, individuell und kollektiv bestimmte Dinge zu tun und andere zu unterlassen. Das ist auch eine Frage des Wollens.

Anmerkungen:

1) Als ›gewaltfrei‹ werden in diesem Text die politischen Aktionen verstanden, welche nach den Kriterien und Prinzipien von Gewaltfreiheit durchgeführt werden, und als ›gewaltlos‹ alle die politischen Aktionen, welche auf direkte personale Gewalt verzichten.
2) Leo Gottwich: Anarchismus und die Gewaltfrage. In: Graswurzelrevolution Nr. 185, Februar 1994.
3) KriegsgegnerInnen Izmir: Kriegsdienstverweigerung als grundlegendes Menschenrecht und antimilitaristische Position. Deutsche Fassung. Berlin 1997, S.2.
4) Vgl. die Kapitel »Konsens – Nonsens ???« und »Zwischen Individuum und Gruppe: Die Bezugsgruppe« in diesem Buch.
5) Sehr eindrucksvoll ist dies nachzulesen in der Verteidigungsrede von Serdar Tekin, die er am 1.4.1997 vor dem Militärgericht in Ankara gehalten hat: Kirik Tüfek Nr. 5/97, S. 3.

6) Vgl. das Kapitel »Kriegsdienstverweigerung in der Türkei – Der Fall Osman Murat Ülke« in diesem Buch.

7) Hasan Ocaks Leiche wurde noch im selben Monat in einem anonymen Grab entdeckt. Der damalige sozialdemokratische Staatsminister für Menschenrechtsfragen, Algan Hacaloêlu, entschuldigte sich »im Namen der Regierung bei der Bevölkerung« (Cumhuriyet, 20.5.1995, S.1).

8) Selbstverbrennungen gab es z.B. von zwei kurdischen Frauen an Newroz 1995 in der BRD oder von vier PKK-Gefangenen im Gefängnis von Diyarbakir 1982.

9) Der Begriff ›Todesfasten‹ bedeutet nicht, wie vielfach angenommen, daß die Betreffenden auch die Aufnahme von salz- und zuckerhaltigem Wasser verweigern, sondern ist eine politische Kategorie. Während die Hungerstreikenden ein mögliches Ende ihrer Aktion offenhalten, schließen Todesfastende diese Option definitiv aus. Ihre Haltung ist: Erfüllung der Forderung oder Tod.

10) Die RP-DYP-Koalition unter Erbakan ist nach Beginn des Hungerstreikes gegründet worden. Ein Grund für das späte Einlenken der Regierung war möglicherweise, daß die RP der Armee, die den Islamisten skeptisch bis ablehnend gegenüber steht, Kompromißlosigkeit in Sachen Wahrung der Staatsinteressen demonstrieren wollte.

11) Siehe den Hungerstreik der bolivianischen Bergarbeiterfrauen 1978. Vgl. Hildegard Goss-Mayr: Hungerstreik und Massenmobilisierung. In: Gernot Jochheim (Hg.): Die Gewaltfreie Aktion. Hamburg 1984, S.184f.

12) Anarchosyndikalismus und Gewaltfreiheit. Beilage zur Graswurzelrevolution Nr.32, S.1.

13) Vgl. hierzu das Kapitel »Eine allgegenwärtige Ideologie« in diesem Buch.

14) Vgl. das Kapitel »Pflugschar für Kurdistan« in diesem Buch.

Jörg Rohwedder

Zur Analyse von Konflikten

Konfliktbegriff

In der Beschreibung von Konflikten werden immer wieder verschiedenste Ebenen miteinander vermischt. Was ist eigentlich ein Konflikt? Um zu einer wirkungsvollen Analyse und zu einer effektiven gewaltfreien Konfliktbearbeitung zu kommen, sind eine Definition von Konflikt und die Unterscheidung zwischen Konflikt und seinen Austragungsformen notwendig.

Nach Ulrike Wasmuth ist ein Konflikt[1], ein »sozialer Tatbestand« mit mindestens zwei Parteien, die »unterschiedliche, möglicherweise unvereinbare Ziele verfolgen« oder die »das gleiche Ziel anstreben, welches aber nur eine Partei erreichen kann.« Ein Konflikt liegt auch dann vor, wenn sie »unvereinbare Mittel zur Erreichung eines Zieles« anwenden.

In dieser kurzen Definition ist der Konfliktbegriff nicht bewertet. Im Gegenteil: Konflikte sind normale und unvermeidliche Erscheinungsformen im Zusammenleben von Menschen. Auch sagt die Definition nichts über die Austragungsformen oder das Verhältnis der Konfliktparteien zueinander.

Krieg ist kein Konflikt, sondern eine mögliche Form, Konflikte auszutragen. Um zu einer Lösung zu kommen, ist die Austragungsform nur ein Mittel und als solches zu berücksichtigen. Zuerst muß aber nach den hinter dem Konflikt stehenden Interessengegensätzen gefragt werden.

Der Konflikt an sich kann also als etwas Positives verstanden werden, als eine Chance zum Wandel und damit zu einem möglichen Fortschritt. Um Konfliktbearbeitung nicht nur negativ zu bewerten, wie es landläufig üblich ist, müssen Austragungsformen gefunden werden, die ›zivil‹ sind, die Gewalt nicht beinhalten und möglichst viele Konfliktbeteiligte zufriedenstellen. Das mag an der einen oder anderen Stelle unmöglich sein, nämlich immer dann, wenn die Interessengegensätze nicht überbrückbar sind und ein Konsens unmöglich ist. Hier ist es das Ziel, die negativen Folgen für die Konfliktbeteiligten so gering wie möglich zu halten.

Gewaltfreies Konfliktverständnis[2]

Konflikt wird als eine Chance zur Veränderung angesehen. Um diese Chance zu nutzen, soll der Person, mit welcher der Konflikt besteht, das Angebot gemacht werden, den Konflikt gemeinsam anzugehen. Dazu ist die Bereitschaft des Gegenübers notwendig. Kann sie nicht erreicht werden, bleibt dennoch das Angebot zur Zusammenarbeit bestehen. Ein Konflikt wird sich nur wirklich lösen lassen, wenn beide Konfliktparteien ihre Interessen vertreten sehen. Beide haben dann in der Auseinandersetzung gewonnen. Hier unterscheidet sich gewaltfreies Konfliktverständnis vom herkömmlichen. Letzteres geht davon aus, daß eine Konfliktpartei ihre Interessen durchsetzt und nur eine Partei gewinnen kann.

Die gewaltfreie Konfliktlösung wird durch Grundhaltungen gefördert:[3]

- Ich bin ein Teil des Problems
- Ich denke mich in die Rolle des Gegners
- Ich erkenne den Gegner an
- Ich bin bereit zur Veränderung

Zivile Konfliktaustragungsformen

Konfliktaustragungen eskalieren aus verschiedenen Gründen. Für das Handeln von gewaltfreien Aktionsgruppen sind zwei Gründe, die in der Struktur von Konflikten selbst liegen, wichtig. Konflikte können in der Austragung zu Gewalt führen, weil sie asymmetrisch und/oder dyadisch sind. Asymmetrisch meint hier, daß die Macht, auf den Konflikt einzuwirken, ungleich verteilt ist und der Mächtige die Austragungsform – im Extremfall Krieg, Folter, Vergewaltigung und Mord – bestimmt. Ein ungleiches Machtverhältnis schließt eine gewaltfreie Konfliktlösung nicht aus, sie macht aber die Zustimmung des Mächtigen erforderlich, zumindest in diesem Konflikt einen Teil seiner Macht aufzugeben.

Dyadisch meint, daß neben den Konfliktparteien ein nicht-parteilicher Dritter fehlt, der zwischen den Beteiligten vermittelt. Die Konfliktparteien stehen sich als Kontrahenten allein gegenüber. Auch das schließt eine gewaltfreie Konfliktlösung nicht aus. Das Maß an Selbstdisziplin, das die Konfliktbeteiligten an den Tag legen müßten, ist aber ungleich höher. Ein nichtparteilicher Dritter hat die Möglichkeit, Emotionen, Ressentiments und verdeckte Interessen leichter zu erkennen und zu benennen. Er hilft den Konfliktbeteiligten, sich an vereinbarte Regeln oder gesellschaftliche bzw. internationale Konventionen zu halten.

Die Konfliktparteien und das Handeln von gewaltfreien Aktionsgruppen kann bei der zivilen Bearbeitung von Konflikten an diesen beiden Punkten ansetzen. Zum ersten Punkt gilt es, Handlungsmöglichkeiten zu vermitteln, welche die schwachen Konfliktbeteiligten stärken und die Starken schwächen, bzw. ihnen Schwäche erlauben. Andreas Buro[4] schlägt in seinen acht Säulen für eine zivile Konfliktbearbeitung in Ex-Jugoslawien z.B. folgendes vor, um die Schwachen zu stärken:

1. Öffentlichkeitsintervention
Die Bevölkerung, die sich aufgrund fehlender oder zensierter Informationen nicht ausreichend informieren kann, soll mit Informationen (durch nichtparteiliche Dritte oder durch Parteien) beliefert werden.

2. Förderung der Antikriegskräfte
Die Antikriegskräfte, sofern sie sich für eine zivile Konfliktaustragung einsetzen, sollen materiell und ideell unterstützt werden. Dabei ist die Sachspende genauso wichtig wie der Austausch von Erfahrungen.

3. Embargo gegen den Krieg, nicht gegen die Bevölkerung
Die über die Gewaltmittel verfügenden Kräfte sollen geschwächt werden, ohne die Bevölkerung in Mitleidenschaft zu ziehen. Das Embargo gegen den Krieg kann vor allem von ausländischen Kräften organisiert werden, wie z.B. ein Tourismusboykott, der sich gegen die im Besitz von Generälen befindlichen Hotelketten richtet.

4. Zukunftsperspektiven
Den Betroffenen, Tätern wie Opfern, soll eine realistische Perspektive für eine friedliche Zukunft aufgezeigt werden. Das kann eine öffentliche Einladung zur Mitarbeit sein. Aber auch das Handeln der Aktionsgruppe selbst ist wichtig. Ihre Aktionen sind Modell für das Handeln vieler.

Die vier genannten Säulen beziehen sich im wesentlichen auf das Machtverhältnis der am Konflikt Beteiligten. Sie sollen die Schwachen im Konflikt stärken und die Starken schwächen, um damit die Asymmetrie auszugleichen. Gewaltfreie Aktionstrainings vermitteln vor allem die Stärkung der Schwachen. Sie wenden sich an die (potentiellen) Opfer und weniger an die Täter.

Drei weitere Säulen, die Andreas Buro vorschlägt, betreffen die Vermittlung in Konflikten:

5. Ein Ziel- und Prinzipienkatalog für die VermittlerInnen
Die VermittlerInnen sollen sich ihrer Rolle und Funktion bewußt sein und diese allen Konfliktbeteiligten transparent machen.

6. Eine Absicherung der strikten VermittlerInnenrolle
Der Grundsatz der Nichtparteilichkeit darf nicht nur Anspruch sein. Er muß auch institutionell nach außen erkennbar sein und dauerhaft vertreten werden.

7. Konfliktbeteiligte sollen alle zivilen Konfliktbearbeitungsmöglichkeiten nutzen können
Für die kämpfenden Parteien hieße das, daß sie in allen vermittelnden Organisationen ungehindert teilnehmen können. Auch wenn das Handeln einzelner Parteien als verwerflich zu verurteilen ist, soll ihnen der Zugang zu zivilen Konfliktlösungsgremien nicht verwehrt werden. Ein Dialog soll stets möglich bleiben.

Gerade die Säulen fünf und sechs sind Themen, die für AktivistInnen und Menschenrechtsorganisationen aus dem Ausland von Bedeutung sind, sofern sie den Status von Vermittelnden anstreben. Die vielfältigen Erfahrungen der ›Peace Brigades International‹ zeigen die Wirksamkeit solchen politischen Handelns auf. Sie verstehen unter Vermittlung mehr, als bei Konflikten eine Art von GesprächshelferIn zu sein. Vermittlung wird hier bereits verstanden als die Anwesenheit einer interessierten Dritten, die aus dem dyadischen Konflikt einen triadischen macht.

Buro fügt eine letzte Säule an, die nicht an der Struktur von Konflikten, sondern an den Fähigkeiten und Unzulänglichkeiten von am Konflikt beteiligten Menschen ansetzt und sich nicht in die beiden genannten Handlungsprämissen von ›Stärkung der Schwachen‹ und ›nichtparteilicher Vermittlung‹ ordnen läßt. Diese Säule setzt an der Wahrnehmung der Menschen von Ungerechtigkeit und Leid an. Mit der achten Säule schlägt Buro eine Aufarbeitung des Krieges und Versöhnungsarbeit vor. Er nennt als Beispiel auf gesamtgesellschaftlicher Ebene die Wahrheitskomission in Südafrika, die eine andere, erfolgreichere Wirkung haben als der Gerichtshof in Den Haag.

Konfliktanalyse

Die beschriebenen zivilen Austragungsmöglichkeiten liegen dem Konfliktbegriff nach Ulrike Wasmuth zugrunde. Sie stellt die sorgfältige Analyse von Konflikten ihrer Bearbeitung voran. Das ist gerade da notwendig, wo eine kleine Gruppe sich eines gesellschaftlichen Konflikts annimmt, für dessen Bearbeitung sie ihre ganze Kraft braucht.

Um einen Konflikt zu analysieren, sind folgende Fragen zu beantworten:[5]

Ausgangsfragen

a) Wie ist die Stellung der Konfliktparteien zueinander? Handelt es sich um einen symmetrischen oder um einen asymmetrischen Konflikt, d.h. verfügt eine der Parteien über erheblich mehr Macht, um auf den Konflikt einzuwirken?
b) Welche Dimension im Hinblick auf die Konfliktaustragungsform ist erreicht? Wie sehr ist die Konfliktaustragung eskaliert? Wird Gewalt bereits als die zentrale Austragungsform benutzt oder befinden sich die Parteien in einem Dialog?
c) Ist die Konfliktaustragung dyadisch oder beteiligen sich nichtparteiliche Dritte?

Konfliktbeschreibung

Wenn mit den obigen Fragen die Rahmenbedingungen für die Konfliktanalyse abgesteckt sind, geht es daran, den Konflikt selbst mit all seinen Facetten transparent für alle Beteiligten zu machen. Wie heißt das Konfliktthema? Worum geht es inhaltlich, und warum handelt es sich um einen Konflikt? Welche Interessen stehen gegeneinander? Die unter 1a) – c) vorgestellten Ausgangsfragen sollen mit diesen Fragen spezifiziert werden.

Konfliktgeschichte
Jede aktuelle Konfliktsituation, wie sie durch Beantwortung der obigen Frage beschrieben wird, hat eine Geschichte. Es ist nach den Ursachen und der Vorgeschichte des Konfliktes zu fragen. Dabei sollte ein Zusammenhang zwischen der Konfliktgeschichte und dem aktuellen Konflikt hergestellt werden. Gerade die Fragen nach der Konfliktgeschichte vereinfachen eine emphatische Haltung für die andere Konfliktpartei. Im Rahmen der Konfliktgeschichte kann ebenfalls untersucht werden, welche Dynamik der Konfliktverlauf hatte. Wann und warum eskalierte eine Konfliktaustragung, und wie wird der Konflikt aktuell ausgetragen?

Konfliktparteien
In einem Konflikt sind oft viel mehr Gruppen und Personen beteiligt, als es auf den ersten Blick scheint. Sie haben unterschiedlichen Einfluß auf den Konfliktverlauf und sind unterschiedlich stark an dem Konfliktergebnis interessiert. Die Konfliktbeteiligten sind vor allem unter dem Blickwinkel der Herrschaftsbeziehung untereinander zu untersuchen. Welche Personen und Gruppen sind direkt betroffen, welche indirekt? Gibt es nichtparteiliche Dritte und welche Interessen haben sie?

Für die Analyse von Konflikten gibt es eine Vielzahl von Möglichkeiten. Die oben genannten Frageblöcke bezeichnen jeweils ein Feld, an dem die Konfliktanalyse und Bearbeitung ansetzen kann. Wir haben uns für eine ausführliche Beschreibung des Blocks vier, Konfliktbeteiligte und die Machtverhältnisse, entschieden, weil hier viele Ansatzpunkte für gewaltfreie Aktionen deutlich werden. Aber auch die im folgenden beschriebene Kraftfeldanalyse sollte nicht losgelöst von den anderen Analyseebenen erfolgen.

Modell für eine Kraftfeldanalyse

Erster Schritt: Gemeinsame Problemfindung
Die Gruppe kann das Problem, mit dem sie sich beschäftigen will, selbst bestimmen. Es hat sich bei Erfahrungen von Martin Koppold[6] gezeigt, daß es im Ergebnis keinen großen Unterschied macht, ob für die ersten Analyseschritte ein sehr konkretes oder ein eher komplexes Themengebiet gewählt wird. Die Analyse wird auch bei konkreten Situationen die komplexen Hin-

tergründe offensichtlich machen. Ein konkretes Thema ist für die Weiterarbeit und die Entwicklung von Aktionen allerdings sinnvoller, da das Aktionsziel im Hinblick auf den konkreten Fall besser bestimmt werden kann.

Zweiter Schritt: Bestimmung der Analysefrage und erste Analyse
Die Frage, anhand der die Analyse stattfindet, ist von erheblicher Bedeutung für den Verlauf und das Ergebnis der Einheit. Bei der Kraftfeldanalyse in Foça ging es um die Verhaftung eines Kriegsdienstverweigerers. Das Bild zeigt z.B., daß die Freunde und die Familie desjenigen einen ebenso großen Einfluß haben, wie das Gericht und die Regierung. Das ist als Aussage wenig differenziert und hilft nicht weiter. Die Frage nach dem ›Einfluß‹ wurde hier sehr unterschiedlich aufgefaßt und für eine aussagekräftige Analyse ist gerade dieser Unterschied vorher zu klären und aufzulösen.

Es kann zwischen ›Interesse und/oder Motivation‹ und ›faktischer Macht‹ getrennt werden. Wird nach der Motivation der Freunde des Kriegsdienstverweigerers gefragt, so sind sie sicher in der Mitte richtig eingeordnet, ihre faktische Macht, dem Problem beizukommen, dürfte jedoch ungleich geringer sein. Den Analysefragen kann die Gruppe getrennt nachgehen. Sie macht ein gemeinsames Gedankengewitter, das doppelt notiert wird. Es werden zwei Kleingruppen gebildet. Eine Gruppe sortiert das Ergebnis aus dem Gedankengewitter nach der Frage in das Kraftfeld ein, wie groß das Interesse, die Betroffenheit und damit Bereitschaft und Motivation sind, sich an der Konfliktbearbeitung zu beteiligen. Die andere Gruppe geht der Frage nach, wie groß die Macht ist, den Konflikt beizulegen. Die Gruppen kommen nach einer Stunde zusammen und vergleichen die Ergebnisse, die an einigen Stellen sicher sehr unterschiedliche Positionen einzelner Gruppen aufzeigen.

Dritter Schritt: Vertiefende Analyse
Nachdem die erste Analyse erfolgt ist, können weitere Differenzierungsschritte unternommen werden. Einzelne Konfliktbeteiligte werden in einer ersten Analyse oft als Großgruppe undifferenziert dargestellt. In unserem Fall waren das z.B. die Gewerkschaften. Diese Gruppe von Konfliktbeteiligten kann, wenn sie von besonderem Interesse für die Gruppe ist, vertiefend betrachtet werden. Auf dem Kraftfeld wären die Einzelgewerkschaften nach Interesse oder Macht zu plazieren. Diese Differenzierung läßt sich im Detail auch mit der Presse, den Freunden oder anderen durchführen. Sie ist besonders dann

sinnvoll, wenn die AktivistInnen gerade diese analysierte Gruppe zu Aktionen und Solidarität bewegen wollen.

Vierter Schritt: Netzanalyse und Zeitachse

Ein weiterer Schritt in der Analyse kann sein, die bestehenden Verbindungen zwischen den Organisationen aufzuzeichnen. Die Verbindungen zeigen auf, wer mit wem spricht und welche Kontakte und welche Verbindungen genutzt oder intensiviert werden können. Dabei können die positiven, zu stärkenden Verbindungen blau und die negativen, zu schwächenden Verbindungen rot eingetragen werden.

Im Hinblick auf eine politische Aktion kann eine Zeitachse in die Analyse eingearbeitet werden. Die Gruppe wählt eine Kraftfeldanalyse aus den vorigen Schritten aus und überlegt, wie die dort positionierten Parteien auf eine Verhandlung vor dem Militärgericht und einer Verurteilung zu einer hohen Haftstrafe im optimalen Falle reagieren sollen? Aus dem Ist-Zustand wird eine Zukunftsvision abgeleitet. Dabei ist die Zukunftsvision nicht eine realistische Einschätzung davon, was passieren wird, sondern eine Vorstellung davon, was werden könnte, wenn Aktionen die Konfliktbeteiligten entsprechend motivieren, solidarisch einzugreifen. Damit kann eine Zielgruppe für eine gewaltfreie Aktion festgelegt werden.

Fünfter Schritt: Aktionsideen entwickeln

Gab es keine Zukunftsvision, muß sich die Gruppe im Anschluß an die Analyse auf eine Partei oder Personengruppe einigen, die mit einer gewaltfreien Aktion a) auf das Problem aufmerksam gemacht und b) in ihrem Einfluß auf das Problem gestärkt oder geschwächt werden soll. Mit dieser konzentrierten Fragestellung und einer klaren Zielformulierung läßt sich eine Aktion besser in den Konflikt einordnen und über die Wirkungsweise diskutieren. Die AktivistInnen sollten an dieser Stelle eine einzige konkrete Aktion überlegen und mit der ersten Planung beginnen.

Alle Analyseschritte werden eine Vielzahl von Handlungsmöglichkeiten eröffnen. Die TrainerInnen sollten daher die einzelnen Schritte rechtzeitig abbrechen, damit sich die Gruppe in der Vielzahl der Möglichkeiten nicht verzettelt und sich schließlich ohnmächtig fühlt. Weniger ist hier oft mehr. Besser ist es, wenn recht zügig mit der Umsetzung begonnen wird und die Analyse nicht sofort wieder von den Wänden verschwindet, sondern ruhig über mehrere Wochen im Gruppenraum präsent ist. In einem Training kann am Ende der Einheit eine gemeinsame Planung stehen, wie angedachte Ideen umgesetzt werden können.

Erfahrungen mit der Kraftfeldanalyse in Foça

Tagesablauf:

8.30	Atemübung
8.35	Spiel: Gordischer Knoten
8.45	Plenum: Wetterbericht, Tagesplan, Einleitung zum Thema Konflikte und Konfliktanalyse
9.00	Konfliktanalyse: Beispiel: KDVer in der Türkei wurde verhaftet Konfliktbeteiligte und Kraftfeldanalyse
11.00	Arbeitsgruppen: Möglichkeiten der Einflußnahme – Diskussion und Vorbereitung von Rollenspielen
12.30	Mittagspause
15.00	Spiele: Eichhörnchen und Amsterdamer Clown
15.10	Präsentation der Rollenspiele und Auswertung
16.30	Pause
17.00	Bezugsgruppen
18.00	Plenum: Wetterbericht

Im gewaltfreien Training in Foça sollte der Themenblock Konfliktanalyse die Möglichkeiten von gewaltfreier Aktion verdeutlichen helfen. An den Tagen davor war der Begriff von gewaltfreier Aktion geklärt und diskutiert worden, ob es eine generelle Übertragbarkeit auf die Türkei gibt. Mit der Kraftfeldanalyse sollte der Gruppe eine Analysemethode an die Hand gegeben werden, mit der die Beteiligten und ihre Macht in einem komplexen, gesellschaftlichen Konflikt in relativ kurzer Zeit überschaubar gemacht werden können. Wie immer standen wir vor dem Dilemma, daß eine angemessene Konfliktanalyse im Rahmen des Trainings nicht möglich war. Dennoch wurde in wenigen Stunden ein Überblick erarbeitet, der den Blick auf einzelne Konfliktbeteiligte schärfte und neue Ideen für gewaltfreie Aktionen anregte. Die gleiche Methode war bereits im Sommer 1994 im ISKD angewendet worden. Damals ging es um das Problem, daß der Verein und Mitglieder in linken Organisationen von Faschisten angegriffen werden könnten. Aus der mehrstündigen Analyse wurden verschiedene Aktionsideen entwickelt und umgesetzt.

Durch diese Erfahrung war einigen Teilnehmenden die Methode bekannt. In der Auswertung der Übung wurde unterschiedliche Kritik laut, die so reichhaltig war, daß das Analysemodell von uns noch während des Trainings zum oben dargestellten Ergebnis weiterentwickelt wurde. Es folgt hier eine kurze Darstellung der Analyseeinheit.

Wir begannen den Tag mit einer Kooperationsübung. Im ›Gordischen Knoten‹ muß die Gruppe spielerisch ein Problem lösen. Alle müssen an der Problemlösung mitwirken, da sie alle Teil des Problems (Knoten) sind.

Im Plenum sollten dann die wesentlichen Inhalte der Konfliktanalyse erläutert werden, damit die Kraftfeldanalyse als Teil davon verstanden wird.

Ablauf der Kraftfeldanalyse

Aus Zeitgründen haben die TrainerInnen eine Konfliktskizze vorgegeben, die sie aus dem Training und der politischen Situation der aktiven AntimilitaristInnen in der Türkei entwickelten. Die Konfliktskizze sollte stets einen aktuellen Bezug zur Gruppe haben und konkret genug sein, um aus der Analyse entsprechend politische Aktionen zur Bearbeitung des Konfliktes ableiten zu können.

Konfliktskizze

Ein Kriegsdienstverweigerer, der sich öffentlich als solcher erklärt hat, ist inhaftiert worden. Er sitzt im Gefängnis. Welche Personen/Parteien sind an dem Konflikt beteiligt?

In einem Gedankengewitter sammelten die Teilnehmenden mögliche Konfliktbeteiligte. Nach nur wenigen Minuten gab es eine Liste von ca. 20 Beteiligten, die in Türkisch und in Deutsch auf Karteikarten geschrieben wurden. Die Karteikarten lagen, für alle sichtbar, in der Mitte des Raumes. Sie sollten nun auf einem ›Kraftfeld‹ einsortiert werden. Das ›Kraftfeld‹ wurde durch einen Zielscheibe symbolisiert. Dabei waren die Konfliktbeteiligten mit großem Einfluß auf den Konflikt dicht in die Mitte zu sortieren und die mit geringerem Einfluß in Abstufungen auf größeren Kreisen. Beteiligte mit ei-

Kraftfeldanalyse

ner positiven Wirkung sollten auf die rechte, die mit einer negativen auf die linke Seite geklebt werden. Durch die zweisprachige Karteikartensammlung entstanden zwei Kraftfeldbilder.

Nun nahm jede Person eine Karteikarte und positionierte sie auf dem Kraftfeld. Ihr war nur ein kurzes Statement zu der von ihr gewählten Positionierung erlaubt. Darauf durfte es nur eine Gegenrede aus dem Plenum geben. Die erste Person entschied dann, ob sie die gewählte Position noch korrigieren wollte. Die meisten blieben allerdings fest bei der ersten Positionierung und waren nicht bereit, den Einwand gelten zu lassen. Mit diesem strukturierten Verfahren sollte die Diskussion gestrafft werden, ohne dabei die Vielzahl von Argumenten ganz zu vernachlässigen.

Nach gut einer Stunde ergab sich ein Bild, wie es auf dem Foto wiedergegeben ist.

Nachdem die Gruppe die Konfliktanalyse erstellt hatte, teilte sie sich in zwei Kleingruppen. Diese hatten die Aufgabe, sich einige der Konfliktparteien anzusehen und zu überlegen, mit welcher gewaltfreien Aktion eine ausgewählte Konfliktpartei zugunsten des inhaftierten Kriegsdienstverweigerers beeinflußt werden kann. Konkret stellt sich das z.B. als die Frage, wie die

Aktionsgruppe eine Konfliktbeteiligte bzw. einen Konfliktbeteiligten mit positiver Wirkung, z.B. die IHD, vom dritten Kreis näher an das Zentrum bekommt. Die Aufgaben, die sich für die Vorbereitung und den möglichen Ablauf einer gewaltfreien Aktion ergaben, werden für die Kleingruppen plastisch.

In langwierigen Diskussionen entstanden vor der Mittagspause zwei Rollenspiele. Sie hatten starken Bezug zu der Gefahr, unter der die Teilnehmenden aus der Türkei lebten: inhaftiert zu werden als aktive KriegsgegnerIn.

Rollenspiele

Das Rollenspiel ist ein relativ spontanes dramatisches Spiel, das von einer kleinen Personengruppe vorbereitet und durchgeführt wird. Es ist eine Art des Probehandelns, bei dem eine bestimmte Situation sowohl von außen beobachtet, als auch durch eigenes Erleben erspürt und wahrgenommen werden kann. Dadurch wird es möglich, Strukturen, Prozesse und Verhaltensweisen von Menschen zu erkennen und zu verstehen.[7]
Vor einem Rollenspiel sollte das Ziel, die Situation oder die Frage, die damit verfolgt wird, sehr klar sein; erst danach sollte geplant, angeleitet und gespielt werden.

Es folgt ein Schema zum Verlauf eines Rollenspieles:

1. Das Problem wird definiert. Das Bearbeitungsziel wird benannt.
2. Spiel- und Handlungssituation werden festgelegt: Wo spielt sie? Wer ist beteiligt? Wie sieht der Handlungsrahmen aus? Auf welche wesentlichen Dinge kommt es an?
3. MitspielerInnen erklären sich bereit und werden instruiert und (ggf. getrennt) vorbereitet.
4. Evtl. werden BeobachterInnen eingesetzt, die sich auf einzelne Personen oder verbale und nonverbale Äußerungen der MitspielerInnen konzentrieren (zu Beobachtung siehe auch das Kapitel »Konsens – Nonsens« in diesem Buch).
5. Rollenspiel in einem abgetrennten Teil des Raumes, den alle gut sehen können.
6. Auswertung in folgender Reihenfolge: Zuerst haben die SpielerInnen Gelegenheit, ihre Erlebnisse und Eindrücke mitzuteilen. Danach können sie über ihre Ziele und deren Verwirklichung im Spiel berichten. Jetzt erst können Be-

obachterInnen und Zuschauende ihre Rückmeldungen an die Spieler geben. Dazu zwei wichtige Regeln: Nicht bewerten, sondern Beobachtungen mitteilen. Nicht diskutieren, sondern aus den Ergebnissen heraus neu spielen. Die LeiterIn hält sich mit der eigenen Meinung zurück, denn es geht nicht um die ›richtige‹ Lösung, sondern um Erfahrungen und Erkenntnisse.

7. Alternativen, die sich durch die Auswertung ergeben, können gespielt werden. Es können auch Rollen getauscht werden, oder die gleiche Szene wird noch mal mit anderen Personen gespielt. Das kann beliebig oft wiederholt werden, es darf aber nie eine erneute Auswertung fehlen.
8. Auswertung und Reflexion in Bezug auf die Problemstellung am Anfang (zu Auswertung siehe auch das Kapitel: »Was ist? Was war? Was soll kommen?«).

Eine andere mögliche Form des Rollenspiels ist, die Gesamtgruppe in Kleingruppen aufzuteilen und die gleiche Situation mehrfach zu spielen. Im Plenum können dann die verschiedenen Darstellungsweisen vorgestellt und ausgewertet werden.

Das erste Rollenspiel zeigte, wie die Mitglieder des ISKD nach der Inhaftierung eines Kriegsdienstverweigerers von einem Bündnispartner zum nächsten laufen: Der Gewerkschafter ist aufgeschlossen, ohne aktiv zu werden; der Student kümmert sich lieber um seine Liebschaft und die Klausuren; die Menschenrechtlerin vereinbart einen Gesprächstermin; der Journalist denkt über eine kleine Notiz in seiner Zeitung nach; und der Bar-Anarchist räsoniert über die gesellschaftliche Situation und bleibt in seiner Bar. Ernüchternd, aber realistisch wirkte dieses erste Rollenspiel.

Im zweiten Spiel war das Büro des ISKD zu sehen, in dem die Fäden für die Solidaritätsarbeit zusammenlaufen. Erst wurde geklärt, was überhaupt geschehen sein mochte, dann wurde überlegt, wer alles zu informieren sei: Presse, FreundInnen, Familie, BündnispartnerInnen und internationale Solidaritätsgruppen. Dabei traten erste Schwierigkeiten auf. Im christlichen Europa war gerade ein Feiertag, das Fax-Gerät war dort kaputt und im dortigen Büroteam gab es Unstimmigkeiten. Dennoch begann die Soli-Arbeit und wurde gerade effektiver, als der inhaftiert geglaubte Kriegsdienstverweigerer von einem unangekündigten Ausflug zurückkehrte. In diesem zweiten Rollenspiel wurde wenig Bezug auf die Kraftfeldanalyse genommen. Deutlich wurde dennoch, wie nationale und internationale Gruppen zusammenarbeiten können, welche Schwierigkeiten dabei auftauchen können und wie wichtig es ist, Informationen erst zu prüfen, bevor sie weitergegeben werden. Der psychische Druck, der von der ständigen Gefahr ausgeht, verhaftet zu werden – unter der die Teilnehmenden aus der Türkei leben – war so groß gewesen, daß die Gruppe die Gelegenheit wahrnahm, die Reaktionen der Gruppe auf die Verhaftung eines Freundes durchzuspielen.

Anmerkungen:

1) Vgl. Ulrike Wasmuth: Friedensforschung als Konfliktforschung. Zur Notwendigkeit einer Rückbesinnung auf den Konflikt als zentrale Kategorie. AFB Texte Nr.12, S.7f.
2) Vgl. Christoph Besemer: Mediation. Baden 1993, S.24f.
3) Vgl. Karl-Heinz Bittl-Drempetic: Gewaltfrei Handeln. München 1993, S.25f.
4) Vgl. Andreas Buro: Bosnien – das Waterloo der deutschen, europäischen Pazifisten. Frankfurter Rundschau, Dokumentation vom 10.5.1996.
5) Vgl. Ulrike Wasmuth. a.a.O, S.31ff.
6) Vgl. Martin Koppold: Methodensammlung und Arbeitsmaterial zum Thema Umgang mit personaler Gewalt und Schutz von Flüchtlingswohnheimen. Mutlanger Texte Nr.12, Mutlangen 1993, S.31.
7) Vgl. Wolf-Dieter Zimmermann, Werner Andorfer: Handeln in Gruppen. Erfahrungen spielend ernst nehmen, Mülheim 1993.

Christiane Möcker

Bilder in unseren Köpfen

Vorurteile und Feindbilder

In unserer Welt des permanenten Unfriedens, der Gewalt, der Kriege stellt sich immer wieder von neuem die Frage: Warum erniedrigen, verletzen und morden sich Menschen gegenseitig? Warum verursachen sie Tod und Zerstörung?

Unter den mannigfachen Ursachen für dieses Verhalten sind es unter anderem die ›ewigen‹ Feindbilder in den Köpfen der Menschen, die ein Klima des Unverständnisses, des Hasses, der Aggressivität bis hin zur gegenseitigen Verteufelung erzeugen und Wege zur Verständigung zwischen den Menschen sowie zur echten Versöhnung zwischen Völkern versperren.

Lange Jahre war ›der Kommunismus‹ das gängige Feindbild in der westlichen Welt. Heute sind es z.B. ›die MigrantInnen‹, die angeblich unseren Wohlstand bedrohen, und zunehmend ›der islamische Fundamentalismus‹, dessen fanatische Kämpfer eine Bedrohung darstellen sollen. Für die Türkei sind es ›die Kurden‹, ›die Griechen‹ und der Westen, dem die ›Versklavung‹ der Türkei unterstellt wird.

Charakteristisch für Feindbilder ist ihr extrem negativer Charakter, der unter Umständen sogar die Vernichtung des ›Feindes‹, d.h. einer Personengruppe oder eines ganzen Volkes, nahelegt. Grundlegend ist dabei, daß mit Hilfe politischer Propaganda der Feind als minderwertiges oder gar unwertes Wesen dargestellt wird. Man beraubt ihn aller menschlichen Eigenschaften und senkt somit die Hemmschwelle zur Gewaltanwendung. Der Gedanke, daß der ›Feind‹ auch ein Mensch ist, kann verdrängt werden oder kommt gar nicht erst auf.

Da Feindbilder meist an latent vorhandene Vorurteile anknüpfen bzw. im Feindbild eine Reihe negativer Vorurteile gebündelt werden, erhält auch die Auseinandersetzung mit Vorurteilen eine wesentliche Bedeutung.

Wer kennt nicht Redewendungen wie ›tapfer wie ein Indianer‹, ›abergläubisch wie die Zigeuner‹, ›gründlich wie die Deutschen‹ oder Bezeichnungen für andere Völker mit einem verächtlichen Unterton wie ›Pollacken, Spagallos, Neger, Knoblauchfresser‹ usw.?

Schon früh haben wir solche verallgemeinernden Aussagen im Elternhaus, in der Schule, durch FreundInnen oder durch die Massenmedien gelernt.

Selten basieren sie auf eigenen Erfahrungen und Erkenntnissen oder auf persönlichen Bekanntschaften mit Menschen bestimmter sozialer oder ethnischer Gruppen. Oft werden sie durch direkte Aussagen in Gesprächen, Berichten oder Filmen oder durch indirekte Mechanismen wie Redewendungen, Verhaltensweisen oder Bilder erzeugt, vermittelt und verstärkt.

Das heißt, ebenso wie bei Feindbildern handelt es sich bei Vorurteilen um eine unkritische Übernahme von Informationen, Ansichten, Meinungen und Erwartungen gegenüber Gruppen von Menschen, die zum Teil auf Wahrheiten beruhen, oft aber überhöhte und fiktive Anteile haben. Sie haben die Eigenschaft von Stereotypen, also von stark vereinfachten, klischeehaften Vorstellungen. Vorurteile sind ›Bilder in unseren Köpfen‹, die im Unterschied zu Feindbildern sowohl positiv als auch negativ ausgerichtet sein können.[1] Typisch ist, daß sich diese Bilder in den Köpfen der Menschen wiederfinden. Aber was bewegt uns, an Vorurteilen und Feindbildern festzuhalten oder sie zu schüren?

Vorurteile und Feindbilder erfüllen psychische Bedürfnisse

Die Hintergründe von Vorurteilen und Feindbildern sind vielfältig und reichen von der gesellschaftlichen bis zur individuellen Ebene. Ein wesentlicher Faktor, warum sie so verbreitet sind, ergibt sich z.B. aus dem Phänomen, daß Vorurteile und Feindbilder für jede einzelne und jeden einzelnen nützlich sind.

Vorurteile gehören zum Kern unserer persönlichen Überlegungen und Einstellungen, weil sie uns das Bild einer möglichen Welt liefern, auf das wir uns eingestellt und in dem Menschen und Verhältnisse ihren wohlbekannten Platz haben.[2]Wir bedienen uns ihrer, um mit neuen oder nicht kalkulierbaren Handlungssituationen zurechtzukommen und Unsicherheit und Ungewißheit zu vermeiden.[3]Müßte ich z.B. jede BusfahrerIn individuell einschätzen, ob sie mich heil ans Ziel bringt, könnte ich in keinen Bus steigen. Das heißt, Vorurteile liefern uns Kategorien, unkomplizierte und vielseitig anwendbare Deutungsmuster, die unsere Wahrnehmung erleichtern, die uns Entscheidungen ermöglichen und die so zur Verarbeitung von Informationen über die Umwelt beitragen.

Gleichzeitig entheben sie uns mühseliger Eigeninformation, bieten Denkersparnis und liefern Anhaltspunkte zur emotionalen Orientierung.[4] Sie geben uns Hinweise, wie wir über andere Menschen denken, wie wir ihnen gegenüber fühlen, handeln und damit auch, ob wir eine ablehnende oder offene Haltung einnehmen sollten. Gehe ich als deutsche TeilnehmerIn eines gewaltfreien Trainings zum Beispiel davon aus, daß die türkischen Teilnehmenden antimilitaristisch und gewaltfrei eingestellt sind, fühle ich mich ihnen erst einmal verbunden und werde neugierig auf sie zugehen. Treffe ich dagegen auf religiös wirkende türkische Männer, nehme ich an, daß sie konservativ, patriarchal und staatstreu sind und gehe deshalb eher auf Distanz. Wird eine Personengruppe gar als Feind stigmatisiert, ist es uns gesellschaftlich erlaubt, sie eindeutig negativ emotional zu besetzen. Denn Feindbilder geben uns auf gesellschaftspolitischer Ebene eindeutige Freund-Feind-Einordnungen vor [5], so daß Zweifel überflüssig werden und das Individuum zu einem festgelegten emotionalen Standpunkt gelangen kann. [6]

Eng verbunden mit der Suche nach Orientierung ist das Bedürfnis nach Ordnung und Gesichertsein.[7] Andersartigkeit und Fremdheit machen Angst und erzeugen Mißtrauen, wenn die Merkmale der als fremd oder anders Bezeichneten nicht in das eigene Selbstbild und in das eigene Fühlen, Denken, Handeln eingeordnet werden können. Sie werden als störend empfunden, weil sie Unsicherheiten, wenn nicht sogar Unbehagen hervorrufen. Der Wunsch nach Erhaltung der ›bewährten Normalität‹, nach Stabilität ist stärker als Neugierde, als die Öffnung nach außen. Deshalb werden auch Informationen, die den festgefügten Bildern über bestimmte Personengruppen oder Völkern widersprechen, kaum bis gar nicht wahrgenommen oder verdrängt. Vorurteile und Feindbilder werden als Hilfe genutzt, die Angst vor dem Gewährenlassen des Neuen, die Angst, sich nicht behaupten zu können, die Angst, herabgesetzt zu werden, die Angst, Einbrüche im Selbstbild zu erleiden, die Angst vor Veränderung zu kanalisieren oder abzuwehren.

Neben der Abwehr von Angst kommen Feindbilder und Vorurteile auch unserem Bedürfnis nach einer sozialen Identität, nach Geborgenheit, nach einem ›Wir-Gefühl‹ entgegen.[8] Wenn die einzelne die in einer Gesellschaft oder in einer Gruppe existenten Bilder übernimmt, kann sie annehmen, in ihren Ansichten mit der Mehrheit übereinzustimmen. Das Individuum kann sich einer Gruppe, einer Gemeinschaft, einem Volk zugehörig fühlen und braucht nicht zu befürchten, in eine Außenseiterposition zu geraten. Es kann sich sogar als Mitglied einer ›besseren‹ Gruppe aufwerten und sich überlegen fühlen, weil die Einstellungen und Emotionen gegenüber anderen in der Regel eine negative, abwertende Qualität haben. Werte wie Gerechtigkeit, Ehrlichkeit und Zuverlässigkeit werden grundsätzlich der eigenen Seite zugesprochen, während der anderen Seite z.B. Unberechenbarkeit und Hinterlist unterstellt werden. Diese Aufwertung der eigenen Gruppe durch die Abwertung der anderen überträgt sich natürlich auch auf das eigene Selbstwertgefühl. Nicht nur ›wir sind die Besseren‹, sondern auch ›Ich bin eine der Besseren‹. Und wenn eigene Persönlichkeitsmerkmale nicht in das von mir gewünschte Selbstbild passen, kann ich sie auf die ›anderen‹ projizieren, um dadurch eine weitere psychische Entlastung zu erfahren.

Obwohl Vorurteile und Feindbilder ähnliche Funktionen für das Individuum haben, besteht ein entscheidender Unterschied darin, daß Feindbilder eine bis ins Extrem betriebene Abgrenzung und Ablehnung von Personen, die einer Fremdgruppe angehören, beinhalten. Die starke Vereinheitlichung und Vereinfachung des Denkens in sich gegenseitig ausschließende Kategorien von Gut und Böse und die Umwandlung der positiven Eigenschaften beim Freund in negative beim Feind sind zwei wesentliche Aspekte für das Denken in Freund-Feind-Bildern. Feindbilder üben »quasi diktatorischen Einfluß auf das Denken, Handeln und die Weltsicht einer Person aus. Ein Feindbild erklärt alles: die eigene prekäre Situation, die Schwierigkeiten der Gruppe oder der Nation, der man angehört, Not, Ungerechtigkeit, Unfrieden, den Verfall der Sitten einer Gesellschaft u. v. m.« [9]

Vorurteile und Feindbilder werden mißbraucht

Diese individuellen Dimensionen von Vorurteilen und Feindbildern weiß besonders die Politik zu nutzen. Aus verschiedenen Gründen hat sie ein Interesse daran, die Bevölkerung zu beeinflussen, Vorurteile zu forcieren und diese gegebenenfalls zu Feindbildern zu verfestigen. Dazu gehören zum Beispiel die Ablenkung von internen Konflikten, die Stabilisierung der eigenen Herrschaft, das Kanalisieren von Aggressionspotentialen, die Diffamierung von ungeliebten innenpolitischen Gruppierungen, die Bewahrung des ›inneren‹ Friedens, die Festigung des nationalen Selbstverständnisses bis hin zur Legitimation eines Krieges.

Als ein beeindruckendes und zugleich erschreckendes Beispiel führt Slavenka Drakulic das Tagebuch »Ich will Zeugnis ablegen bis zum Letzten« an. Viktor Klemperer schildert darin den allmählichen Prozeß, wie sich der Antisemitismus in Deutschland nach 1933 Tag für Tag weiter ausbreitet, wie er zur normalen Denkweise und Haltung wird:

»Es beginnt ganz unverfänglich. Klemperer wird zum Beispiel von manchen Kollegen nicht mehr gegrüßt, teils mit Entschuldigungen wie: ›Na, Sie wissen ja, wie es ist, schwierige Zeiten, das ist riskant, ich habe Frau und Kinder‹, etc. – bis sie schließlich einen Bogen um ihn machen. Anschließend verliert er dann seinen Arbeitsplatz, seine Wohnung, seine Bürgerrechte.« [10] Schritt für Schritt, anknüpfend an Vorurteile wie ›Juden sind egoistisch‹, ›Juden sind geldgierig‹ wurde es geschafft, aus NachbarInnen, KollegInnen und FreundInnen FeindInnen werden zu lassen. FeindInnen, die eine Bedrohung darstellten und nicht wert waren, als Menschen angesehen zu werden, und deshalb vernichtet werden konnten. Auch wenn Politiker und Ideologen an der Spitze den Genozid programmierten, waren hier ganz gewöhnliche Menschen zu TäterInnen und MittäterInnen geworden. Das Feindbild ›Jude‹ lieferte die Rechtfertigung für ihr Handeln.

Daß diese Herausbildung eines Feindbildes, aufbauend auf Vorurteilen, kein Einzelfall in der Geschichte ist, belegen die vielen Grausamkeiten z.B. in Ex-Jugoslawien, in Ruanda, in der Türkei, Tschetschenien usw. Je nachdem, wo wir leben, wie die aktuelle politische Situation aussieht, welche historischen Erfahrungen zugrunde liegen, wie die Wirtschaftslage, die Position im internationalen System, die herrschenden Wertvorstellungen, die geographische Lage sind, variieren und verändern sich die gesellschaftlichen Gruppen und Völker, auf welche die Vorurteile gerichtet sind und welche schließlich als Feinde stigmatisiert werden.[11]

Vorurteile und Feindbilder gehören also immer in den großen Zusammenhang gesellschaftlicher Unterdrückung. Oder, wie Alexander Mitscherlich es ausführt: »Die Ausbeutung von Menschen wird vornehmlich mit Hilfe von Vorurteilen bewerkstelligt.«[12]

Vorurteile und Feindbilder bewußt machen und mit ihnen umgehen lernen

Vorurteile und Feindbilder aufzuspüren und sie bewußt zu machen, ist daher ein wesentlicher Schritt zur individuellen und gesellschaftlichen Emanzipation. Um sie überflüssig zu machen, braucht es letztlich selbstbewußte und selbstsichere Menschen, die ihre eigenen Wurzeln und ihre eigenen Stärken und Schwächen kennen.

Aufgrund all der genannten Faktoren ist es jedoch nicht einfach, Vorurteile und Feindbilder mit ihren Widerhaken aus der Tiefe an die Oberfläche zu holen und damit umzugehen. Es gibt viele Barrieren, die schwer zu überwinden sind.

Es braucht Mut und Selbstvertrauen, die Erwartung, Spannendes und Neues zu entdecken, und eine vertrauensvolle Umgebung, um sich auf diesen Weg zu begeben. Es braucht auch die Erfahrung, daß Vorurteile etwas Selbstverständliches und in uns allen sind.

In einem gewaltfreien Training erfolgt die Annäherung an dieses Thema, indem die teilnehmenden Menschen in den Mittelpunkt gestellt werden und von ihren Einstellungen und Erfahrungen ausgegangen wird. Hierfür bietet es sich an, in einem internationalen Training jene Vorurteile oder Feindbilder zu thematisieren, die ›normalerweise‹ zwischen den teilnehmenden Kulturen stehen. So können z.B. Vorurteile, die uns hemmen, aufeinander zuzugehen, und mögliche Konflikte, die aus der Verschiedenheit resultieren, sichtbar gemacht und angegangen werden. Sowohl durch die persönliche Begegnung und Nähe als auch durch die Auseinandersetzung mit den gegenseitigen Vorurteilen oder Feindbildern kann ein Stück der Utopie einer Welt, in der verschiedene Kulturen auf gleichberechtigter Basis zusammenleben, erfahrbar gemacht werden. Eine ideale Voraussetzung ist dabei, daß sich hier Menschen auf freiwilliger Basis zusammengefunden haben und mit dem Interesse gekommen sind, zusammenzuarbeiten. Auf diesem Weg können dann auch einige der Haltungen entstehen, die für gewaltfreies Handeln als grundlegend angesehen werden.[13]

- Ich bin offen für mich und mein Gegenüber.
- Ich bin bereit, die eigenen Grenzen und die des anderen wahrzunehmen.
- Ich bin im Laufe meiner Entwicklung von vielen Einflüssen geprägt worden und kann mich immer wieder aufs Neue ändern.
- Ich bin bereit, Toleranz zu üben.
- Ich habe das Recht auf eine eigene Identität und Kultur. Du hast das Recht auf eine eigene Identität und Kultur.

Schlußfolgerungen für Trainingsarbeit

Aufklärung allein reicht nicht aus

Da Vorurteile und Feindbilder sehr stark in uns verhaftet sind und viele gesellschaftliche und individuelle Funktionen erfüllen, reichen Informationen, die der Aufklärung dienen sollen, in der Regel nicht aus. Meistens werden diese ›Gegeninformationen‹ entweder ignoriert, als Lüge empfunden oder verzerrt und den eigenen Vorstellungen angepaßt. Wir neigen dazu, selektiv wahrzunehmen und danach zu suchen, was unsere Bilder und Vorstellungen von der Welt bestätigt, selbst wenn wir persönliche Erfahrungen mit den Menschen machen, die unsere Vorurteile betreffen.

Um den Mut und das Interesse zu entwickeln, sich mit Vorurteilen und Feindbildern auseinanderzusetzen, ist es notwendig, die Teilnehmenden mit ihren Ängsten, Hoffnungen und Erwartungen einzubeziehen. Eine Beschränkung auf allgemeinpolitische Auseinandersetzungen, auf Appelle, auf Verhaltensmaßregeln würde die Befürchtungen und die Bedürfnisse, die hinter ihnen stehen, nicht berücksichtigen und damit letztlich der Chance ihres Abbaus entgegenwirken.

Einen Bogen zwischen Vorurteilen, Feindbildern, Individuen, Gruppe und Gesellschaft spannen

Wenn wir in einem gewaltfreien Training Vorurteile oder Feindbilder zum Thema machen wollen, ist es aufgrund ihrer verschiedenen Funktionen, die sie für Individuen, Gruppen und Gesellschaften haben, notwendig, diese Ebenen einzeln und in ihrer Verflechtung zu integrieren. Das heißt über die Bewußtwerdung der eigenen Vorurteile/Feindbilder hinaus ist es wichtig zu fragen: Warum habe ich diese Vorurteile? Wie stark berühren mich die über ›meine‹ Kultur genannten Vorurteile? Wie sind sie entstanden? Welchen Einfluß haben sie auf unser Zusammensein und unsere gemeinsame Arbeit? Welche Möglichkeiten gibt es, in dieser Gruppe damit umzugehen? Welche Beziehung besteht zwischen diesen Vorurteilen und Feindbildern? Wie können wir in der politischen Arbeit mit ihnen umgehen?

Obwohl es kaum möglich ist, auf allen Ebenen gleichzeitig zu arbeiten, sollten das Wechselspiel und die Zusammenhänge zwischen persönlichem Hintergrund und gesellschaftlichen Strukturen im Blick bleiben, nicht zuletzt auch, um Fehlschläge und Enttäuschungen besser verstehen zu können.

›Bilder‹ in Bewegung bringen

Da es sich bei Vorurteilen und Feindbildern zwar um ›Bilder in unseren Köpfen‹ handelt, sie aber nicht nur über den Kopf gelernt werden, sondern sehr im Gefühl verankert sind, sollte das Erfahren und Erleben im Training neben dem Darüber-Reden einen hohen Stellenwert einnehmen. Denn nur so kann der Zugang zu den persönlichen Empfindungen wirklich erreicht werden.

Besonders geeignet sind deshalb Rollenspiele oder Statuentheater, weil sie mehrere Sinne des Menschen ansprechen und Themen in Bewegung bringen. Mit dem ganzen Körper kann versucht werden, ›Bilder‹ plastisch werden zu lassen, die eigenen Empfindungen ›ins Bild zu setzen‹ und Ausdrücke dafür zu finden wie Disziplinlosigkeit, Egoismus, Patriarchat, Autorität, Gastfreundschaft usw. empfunden werden. Es kann deutlich gemacht werden, daß Vorurteile und Feindbilder keine abstrakten Begriffe sind, sondern sehr deutliche Formen in unserem Alltag, in unserem Leben annehmen. Wir lernen, die Körpersprache unserer Mitmenschen zu ›lesen‹ und unsere eigene Körpersprache als Medium zur Vermittlung von eigenen Erfahrungen einzusetzen.

Keine Verurteilungen. Keine Bewertungen. Keine Stigmatisierungen
Auch wenn bei internationalen gewaltfreien Trainings die Bereitschaft, mit Menschen aus anderen Ländern und Kulturen zusammenzuarbeiten, vorausgesetzt werden kann, ist es oft nicht einfach, Vorurteile einzugestehen und zum Ausdruck zu bringen. Wichtig ist auch hier, daß innerhalb der Gruppe Vertrauen aufgebaut werden konnte, um Offenheit zu ermöglichen.

Gerade in politischen Gruppen werden Vorurteile oft als peinlich angesehen und tabuisiert. Sie können so gut verdeckt sein, daß sie dem einzelnen gar nicht bewußt sind. Zu wissen, in diese Gruppe und in die TrainerInnen habe ich das Vertrauen, anschließend nicht verurteilt und stigmatisiert zu werden, erhöht die Bereitschaft, mit diesem Thema umzugehen. Jede Verurteilung, jede negative Bewertung und Stigmatisierung führt zu Tarnung und Verdrängung. Nur wenn Ängste vor Fremdheit respektiert werden, können wir helfen, aus Angst Neugierde, aus Vorsicht Freundschaft werden zu lassen, können wir international wirklich gleichberechtigt und gewaltfrei zusammenarbeiten.

Vorschlag für den Ablauf einer Einheit ›Vorurteile und Feindbilder‹ im gewaltfreien Training

Tagesablauf:

8.30	Atemübung, Übung Spiegel, Plenum, Wetterreport, Programmablauf, kurze Einleitung über die Bedeutung von Vorurteilen und Feindbildern
9.00	Wahrnehmungsübung: Beschreiben und Vermuten

9.15	Vorurteile: drei Gruppen bilden: TürkInnen, Deutsche und Interkulturelle, Brainstorming: Wie sind Deutsche? Wie sind TürkInnen?
9.30	Statuen dazu bauen
9.45	Vorführen der Statue der ersten Gruppe, Doppeln
10.15	Pause
10.45	Statue der zweiten Gruppe, Doppeln
11.15	Statue der dritten Gruppe, Doppeln
11.45	Plenum: Auswertungsrunde
12.15	Spiel im Kreis: Hund und Katze
12.30	Mittagspause
15.00	Kleingruppen und Plenum: Vertiefung des individuellen und gesellschaftlichen Zusammenhangs von Vorurteilen und Feindbildern; Schlußfolgerungen für unsere politische Arbeit
17.00	Bezugsgruppen
18.00	Plenum

Wie bereits oben ausgeführt, bietet es sich in einem internationalen gewaltfreien Training an, nicht nur von den Einstellungen und Erfahrungen der TeilnehmerInnen auszugehen, sondern dabei auch jene Vorurteile oder Feindbilder zu thematisieren, die zwischen den teilnehmenden Kulturen stehen.

Um eine offene Atmosphäre zu schaffen, bietet es sich an, diese Einheit nicht an den Anfang zu stellen, damit die TeilnehmerInnen bereits die Gelegenheit hatten, sich ein wenig kennenzulernen. Empfehlenswert ist zudem, einen Einstieg zu wählen, der behutsam auf das Thema einstimmt und bewußt den Blick für die anderen TeilnehmerInnen öffnet. Die Paar-Übungen ›Spiegel‹ und ›Wahrnehmen und Vermuten‹ können hierfür geeignete Möglichkeiten sein.

Übung: Spiegel

Ziel dieser Übung ist, sich auf das Thema einzustimmen und den Blick für andere auf spielerische Art zu öffnen.
Es werden Paare gebildet, die sich gegenüberstehen. Eine Person macht Bewegungen vor, welche die andere spiegelbildlich nachmacht. Nach drei bis fünf Minuten wechseln.

Übung: Wahrnehmen und Vermuten

Ziel dieser Übung ist, den Blick für andere zu öffnen und sich der spontanen Beurteilung bewußt zu werden.
Es werden Paare gebildet, die sich gegenüberstehen. Eine Person betrachtet die andere genau von Kopf bis Fuß. Danach beschreibt sie möglichst genau, was sie gesehen hat, (wenn es geht, nicht noch mal hinsehen!). Beispiel: Du hast blonde Haare, ein blaues T-Shirt, einen Ring am Finger etc.
In der nächsten Runde wird zunächst auch wieder beschrieben, was die beobachtende Person gesehen hat, es wird dazu aber noch eine Vermutung geäußert. Beispiel: Du trägst einen Ring am Ringfinger der rechten Hand, ich vermute, daß Du verheiratet bist. Die beobachtete Person kann hinterher sagen, ob die Vermutungen zutreffen. Danach werden die Rollen getauscht.
Es darf ruhig wild spekuliert und übertrieben werden, dann wird deutlich, was alles an Vermutungen möglich ist.

Nach kurzen einleitenden Worten sollten einige Zusammenhänge über die individuelle und gesellschaftliche Bedeutung von Vorurteilen und Feindbildern sowie über ihre Bedeutung für uns und unsere gemeinsame politische Arbeit aufgezeigt werden, um nachvollziehbar zu machen, warum dieses Thema in dem Training aufgegriffen wird.

Anschließend empfiehlt es sich, Kleingruppen zu bilden, in denen mit Hilfe eines ›Brainstormings‹ Vorurteile oder Feindbilder gesammelt werden, die gegenüber der anderen im Training anwesenden Kulturgruppe bestehen und diese als Statuen darzustellen.

In Foça konzentrierten wir uns aufgrund der Gruppenzusammensetzung auf gegenseitige Vorurteile. Weil wir bereits einige Tage miteinander verbracht hatten und etwas Vertrauen zueinander gewachsen war, war die Bereitschaft schnell da, sich auf dieses Thema einzulassen. Trotzdem war auch zu spüren, daß wir mit gemischten Gefühlen gegenüber der Anforderung, unsere gegenseitigen Vorurteile offenzulegen, in die Gruppen gingen.

Sehr hilfreich war es, homogene Kleingruppen zu bilden, d.h. eine Gruppe mit den türkischen TeilnehmerInnen, eine andere mit den deutschen und die dritte mit jenen, die in verschiedenen Kulturkreisen gelebt hatten. Es zeigte sich, daß es einfacher war, zunächst in der eigenen Gruppe, Vorurteile gemeinsam herauszuarbeiten und zuzugeben und sie erst im zweiten Schritt dem Gegenüber zu präsentieren.

Zu den Fragen ›Wie sind Deutsche?‹ ›Wie sind TürkInnen?‹ wurden schließlich folgende Vorurteile gesammelt:

Deutsche sind locker in der Form, haben aber keinen Humor, Deutsche können nicht ›hirschen‹ (rumblödeln), Deutsche sind fleißig, Deutsche sind diszipliniert, leistungsorientiert und regelversessen, Deutsche sind nett, aber komisch, Deutsche sind eurozentriert, Deutsche sind egoistisch und eher verbal orientiert, Deutsche haben eine einfache und grobe Sprache.

TürkInnen sind autoritär und autoritätsgläubig, der Islam hat eine große Bedeutung, die türkische Kultur ist patriarchal, TürkInnen sind ›etwas zurück‹, TürkInnen riechen nach Knoblauch, ältere Türkinnen sind dick und für Männer nicht mehr attraktiv, junge Türkinnen und Türken sind schön, TürkInnen finden den Westen toll, in der Türkei gibt es keinen Raum, aus der Gesellschaft auszubrechen, TürkInnen sind gastfreundlich, radikal, emotional und lebhaft, TürkInnen tragen große Verantwortung füreinander in der Familie.

Nach einer theoretischen Diskussion über die Zusammenhänge von Rassismus, ›ethnischer oder kultureller Identität‹, Weltbildern und Vorurteilen stellte die dritte Kleingruppe fest, daß Vorurteile zumeist reale Hintergründe haben, die dann jedoch aus ideologischen Gründen übertrieben, verallgemeinert, von den realen Bedingungen abstrahiert, auf diese Weise rassifiziert und mal positiv, mal negativ beladen werden: SüdländerInnen sind faul – SüdländerInnen genießen das Leben; SüdländerInnen sind gastfreundlich – SüdländerInnen sind feudal; SüdländerInnen leben ihre Kultur – SüdländerInnen sind rückständig. Deutsche sind entfremdet – Deutsche lieben Ordnung und Sicherheit; Deutsche arbeiten wie blöd – Deutsche machen richtigen Urlaub; Deutsche sind bürokratisch – Deutsche sind ehrlich; Deutsche sind isoliert – Deutsche leben ihr individuelles Leben.

Übung: Statuentheater mit Doppeln

Ziel dieser Übung ist, Vorurteile/Feindbilder in Bilder umzusetzen, um sie kognitiv und emotional bearbeiten zu können.

Zunächst wird eine bestimmte Situation mit den Körpern der Teilnehmenden als Statue dargestellt. Die ZuschauerInnen sehen sie sich genau an und haben anschließend die Möglichkeit, sie zu ›doppeln‹, d.h. sich hinter eine Person zu stellen und zu sagen, was diese ihrer Meinung nach wohl denkt. Das ist mehr-

mals und bei verschiedenen Personen möglich, es wird aber nicht diskutiert, sondern nur wahrgenommen.
Bei der abschließenden Auswertung sollen dann sowohl die Wirkung und die ausgelösten Gefühle der Statuen als auch die der ›Doppelungen‹ mitgeteilt und besprochen werden.

Nach der Sammlung beginnt der Bau von Statuen. Gemeinsam wird in der jeweiligen Kleingruppe überlegt, wie die genannten Vorurteile ins Bild gesetzt werden können, um sie später den anderen zu vermitteln. Es soll deutlich gemacht werden, daß Vorurteile keine abstrakten Begriffe sind, sondern sehr deutliche Formen in unserem Leben annehmen. Es kann ausprobiert, beraten, aufgebaut, umgebaut und Requisiten können ausgewählt werden, so daß Bilder in Bewegung geraten, bis schließlich die Statuen fertig sind.

Voller Spannung, was auf uns zukommen würde, führte in Foça die Gruppe der türkischen TeilnehmerInnen ihre Statue über die Deutschen vor. Drei Personen knieten nebeneinander, aber jede für sich in den Startlöchern, eine Person, die einen Obdachlosen symbolisierte, lag auf dem Boden, eine Person blickte herablassend, die andere mitfühlend, aber auch ohne stehenzubleiben, auf sie nieder, zwei weitere stellten harte körperliche und geistige Arbeit dar und die letzte eine überdimensional große Uhr.

Die TeilnehmerInnen der anderen beiden Gruppen ließen nun die Statue in ihrer Gesamtheit und jede einzelne Figur auf sich wirken. Nach einer Weile bestand für die deutschen TeilnehmerInnen die Aufgabe, sich eine Figur herauszusuchen, sie zu doppeln, d.h. sich daneben zu stellen und die Gedanken der Figur aus der Sicht der betroffenen Kultur in ein bis zwei Sätzen in Ich-Form verbal zu äußern.

Nach einer kurzen Pause baute sich die deutsche Gruppe als Statue auf. Mit vertauschten Geschlechterrollen stellte eine den Patriarchen dar, der breitbeinig, Zigarre rauchend auf einem Stuhl saß, daneben auf dem Fußboden dessen voluminöse und nach unten blickende Frau, im Vordergrund die schüchtern wirkende Tochter, die mit einem Tablett auf einen Gast zugeht und an der Seite der Sohn, der es geschafft hat, in den Westen zu kommen und nun großspurig seine Geschenke nach Hause bringt.

Im Anschluß an das Doppeln dieser Statue zeigte die dritte Gruppe ihr Bild. Sie hatte sich in zwei Reihen aufgestellt. Auf der einen Seite zwei Personen, welche die Vorurteile über die Deutschen, auf der anderen zwei, die

Statue: »TürkInnen sind patriarchaisch und gastfreundlich«

zeitgleich jene über die Türken darstellten. In der Mitte, auf dem Fußboden liegend, eine Person mit nacktem Oberkörper. Sie symbolisierte die nackten Tatsachen, die aufgrund ideologischer Herangehensweisen auf jeder Seite zu Vorurteilen umgemünzt werden – und dieses umso mehr, je mehr Nationalismus und Rassismus ausgeprägt sind. Interessant war, daß sich bei aller kultureller Unterschiedlichkeit, die Reaktionen annäherten, als eine Frau ins Bild trat. Für beide Kulturen wurde sie zum Objekt der Begierde.

Das Ziel der sich anschließenden Auswertungsrunde besteht darin, sich über die Empfindungen und Erfahrungen auszutauschen.

In Foça wurde vor allem im Bauen der Statuen eine sehr gute Methode gesehen, auf kreative Art und Weise sensibel zu werden für die Vorurteile, die TürkInnen gegenüber Deutschen haben und Deutsche gegenüber TürkInnen, und sie sich so gegenseitig zu vermitteln. Denn die Hemmschwelle erschien geringer, den anderen die Vorurteile in Form eines Bildes kundzutun, als sie verbal zu äußern. Da die Aufgabe der Verbalisierung mit dem Doppeln diejenigen übernahmen, auf welche die Vorurteile zu-

Doppeln der Statue »Nackte Tatsache«

treffen sollten, war damit eine gute Möglichkeit verbunden, sich in die jeweilige Figur hineinzuversetzen und sie aus der Sicht der eigenen Kultur wahrzunehmen. Interessanterweise stellte sich heraus, daß so die Vorurteile wesentlich zugespitzter formuliert wurden. Dieses mag damit zusammenhängen, daß Statuen noch mehr als Begriffe vielschichtig und auf vielfältige Deutung angelegt sind. Theoretische Zusammenhänge, wie sie die dritte Kleingruppe diskutiert hatte, überschreiten jedoch die Möglichkeiten eines Statuentheaters.

Insgesamt wurde deutlich, daß das gegenseitige Vorhalten eines Spiegels mittels Statuen und Doppeln Betroffenheit erzeugte und zum Nachdenken anregte.

Sinnvoll ist es, dieses Nachdenken aufzugreifen und einen Bogen zu spannen zwischen den besprochenen Vorurteilen, den einzelnen TeilnehmerInnen, der Gruppe und der Gesellschaft sowie den Zusammenhang zu Feindbildern herauszustellen. Die in diesem Kapitel auf der Seite 136ff. aufgeführten Fragen können für eine weitere Diskussion in interkulturellen Kleingruppen und anschließend im Plenum Grundlage sein.

Sowohl die Bewußtwerdung der verschiedenen Funktionen von Vorurteilen und Feindbildern als auch die Entwicklung einer Haltung im Sinne von »Du bist anders, ich bin anders. In mir steckt eine eigene Geschichte. In dir steckt eine eigene Geschichte«[14] und das spannende Empfinden, in dem Fremdsein etwas Neues, Bereicherndes entdecken zu können, bilden eine wesentliche Voraussetzung für die eigene friedenspolitische Arbeit sowie für eine gleichberechtigte interkulturelle Zusammenarbeit.

Anmerkungen:

1) Vgl. Anne Katrin Flohr: Feindbilder in der internationalen Politik. Münster 1993, S.23.
2) Vgl. Walter Lippmann: Die öffentliche Meinung. München 1964. Zit. in: Ulrike Schöneberg: Vorurteile – Feindbilder. Das Ende der Gemütlichkeit, Theoretische und praktische Ansätze zum Umgang mit Fremdheit, Vorurteilen und Feindbildern, Bundeszentrale für politische Bildung, Bonn 1993, S.38.
3) Ulrike Schöneberg, a.a.O. S.38.
4) Vgl. Anne Katrin Flohr, a.a.O. S. 102.

5) Vgl. Dieter Lünse/Jörg Rohwedder/Volker Baisch: Zivilcourage. Anleitung zum kreativen Umgang mit Konflikten und Gewalt. Münster 1995, S.68f.

6) Vgl. Anne Katrin Flohr, a.a.O. S.102.

7) Vgl. Ulrike Schöneberg, a.a.O. S. 39.

8) Vgl. Anne Katrin Flohr, a.a.O. S. 103 ff.

9) Ulrike Schöneberg, a.a.O. S. 40.

10) Frankfurter Rundschau, 03.08.1996.

11) Anne Katrin Flohr, a.a.O. S. 87.

12) Alexander Mitscherlich: Zur Psychologie des Vorurteils. In: K. D. Hartmann Vorurteile, Ängste, Aggressionen. Frankfurt 1975, S 10.

13) Vgl. Karl-Heinz Bittl-Drempetic: Gewaltfrei Handeln. Nürnberg 1993, S.25ff.

14) ebd.

Eva-Maria Willkomm

Konsens – Nonsens ???

»Diese neue soziale Erfindung der Willensbildung und Entscheidung über das Konsensverfahren ist ja eine gute Sache, aber – muß denn alles im Konsens entschieden werden? Ist das nicht Nonsens?« Solche und ähnliche Meinungen sind häufig zu hören, wenn es um Konsens geht. Das deutet darauf hin, daß Konsens ein vielschichtiger Begriff ist. Was verbirgt sich dahinter? Benutzt wird der Begriff von ganz unterschiedlichen Menschen in völlig verschiedenen Situationen. Gerade PolitikerInnen in der Bundesrepublik gebrauchen ihn häufig. Dann klingt es, als wäre die damit verbundene Aussage von allen Beteiligten gemeinsam erarbeitet worden und die Entscheidung das Ergebnis einer Einigung aller Parteien. Das ist jedoch in der Regel nicht der Fall. Oft handelt es sich um einen Kompromiß, bei dem einige auf vieles verzichtet haben – zugunsten von anderen, die dadurch viel gewonnen haben. Nicht umsonst wird vom ›faulen Kompromiß‹ geredet. Eine solche Lösung ist mindestens für eine Partei nicht gut, häufig ist sie sogar für alle Beteiligten unbefriedigend. Gerade das soll mit Hilfe des Konsens, wie wir ihn verstehen, vermieden werden.

Was ist Konsens?

Konsens zu erzielen, heißt für uns, Entscheidungen gemeinsam und auf freiwilliger Basis zu treffen, mit denen sich alle Beteiligten einverstanden erklären können. Dabei sollen Minderheiten nicht unterdrückt oder übergangen werden. Es ist eine Form, die herrschafts- und gewaltfrei zur Lösung eines Problems oder zu einer Entscheidung führen soll, die alle mittragen können.

Im besten Fall steht Einstimmigkeit am Ende dieses Prozesses. Das ist aber nicht immer möglich. Daneben werden – auch, wenn es zunächst bei unterschiedlichen Meinungen bleibt – wertvolle soziale Lernprozesse in Gang gesetzt. Auf dem Weg zum Konsens müssen alle Teilnehmenden die Individualität und die Unterschiede in den Vorstellungen und möglichen Lösungsideen bei anderen akzeptieren und ernst nehmen. Das bedeutet, Wertschätzung, Toleranz und Vertrauen untereinander zu entwickeln.

Beim Konsensverfahren werden alle Bedenken, Einwände und Argumente – rationale und emotionale – ernst genommen. Das bedeutet, daß es keine Hierarchie der Einwände gibt, wie z.B. daß Verständnisfragen zu klären wichtiger sei, als emotionale Bedenken zu berücksichtigen.

Konsens birgt also die Chance, Ungleichheiten durch gegenseitiges Zuhören, Akzeptieren und vielleicht auch Verstehen positiv zu verändern. Im Willen zur Zusammenarbeit und zur Berücksichtigung aller bei der Entscheidungsfindung unterscheidet sich das Konsensprinzip deutlich vom Mehrheitsprinzip.

Mehrheitsentscheidung – die Errungenschaft der Demokratie?

Hochgerühmt wird in den westlichen Demokratien der Mehrheitsentscheid. Sind doch – im Gegensatz zur Diktatur, wo das Volk gar nichts zu sagen hat – nur Minderheiten unzufrieden und nicht berücksichtigt. Solch eine Struktur führt dazu, daß die Mehrheit über eine oder mehrere Minderheiten bestimmt. Diese Form struktureller Gewalt spricht den Mehrheiten mehr Macht zu als den Minderheiten.

Bei Mehrheitsentscheiden wird viel Kraft darauf verwendet, die eigenen Interessen gegenüber Andersdenkenden durchzusetzen. Dabei gehen das Wissen und die Argumente der Unterlegenen verloren; eine individuelle Urteilsbildung ist nicht möglich, und an eine phantasievolle, optimale Lösung für alle wird nicht gedacht. Es gibt eine Siegerin oder einen Sieger, wobei die VerliererInnen oft mit aggressiver Stimmung, Ohnmachtsgefühlen und Unzufriedenheit zurückbleiben.

Bei Entscheidungen nach dem Konsensprinzip werden durch den Meinungsaustausch der verschiedenen Parteien Gemeinsamkeiten hergestellt. Der Willensbildungsprozeß, der vor einer Entscheidung durch diesen Austausch stattfindet, trägt dazu bei, daß Menschen zu mündigen BürgerInnen werden. Nur Personen, die sich mit ihrer Situation und deren Problematik auseinandergesetzt haben und zu einem Ergebnis gekommen sind, können ihre Positionen deutlich machen und für sich entscheiden.

Ein weiterer Nachteil des Mehrheitsentscheides ist, daß es zufällige Mehrheiten durch Ab- oder Anwesenheit einzelner Personen geben kann. Der Konsens wird bei Abwesenheit einzelner zwar auch ohne deren Meinung hergestellt. Es wird aber nicht bei der Entscheidung bleiben, wenn die Person später dazukommt, erhebliche Bedenken hat und von der Entscheidung betroffen ist.

Außerdem kommt es bei Mehrheitsabstimmungen häufiger als bei Konsensentscheidungen vor, daß Vorurteile über Sachkenntnisse siegen. Um verantwortlich mit dem Konsens umzugehen, sind gute Informationen über das Problem und die damit zusammenhängenden Faktoren wichtig.

Ganz davon ausgeschlossen, durch Mehrheitsbeschluß entschieden zu werden, sind Glaubens- und Gewissensfragen. Mit welchem Recht könnte denn eine Mehrheit bestimmen, was ich zu glauben habe?

In einer Zweiergemeinschaft hilft die Mehrheitsregel überhaupt nicht weiter, sie muß sich ohne Abstimmungen behelfen.

Einer Mehrheitsentscheidung fehlt die oft behauptete Legitimität, wenn nämlich die betroffenen Menschen oder Gruppen nicht oder nur in geringer Anzahl daran beteiligt sind, wie es z.B. bei ökologischen und gentechnischen Fragen der Fall ist.

Am Beispiel Gorleben wird deutlich, daß die Menschen, deren Lebensqualität dort durch die Lagerung des Atommülls erheblich eingeschränkt wird, zwar ein Mitsprache-, aber kein Entscheidungsrecht haben. Das gilt auch für kommende Generationen, die bei solchen Entscheidungen kaum Vertretung haben und für andere Länder, die möglicherweise betroffen werden, wie es bei der Katastrophe von Tschernobyl der Fall war. Die parlamentarische Demokratie setzt die Macht der Herrschenden durch, ohne eine ernsthafte Berücksichtigung der Betroffenen. Ein wesentliches Prinzip von Konsensentscheidungen ist dagegen, diejenigen bestimmen zu lassen, die von der Entscheidung betroffen sind.

Grenzen und Chancen für den Konsens

Die wohl deutlichste Grenze einer Entscheidung im Konsens ist die Größe der Gruppe. Selbst bei dem SprecherInnenratssystem oder dem Rätemodell mit Bezugsgruppen können, nach bisherigen Erfahrungen, nicht mehr als 3.000 Personen an der Entscheidung beteiligt werden.

Eine grundsätzliche Voraussetzung für den Gebrauch der Konsensmethode ist, daß die Gruppe eine gemeinsame Grundlage, wie ähnliche politische Vorstellungen, oder ein gleiches Ziel hat. Sie ist nur möglich zwischen Beteiligten auf gleicher Machtstufe. Deshalb macht es keinen Sinn, zwischen

AtomkraftgegnerInnen und der Atomindustrie einen Konsens zur Lagerung von Atommüll in Gorleben zu versuchen.

Während einer Entscheidungsfindung im Konsens können folgende Probleme auftreten:

1. Einzelne ändern schnell ihre Meinung, um Harmonie und Übereinstimmung zu erreichen, oder damit sie von der Gruppe akzeptiert werden.
2. Durch Geheimdiplomatie, Überreden und Intrigen kann versucht werden, die eigene Position zu stärken, was aber genauso für Mehrheitsentscheidungen gilt.
3. Die Möglichkeit, daß es bei Ja/Nein-Diskussionen dazu kommt, Menschen mit Zwischen-Positionen nicht zu beteiligen, ist ebenfalls gegeben.
4. Für unwichtige, nebensächliche Entscheidungen ist ein Konsensverfahren oft zu langwierig. Da bieten sich Abstimmungen an.

Das Konsensverfahren ist keine Wundermethode, aber zur Schaffung einer herrschafts- und gewaltfreien Gesellschaft unverzichtbar. Ich will das an einigen Beispielen deutlich machen:

Die christliche Friedensorganisation Eirene arbeitet seit 1988 mit dem Konsensentscheidungsmodell und hat gute Erfahrungen damit gemacht. Wenn eine Konsensentscheidung nicht erreicht wird, entscheidet die Mehrheit. Falls die Minderheit damit nicht leben kann, legt sie Veto ein. Danach versucht eine Schlichtungsgruppe, einen neuen Vorschlag zu erarbeiten. Wird auch darüber keine Einigung erzielt, entscheidet der Vorstand.[1]

Kommunen und andere Lebensgemeinschaften treffen ihre Entscheidungen überwiegend nach dem Konsensprinzip. So auch die Kommune Niederkaufungen. Das heißt konkret: Es wird keine Entscheidung getroffen, zu der eine Person ›nein‹ sagt. Aus chaotischen Plenumssitzungen hat sich inzwischen ein Kleingruppenmodell entwickelt. Diskussionspunkte und Gruppen werden ausgelost, die Ergebnisse dem gesamten Plenum mitgeteilt. Veto ist für alle möglich. Wenn es für die Kommune auch aufwendig ist, im Konsens zu entscheiden, so ist sie doch überzeugt davon, daß es für eine Veränderung der Gesellschaft im Sinne von Abschaffung der Herrschaftsstrukturen notwendig ist, diese Form der Entscheidungsfindung zu erlernen.[2]Bei der einwöchigen Blockade des Atomwaffenlagers Großengstingen im Sommer 1982, an der ca. 700 Menschen beteiligt waren, wurden alle wichtigen Entscheidungen durch Konsensfindung getroffen. Es wurde ein Sprecher-

Innenratsmodell angewendet, das sich insgesamt als ein erfolgreiches, aber mit vielen Schwierigkeiten und Konflikten verbundenes Experiment erwies. Solche Methoden brauchen Übung und Ausdauer. Diese Aktion war ein Vorbild für eine Reihe von Nachfolgeaktionen in den Monaten und Jahren danach.[3]

Modell für ein Konsensverfahren

Es gibt folgende schematische Vorgehensweise:

Problem klären
Das Problem und alle dazugehörigen Fakten werden dargestellt (wenn nötig, auch von Außenstehenden) und damit alle Beteiligten auf den gleichen Informationsstand gebracht.

Entscheidungsfrage formulieren
Es ist wichtig, sehr genau und differenziert zu klären, über was entschieden wird.

Runde
Jede Person äußert ihre Meinung zu der formulierten Frage. Es gibt keine Diskussion, nur Verständnisfragen. Jede Person äußert sich (möglichst in ›Ich-Sprache‹) und achtet darauf, daß alle gleich viel Zeit zur Verfügung haben. Die anderen konzentrieren sich auf das Zuhören und Verstehen.

Gedankensturm
Jede Person kann mögliche Lösungsvorschläge machen. Dabei ist alles erlaubt, auch verrückte Einfälle. Der Phantasie und Kreativität sind keine Grenzen gesetzt. Alles wird aufgeschrieben.

Sortieren und Bewerten
Die Vorschläge werden sortiert und nochmals vorgelesen. Jetzt werden sie bewertet. Jeder Vorschlag wird auf seine Vor- und Nachteile hin geprüft. Dabei sollen die verschiedenen Möglichkeiten nicht gegeneinander ausgespielt, sondern eher Gemeinsamkeiten und Unterschiede in Teilbereichen festgestellt werden.

Konsensvorschlag herausarbeiten
Jetzt wird ein Konsensvorschlag formuliert. Häufig ist schon schnell klar, welche Lösung bevorzugt wird.

Bewertungsrunde
Jede Person äußert sich zu dem Vorschlag mit Hilfe der unten beschriebenen Konsensstufen. Gibt es einen Konsens? Wenn nicht, wird das Problem auf tieferliegende Schwierigkeiten hin geprüft und beim ›Gedankensturm‹ wieder begonnen. An dieser Stelle ist es wichtig, eine Pause einzulegen, vielleicht sogar einen neuen Termin für das weitere Verfahren anzusetzen.

Konsens umsetzen
Das Ergebnis wird nochmals genau benannt. Kommen Einwände, werden sie ernstgenommen und es wird versucht, sie auszuräumen. Gibt es keine, werden Verantwortlichkeiten übernommen. Wer macht wann was wie und wo?

Lösung überprüfen
Nach einer festgelegten Zeit wird die Lösung überprüft. War sie umsetzbar? Welche Probleme gibt es? Besteht erneuter Handlungs- oder Entscheidungsbedarf?

Diese Methode ist für eine Gruppengröße von maximal 20 Personen gedacht. Wenn eine Gruppe größer ist, wird sie in Bezugsgruppen aufgeteilt und versucht, mit Hilfe des SprecherInnenratssystems einen Konsens zu finden. Eine Beschreibung dazu findet sich im Kapitel »Zwischen Individuum und Gruppe – Die Bezugsgruppe«.

Konsensstufen

Die folgenden Stufen eines Konsenses werden vor dem Entscheidungsfindungsprozeß erklärt. Die einzelnen Möglichkeiten der Stellungnahme müssen den Teilnehmenden klar sein. Sie tragen wesentlich zum Gelingen bei und erleichtern das Verfahren.

Konsens 1.Klasse: »Ich stimme dem Lösungsvorschlag zu«
Wenn alle sich so äußern, bedeutet das Einstimmigkeit auf der ganzen Linie. Bei der gefundenen Lösung werden die Bedürfnisse aller Beteiligten berück-

sichtigt. Häufig ist dieses erst möglich, wenn das Problem nicht als Ganzes, sondern in Einzelteilen gelöst wurde.

Konsens mit Einschränkungen: »Ich habe (starke) Bedenken, kann dem Lösungsvorschlag aber zustimmen«
Hierbei ist die Lösung nicht optimal, steht aber den eigenen Bedürfnissen und Interessen nicht unmittelbar im Weg. Sie kann mitgetragen werden. Eventuell werden die Bedenken später wieder aufgegriffen. Diese Lösung ist besser, als eine handlungsunfähige Gruppe.

Veto: »Die Entscheidung widerspricht meinen Grundüberzeugungen, sie darf von der Gruppe nicht ausgeführt werden«
In diesem Fall wird kein Konsens erzielt, eine Entscheidung kann nicht getroffen werden, die Gruppe ist blockiert, da eine Einzelperson mit dem Veto große Macht über die Gruppe ausübt.

Deshalb muß mit dem Veto sehr behutsam und verantwortungsvoll umgegangen werden.

Aus der Gruppe gehen: »Meine prinzipiellen Bedenken (Veto) wurden von der Gruppe nicht akzeptiert. Ich verlasse die Gruppe«
Das Konsensverfahren hat versagt. Es ist nicht gelungen, eine Lösung zu finden, mit der alle zufrieden sind. Eine Person trennt sich von der Gruppe.

Beiseitestehen: »Ich trage die Entscheidung nicht mit, möchte sie aber nicht blockieren«
Hierbei stellt die Person sich außerhalb der Gruppe, verläßt sie aber nicht für immer. Sie nimmt an dieser Aktion nicht teil, weil sie ihr nicht zustimmen kann. Sie gehört aber weiterhin zur Gruppe.

Allerdings ist auch das kein Konsens mehr, denn eine Person ist zeitweise nicht Gruppenmitglied und macht etwas ganz anderes als die entsprechende Gruppe.

Rollen

Um das Gelingen des Konsensverfahrens zu gewährleisten, sollten bestimmte Rollen verteilt werden. Die Rollen können gewechselt werden.

GesprächshelferIn
- Achtet darauf, daß das Gespräch beim Thema bleibt und sich an die Regeln (s.u.) gehalten wird;
- sorgt dafür, daß sich immer alle äußern und niemand unterbrochen wird;
- versucht, Lösungsvorschläge zusammenzufassen oder zu differenzieren. Wichtig: die eigene Meinung kennzeichnen, damit die Rolle klar bleibt.

StimmungsbeobachterIn
- Achtet auf die Atmosphäre und Stimmung in der Gruppe und greift vermittelnd ein, wenn z.B. Müdigkeit, Aggressivität, Überlastung zu spüren sind;
- sorgt dafür, daß die Gefühle einzelner nicht übergangen werden.

ZeitgeberIn
- Fühlt sich für die vorher vereinbarte Zeit verantwortlich und achtet darauf, daß innerhalb dieser Zeit der Konsens erreicht werden kann.

ProtokollantIn
- Schreibt Lösungsvorschläge und Entscheidungen auf;
- notiert evtl. besondere Begebenheiten, die für die Entscheidungsfindung wichtig sind (Wandzeitung);
- klärt, wer für die Umsetzung verantwortlich ist und
- legt einen Zeitpunkt fest, an dem eine Überprüfung stattfindet.

Regeln, die einen Konsens erleichtern

Aktives Zuhören
Um sicherzugehen, daß ich richtig verstanden habe, was eine andere Person gesagt hat, muß ich das Gesagte in mich aufnehmen, ohne gleichzeitig darüber nachzudenken, was ich antworten will. Bei Unklarheiten frage ich nach, was genau gemeint ist. Ich mache Pausen, um auch die Menschen zu Wort kommen zu lassen, die nicht so schnell reden oder reagieren.

Selbstverantwortung
Ich bin für das gemeinsame Ergebnis verantwortlich. Ich behaupte mich selbst, benenne meine Gefühle. Ich spreche für mich mit ›ich‹ und nicht mit ›man‹ oder ›wir‹ und nicht für andere.

Akzeptanz der anderen Personen
Ich nehme die andere Person an, suche Gemeinsames und vermeide Konkurrenz. Ich vertraue den anderen, gebe Verantwortlichkeiten ab.

Zeit-durch-Zahl-Regel
Die zur Verfügung stehende Zeit teile ich durch die Zahl der Anwesenden und erhalte meine persönliche Redezeit. Ich vermeide Wiederholungen.

Schnelle Entscheidungsfindung

Es gibt Situationen, in denen schnell etwas entschieden werden muß. Beispielsweise bei einer Blockadeaktion, wo nach der dritten Aufforderung der Polizei, die Blockade aufzulösen, geräumt werden soll. Jetzt ist schnell zu klären: »Was tun wir? Gehen wir freiwillig oder lassen wir uns abräumen?« So eine Entscheidung kann nicht durch Abstimmung und Mehrheitsbeschluß gefällt werden, weil dabei die persönlichen Befindlichkeiten und Ängste der einzelnen nicht berücksichtigt werden und die Gruppe sich zuvor prinzipiell für gemeinsames Handeln entschieden hat. Also benötigt die Gruppe einen Konsens. Das Verfahren – wie oben beschrieben – ist aber sehr zeitaufwendig. Deshalb ist in solchen Situationen die ›schnelle Entscheidungsfindung‹ die angemessene Methode. Sie ist allerdings nur möglich mit Menschen, die schon Erfahrungen mit der Konsensmethode haben, und in Gruppen, in denen ein Vertrauen untereinander sichergestellt ist. Vorher muß eine inhaltliche Diskussion dazu stattgefunden haben und die Aktion mit den verschiedenen Handlungsmöglichkeiten durchgespielt worden sein.

Das Verfahren ist genau wie beim Konsensverfahren, mit dem Unterschied, daß es unter massivem Zeitdruck geschieht. Es wird also eine Frage formuliert, im beschriebenen Fall könnte sie heißen: »Bleiben wir sitzen und lassen uns abräumen?« Jetzt werden innerhalb einer Zeitbegrenzung Lösungsvorschläge gemacht, wobei sich die Gruppe dann auf einen einigen muß. Hier vielleicht auf: »Wir bleiben sitzen und lassen uns abräumen, gehen aber, wenn die Abräumung gewalttätig stattfindet.« Dazu muß jede teilnehmende Person innerhalb kürzester Zeit ihre Position mit Hilfe der Konsensstufen deutlich machen. Das kann mit Hilfe von Handzeichen geschehen, deren Bedeutung folgendermaßen ist:

- Daumen nach oben: Konsens
- Daumen zur Seite: Konsens mit Bedenken
- Daumen nach unten: Veto

Wenn Konsens erreicht wurde, kann die Aktion weitergeführt werden. Bei einem Veto muß eine andere Lösung in derselben Form erarbeitet werden. Wenn die ›schnelle Entscheidungsfindung‹ mehrmals geübt worden ist, wird sie immer einfacher und besser.

Vorschlag für den Ablauf einer Einheit zum Thema ›Konsens im gewaltfreien Training‹

Tagesablauf:

	Vormittag: frei!
15.00	Atemübung, Plenum Spiel: Wolf, Jäger, Oma
15.30	Vorstellung des Konsensverfahrens
16.00	Konsensübung in zwei Gruppen, Situation: Delegation, die zum Newrozfest nach Kurdistan fahren will. Entscheidungsfrage: »Sollen die Personen bei einer Straßensperre im Bus bleiben oder aussteigen?«
16.20	Auswertung der Methode und des Ergebnisses, Spiele zum Abschluß: ›Gordischer Knoten‹ oder ›Blinde Schlange‹
17.00	Bezugsgruppen
18.00	Plenum

Das Thema Konsens sollte in jedem gewaltfreien Training ein wesentlicher Baustein sein. Die Art und Weise, wie Entscheidungen getroffen werden, macht viel über den Umgang miteinander deutlich. Weil gewaltfreie Trainings ein Stück auf dem Weg zur Utopie einer herrschaftsfreien Gesellschaft sein sollen, muß auch der gewaltfreie Umgang gemeinsam erlernt werden. Im Konsens Entscheidungen zu treffen bedeutet, gewaltfrei miteinander umzugehen.

In Foça wurde das Thema erst am fünften Tag behandelt. Die TrainerInnen hatten sich bei der Planung für diesen Zeitpunkt entschieden, weil die Gruppe schon vertraut miteinander sein sollte, denn eine Entscheidungsfindung im Konsens fordert viel Engagement, Kooperationsbereitschaft und Verantwortung von allen Beteiligten. Jede Person muß sich bewußt sein, daß sie für die Gruppe mitverantwortlich ist. Daher kam die Überlegung, daß das erst möglich ist, wenn aus vielen Individuen eine Gruppe geworden ist. Nach der Konsens-Einheit war die überwiegende Meinung der Teilnehmenden, daß es hilfreich gewesen wäre, das Konsensverfahren schon eher kennenzulernen. Die schwierigen Diskussionen über Inhalte und Ziele des Trainings am Anfang wären leichter gewesen und Entscheidungen einfacher zu treffen. Möglich sind beide Vorgehensweisen.

Am Anfang kann das Spiel ›Wolf, Jäger, Oma‹ stehen, in dem eine Entscheidung in der Gruppe schnell getroffen werden soll. Anschließend wird das Konsensverfahren erklärt. Dabei ist die Visualisierung auf Wandzeitungen wichtig, damit die verschiedenen Phasen, Rollen und Regeln nicht verwirren. Zu einer vorbereiteten Fragestellung wird dann das Verfahren in Gruppen von nicht mehr als sechs Personen durchgespielt. Dazu sollten zunächst die einzelnen Rollen verteilt werden (siehe: Rollen).

Für die Übung im Training werden zusätzlich BeobachterInnen eingesetzt, die auf folgende Dinge achten: Wie wird argumentiert? Wie werden Wortbeiträge nonverbal unterstützt? Wer spricht wie oft und zu wem? Wie werden die Rollen wahrgenommen? Wie werden die Regeln eingehalten?

Übung: Beobachten der Kommunikation in der Gruppe

Während des Konsensverfahrens kann die Kommunikation in der Gruppe beobachtet werden. Mittels eines Beobachtungsbogens kann eine BeobachterIn die GesprächspartnerInnen, die Häufigkeit und die Dauer von Beiträgen festhalten. Das Ergebnis gibt ein recht übersichtliches Bild darüber, wer wie lange und zu wem spricht. Ohne daß der Inhalt der Beiträge bewertet wird, werden Ungleichheiten im Redeverhalten offensichtlich.

Der BeobachterIn wird der Beobachtungsbogen und ein Stift ausgehändigt. Sie bezeichnet jeden kleinen Kreis mit einem Teilnehmenden der Gruppe. Der große Kreis stellt die Gruppe dar. Für jeden Wortbeitrag, den eine Person liefert, zeichnet die BeobachterIn einen Pfeil in die Richtung auf die GesprächspartnerIn. Die SprecherIn kann auch die ganze Gruppe ansprechen, dann ist der Pfeil ent-

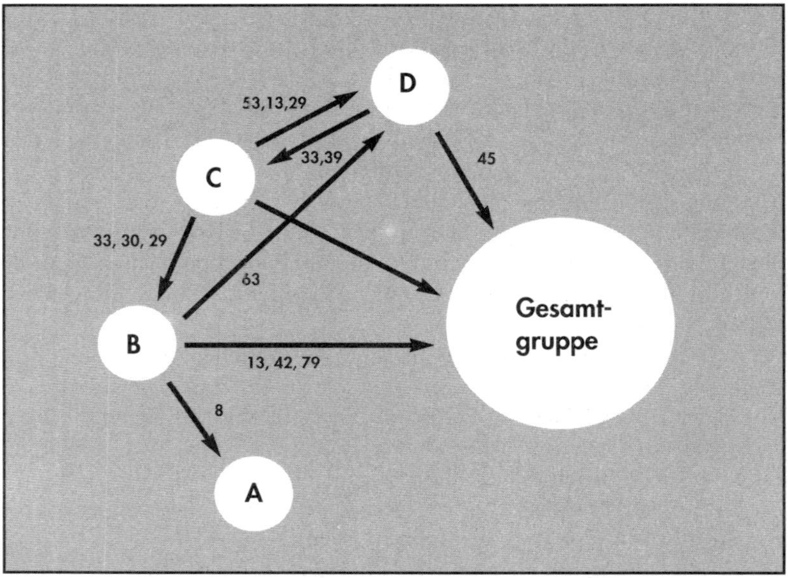

sprechend zu zeichnen. Die BeobachterIn soll zu den Pfeilen die Dauer in Sekunden schreiben. Das ist bei sehr kurzen Beiträgen manchmal nicht möglich und so detailliert auch nicht nötig.
Die BeobachterIn soll am Ende der Auswertung der Konsens-Einheit den Bogen vorstellen. Die Beobachtungen sollen so geäußert werden, daß sie die Kommunikation nicht bewerten. Wenn die Gruppe einverstanden ist, kann die Kommunikation auch bei anderen Gelegenheiten so festgehalten werden.

Die Fragestellung in Foça war folgende: Du bist in einer Delegation, die zur Beobachtung des Newrozfestes nach Diyarbakir in Kurdistan fahren will. Auf der Straße ist eine Blockade von Polizisten mit Gewehren. Der Bus kann nicht weiterfahren. Die Polizei gibt keine Anordnung, ob ihr aussteigen oder im Bus bleiben sollt. Im Bus sind 15 Personen, sechs von ihnen gehören zur Delegation, die anderen sind gewöhnliche türkische und kurdische Menschen. Was ist zu tun? Aussteigen oder im Bus bleiben?

Diese Frage sollte in zwei Gruppen im Konsensverfahren entschieden werden. In einer Gruppe wurde Türkisch, in der anderen Englisch gesprochen.

Als erstes wurden die BeobachterInnen bestimmt (siehe oben). Dann hatten die Gruppen 20 Minuten Zeit, um einen Konsens zu erreichen.

Leider reichte die Zeit nicht, um ein befriedigendes Ergebnis zu erzielen. Das lag daran, daß die Methode für die meisten neu war und viele Verfahrensfragen geklärt werden mußten. Außerdem war einigen Gruppenmitgliedern nicht klar, daß es sich nicht um eine Diskussionsrunde handelte. Es ist bei der Einführung des Konsensverfahrens darauf zu achten, daß zum ersten Ausprobieren viel Zeit vorhanden sein muß. Wenn die Methode vertraut ist, geht sie immer zügiger.

Für die Auswertung der Methode waren die Beobachtungen hilfreich. Es sollte sowohl die Methode als auch das Ergebnis ausgewertet werden. Da es aber bei beiden Gruppen noch kein Ergebnis im Sinne eines Konsenses gab, wurde die Methode ausgewertet. Auch hierfür war die Zeit zu kurz. Ein Nachmittag zum Thema Konsens, an dem das Verfahren vorgestellt und durchgeführt wird, ist zuwenig. Allerdings hat es in Foça dazu ausgereicht, daß alle Teilnehmenden einen Einblick in diese Methode bekamen.

Eine gemeinsames Spiel zum Abschluß wie z.B. der ›Gordische Knoten‹ oder die ›Blinde Schlange‹ stärkt das Gruppengefühl und rundet die Einheit ab.

Anmerkungen:

1) Vgl. Werkstatt für Gewaltfreie Aktion Baden: Konsens. Arbeits- und Aktionshefte Nr. 3, September 1991, S.39.
2) Vgl. ebd. S.41f.
3) Vgl. ebd. S.21f.

Weitere Literatur:

Martin Koppold: Konsens. Mutlanger Texte Nr.11, Dezember 1992.
Eva Renate Schmidt, Hans Georg Berg: Beraten mit Kontakt. Offenbach 1995.

Jan Brauns

Mut zur Angst

Eines der wichtigsten Ziele von Trainings zur Gewaltfreiheit und von gewaltfreien Aktionen ist, Menschen zu ermutigen, sich aktiv und verändernd in die bestehenden Gesellschaften einzumischen, in der Absicht, Gewalt, Unterdrückung und Ungerechtigkeit zu vermindern. Um diese Ermutigung zu erreichen, ist u.a. ein bewußter Umgang mit den eigenen Gewalterfahrungen und den von Gewalt ausgelösten Ängsten notwendig.

»Angst ist ein schlechter Ratgeber« sagt ein deutsches Sprichwort. Es hat einen wahren Kern, denn ein Verharren, ein Erstarren in Angst hilft mir sicher nicht weiter. Wir leben in einem »Zeitalter der Unfähigkeit zur Angst« schreibt der deutsche Philosoph Günter Anders. Wir haben nicht genug davon »gemessen an dem Quantum Angst, das uns ziemte, das wir eigentlich aufzubringen hätten« in Bezug auf die existierenden Gefahren.[1]

Günter Anders' Aussagen verweisen darauf, daß Angst ein gesellschaftliches Phänomen ist. Jede hierarchische, patriarchale Gesellschaft benutzt Herrschaft, Macht und Gewalt, um ihre Mitglieder einzuschüchtern und gefügig zu machen. Dabei wird planmäßig Angst erzeugt, um unser Denken und Handeln im Sinne der Herrschenden zu beeinflussen. Herrschaft lebt von Angst – von der Angst der Herrschenden ebenso wie von der Angst der Beherrschten. Unsere Angst beruht auf Erfahrungen aus der Vergangenheit und auf der Erwartung künftiger Gefahren.

Da gibt es zuerst die alltäglichen Mechanismen. In der Familie, in der Schule, an der Arbeitsstelle und in den Medien wird jedem und jeder unterschwellig ständig klargemacht, daß es eine ›Ordnung‹ gibt, daß diese Ordnung Sicherheit und Anerkennung bietet und daß Ausbrüche aus dieser Ordnung bestraft werden.

Da gibt es zum anderen die persönlichen Bedrohungen, denen der und die einzelne ausgesetzt ist, falls er oder sie gegen die Mächtigen handelt: Entlassung und Arbeitslosigkeit, soziale und politische Isolation und Ächtung, Verhaftung, Anklage, Folter.

Da gibt es schließlich jene ›Katastrophen‹, deren Auswirkungen so groß sind, daß sie alle betreffen (würden): Krieg, Umweltverschmutzung, Armut, ...

Aber welches Maß an Angst ist angemessen?

Angstlosigkeit und Angstbesessenheit führen zu oft stark verzerrten Wahrnehmungen der Realität; Verschließen vor ›anderen‹ und Denken in Vorurteilen und Feindbildern sind Folgen davon.

Auf der anderen Seite wird bewußt erlebte Angst als notwendige Voraussetzung für aktives Handeln bezeichnet, als »Geburtshelferin des Tuns.«[2] Angst kann die Augen öffnen und die Phantasie für Alternativen und Veränderungen freisetzen; erst wenn man weiß, was Angst bedeutet, bekommt man Mut. »Nur der ist wirklich mutig, der seine Angst zu bezähmen weiß«, erklärt der Druide Miraculix am Ende des neunten Asterix-Comics, in dem die Normannen ausgezogen waren, um von den Galliern zu lernen, was Angst sei. Sie hatten gehört, daß Angst den Menschen Flügel verleihe, und sie wollten das Fliegen lernen.[3]

Wie Angst entsteht

Angst ist ein seelisches, körperliches und gesellschaftliches Phänomen. Sie ist zunächst eine normale Reaktion der Psyche und des Körpers. Sie ist ein Gefühlszustand, der sich auf eine konkrete Bedrohung oder eine mögliche bedrohliche Situation bezieht. Sie signalisiert uns: Es besteht Gefahr! Sei vorsichtig! Wir spüren Angst, wenn wir an die Grenzen unserer (bisherigen) Erfahrungen und unserer (bisherigen) Handlungsmöglichkeiten gekommen sind oder wenn neue Entwicklungsschritte nötig werden.

Über die Sinnesorgane nehmen wir die Eindrücke der Umgebung auf. Wird eine Situation als bedrohlich eingestuft, erfordert sie unsere besondere Aufmerksamkeit. Dafür wird in einem Zusammenspiel von Psyche und Körper Anspannung und Aktionsbereitschaft erzeugt. Das Gehirn aktiviert das Nebennierensystem, das daraufhin die Hormone Adrenalin und Noradrenalin ins Blut gibt; Atmung und Puls werden beschleunigt, Leber und Muskeln setzen alle Energiereserven frei, die Nerven sind aufs Äußerste gespannt; all dies geschieht, damit wir uns konzentrieren und schnell reagieren können.[4] Angst steht damit in der Nähe von Wachheit oder Überwachheit.[5] Die normale Kette ist dabei: Gefahr – Angst – Anspannung – Aktion. Dabei nehmen wir die Angst doppelt wahr: bezogen auf die äußere Gefahr und bezogen auf die Reaktionen unseres Körpers. Und in jedem Fall beeinflußt Angst den Zustand unseres Körpers und unseres Denkens und damit auch unseres Handelns.

Zu diesen seelisch-körperlichen Abläufen kommen die oben angerissenen, gesellschaftlichen Mechanismen hinzu. Anders als bei Tieren sind die meisten Bedrohungen, denen wir ausgesetzt sind, nicht natürlichen, sondern gesellschaftlichen Ursprungs und unsere Reaktionen auf Gefahren sind nicht angeboren, sondern Ergebnisse von Lern- und Erziehungsprozessen.[6] Deshalb differieren die Gewalterfahrungen und die Ängste je nachdem, wo und wie wir leben. Ein wohlbehütetes westeuropäisches Wohlstandskind erlebt z.B. ganz anderes als ein Kind aus Kurdistan, dessen Familie Krieg, Vertreibung und Folter erlitten hat. Und auch eine gewaltfreie Aktivistin in der BRD steht anderen Repressionen gegenüber als ihre Freundin in der Türkei.

Aufgrund des gesellschaftlichen Ursprungs von Angst stellt sich besonders die Frage, welches Maß an Angst vor welcher Bedrohung angemessen ist, um weder unsensibel zu sein noch blind noch (neurotisch) übervorsichtig. Oder um – andersherum gesehen – die Kreativität freizusetzen, die in der Lage ist, uns gegen Herrschaft handeln zu lassen.

Aber den meisten Menschen macht es Angst, die Konflikte zu benennen und auszutragen, die in einer Gesellschaft aufgrund der jeweiligen Herrschaftsverhältnisse existieren. Ängstlich zu sein, heißt hier auch zugleich, konfliktscheu zu sein.[7]

Die Übermacht der Herrschaft führt ferner dazu, daß sie selber in der Regel gar nicht mehr als solche wahrgenommen werden kann. Schon der Gedanke an sie würde Angst auslösen und wird aus Angst verdrängt. Es kommt zu einer Verschiebung der Angst. Wir suchen uns Ursachen, vor denen wir uns scheinbar gefahrloser fürchten können als vor der eigentlichen Angstquelle. Frauen fürchten sich »vor dem Spazierengehen im Dunkeln«, obwohl es eigentlich die Männer sind, die sie bedrohen. Viele haben Angst vor ›Fremden‹ als Konkurrenz auf dem Arbeitsmarkt, obwohl es eigentlich die UnternehmerInnen sind, die Arbeitsplätze abbauen und die Entlassungen vornehmen. Von der Politik werden solche Denkweisen unterstützt oder erzeugt, um eigene Ziele wie Kürzung sozialer Leistungen oder Verstärkung von Ellenbogenmentalität zu erreichen. Vorurteile werden geschürt, indem Ängste verschoben werden. Feindbilder entstehen, die nicht nur entsolidarisieren, sondern auch Gewalt gegen andere hervorbringen, z.B. gegen ›AsylantInnen‹ in Deutschland oder gegen KurdInnen in der Türkei.[8] Solche Formen kollektiver Angstabwehr und -verschiebung sind andererseits auch Ausdruck von Ohnmacht und von beschwichtigenden Rationalisierungen; und sie behindern zugleich unsere Kritik- und Handlungsfähigkeit.[9]

Ein anderes Problem, das mit der Verschiebung von Ängsten zu tun hat, ist, daß gewaltfreie Antworten auf gewaltsame Bedrohungen von vielen Menschen als viel zu schwach angesehen werden, als daß sie Schutz und Veränderungen bewirken könnten. Aufgrund der vielen Erfahrungen, die jedeR im Leben mit Gewalt gemacht hat, werden sie nicht als wirksam erkannt. So erzeugen Herrschaft und Gewalt zugleich den Gedanken, sie könnten nur mit Gewalt und letztlich mit (neuer) Herrschaft anderer abgeschafft werden.[10]

Aufgrund solcher Verdrängungen und Verschiebungen von Ängsten wird dann oft auch die Person, die an sie erinnert, in Umkehrung der realen Verhältnisse als Bedrohung empfunden.

Um anders, d.h. um angemessener mit Ängsten umgehen zu können, bedarf es im Grunde einer gefestigteren oder stärkeren Persönlichkeit, die weiß, daß Angst in einer ›gefährlichen Welt‹ wichtig ist, welche die Angst als ein Signal für die eigenen Grenzen zulassen und wahrnehmen kann und die auf dieser Basis gemeinsam mit anderen eigene Handlungsmöglichkeiten entdecken und erproben kann.

Traumatisierungen

Die angesprochenen und oft verdrängten Ängste werden in ihrer Wirkung noch übertroffen von Traumatisierungen.[11] Von Traumatisierung sprechen wir, wenn persönliche Erlebnisse so schwerwiegend sind, daß sie das Verhältnis der Betroffenen zu den Mitmenschen grundlegend lähmen. Die Psychotherapeutin Ursula Wirtz schreibt: »Ein Trauma ist ein Erlebnis extremer Hilflosigkeit. Es stellt eine Art Angriff auf unsere Persönlichkeitsorganisation dar, die es dem Menschen unmöglich macht, das Erlebnis in gewohnter Weise zu verarbeiten. Das psychische Gleichgewicht wird extrem gestört und das Ich funktioniert nicht mehr in gewohnter Weise. (...) Traumatisierungen, die sich fortsetzen, können die Persönlichkeit vernichten«, weil die Erfahrungen aus der Zeit vor den Traumatisierungen »keinen Einfluß mehr auf die posttraumatische Situation haben.«[12]

Es ist nicht zu sagen, welche Erlebnisse bei welcher Person zur Traumatisierung führen, weil dies sowohl von der Person als auch von deren sozialem Umfeld als auch von den (Begleit-) Umständen der auslösenden Tat(en) abhängt. Die Persönlichkeit einer jeden Person ist anders organisiert; jedeR hat andere Lebenserfahrungen gemacht und andere Wege gelernt zu leben, zu denken, zu fühlen, zu handeln. Aber es gilt, daß jedeR im Innersten getroffen werden kann. Verlust von Angehörigen, schwere Unfälle, Mobbing am Arbeitsplatz, sexueller Mißbrauch, Kriegserlebnisse als Zivilist oder Soldat, die Verfolgung und Vernichtung als Volk(sgruppe) oder systematische Folter können z.B. Auslöser von Traumatisierungen sein. Wer über diese Aufzählung nachdenkt, spürt vielleicht, welche Ursachen bei ihr bzw. ihm starke Auswirkungen haben könnten. Allgemein gültige Zusammenhänge gibt es jedoch wie gesagt nicht.

Seelische Verletzungen können mit körperlichen Verletzungen verglichen werden: Die einen treffen meinen Körper, die anderen treffen meine Seele, meine Persönlichkeit. Zwar kann es helfen, sich auf drohende Situationen einzustellen, aber TäterInnen können immer die Grenze dessen finden und überschreiten, was ich an körperlicher oder seelischer Brutalität nicht mehr ertragen kann. Darin liegt auch ein Hinweis auf die Frage der eigenen Schuld: »Es ist die krankmachende Situation, ihre Charakteristika und die Art und Weise, wie sie vom Individuum erfahren wird, die den Modus der Abwehr (d.h. der Reaktionen) bestimmt.«[13]

Verschiedene Autoren haben daneben auch die jeweilige politische Situation in ihre Untersuchungen über Traumatisierungen einbezogen. Totalitäre bzw. extrem repressive Staatsgewalt veränderte z.B. die Gesellschaften und die Individuen im faschistischen Deutschland bzw. unter der chilenischen Militärdiktatur schon lange bevor einzelne von Repression persönlich getroffen wurde.[14]

Grundlegend ist in diesem Zusammenhang, daß sich die gesellschaftlichen Verhältnisse immer im Seelenleben eines jeden Menschen bemerkbar machen, »und zwar nicht als bloße (d.h. oberflächliche) Spiegelungen oder als allgemeiner, unbestimmter Einfluß.«[15] Offen repressive Gesellschaften sind durch ein hohes Maß an personaler Gewalt gekennzeichnet, wobei diese parallel zur schon vorher vorhandenen strukturellen Gewalt angewendet wird. Beide Formen verfolgen dieselben Ziele und haben dieselben Opfer. Die schon vor dem Militärputsch von 1973 in Chile existierende strukturelle Gewalt in Form von Armut hatte dazu geführt, daß im täglichen Überlebenskampf Gefühle verdrängt und abgespalten werden mußten.[16] Damals waren soziale und politische Organisationen jedoch in der Lage gewesen, Gemeinsamkeit, Solidarität, Halt und Struktur zu bieten. Als diese Organisationen nun zerschlagen wurden, waren Familien allein auf sich zurückgeworfen. Hier existierte jedoch eine kulturell und armutsbedingte Sprach- und Gefühllosigkeit zwischen den Geschlechtern, so daß insgesamt keine Basis für die Bewältigung des Lebens und der Probleme mehr existierte. Der Zusammenbruch der sozialen Struktur fiel zusammen mit dem Zusammenbruch der Familienstruktur und mit der individuellen Bedrohung durch Repression.[17] »Für die unmittelbar Verfolgten bedeutete die politische Repression, traumatisiert zu werden oder zu sterben, für die ganze Bevölkerung hatte es die Konsequenz, in einer Welt leben zu müssen, in der es weder einen Halt noch zuverlässige Grenzen und Strukturen gab, in der alles möglich war – auch das Unvorstellbare.«[18] David Becker spricht deshalb von der Traumatisierung einer gesamten Bevölkerung.[19]

Für das faschistische Deutschland beschreibt Bruno Bettelheim beispielsweise die psychisch verheerende Wirkung des Hitlergrußes, der mit ausgestrecktem Arm und den Worten ›Heil Hitler!‹ als allgemeine Begrüßungsform eingeführt wurde, um überall in der Öffentlichkeit sofort erkennen zu können, ob jemand zum System stand. Den FaschistInnen vermittelte er ständig Gefühle der Selbstbestätigung und der Macht. Die Unentschiedenen brachte er dem System schleichend näher. Die RegimegegnerInnen aber mußten ihn benutzen, um nicht sofort erkannt und damit isoliert zu werden, sich also der Gefahr auszusetzen, inhaftiert und gefoltert zu werden. Dabei wurden sie aber jedes Mal in ihrem Innersten getroffen, erschüttert und gespalten, denn sie gebrauchten ein Symbol der verhaßten Macht.[20]

Allen traumatisierenden Taten ist gemein, daß der Täter das Opfer nicht mehr als selbstbestimmtes und gleichberechtigtes Mitglied der menschlichen Gemeinschaft betrachtet. Die Grenze der Menschlichkeit wird überschritten; das Menschenrecht auf körperliche und/oder seelische Unversehrtheit wird bewußt verletzt; die Vernichtung wird angedroht; die Androhung ist massiv, und es besteht kein Zweifel, daß sie vollzogen werden kann. Dies hat zur Folge, daß das Vertrauen in die Mitmenschlichkeit der anderen zerstört wird. Neben diesem zentralen Vertrauensverlust sind oft auch Sprachlosigkeit, Schuldgefühle, Schamgefühle, Ohnmacht, Zweifel an der eigenen Wahrnehmung, alptraumartige Angst oder Rückzug auf sich selbst aus ›Angst vor den Menschen‹ Folgen von Traumatisierungen.

David Becker, der in Chile mit Folteropfern arbeitet, beschreibt mögliche psychische Reaktionen: Ent-Strukturierung der Persönlichkeit, Depression, Abspaltung (Schizophrenie), Auslöschung (aller) Gefühle, Identifikation mit dem Täter sowie Verdrängung, Unterdrückung oder Verleugnung des Erlebten.[21]

Kennzeichnend für Traumata ist also, daß es dem Opfer nicht gelingt, das ungeheuerliche Erlebte selbständig oder mit Hilfe des sozialen Netzes von FreundInnen, Familie oder organisierter Gruppe zu verarbeiten und so zu einem normalen Leben zurückzufinden. »Das Leben wird nie wieder, wie es einmal war. Traumatisierte verlieren die Unschuld des Lebens.«[22]

Trauma-Überlebende leiden oft unter den verschiedensten körperlichen, seelischen und sozialen Dysfunktionen und Symptomen. Diese Reaktionen sind aber nicht nur ›krankhaft‹, sondern auch Versuche und Wege, um die Traumatisierung zu überleben. Um des Überlebens willen muß das Opfer Selbstschutzmaßnahmen ergreifen, deren Konsequenzen jedoch später genauso zerstörerisch sein können wie die ursächlichen Ereignisse selbst.[23] Nur mit einer Kombination medizinischer, sozialer und psychotherapeutischer Hilfe kann es dann gelingen, »die Kontrolle über das Leben wiederzugewinnen und die schmerzlichen Erfahrungen in das eigene Verständnis von der Bedeutung des Lebens zu integrieren.«[24] Andere Elemente solcher Therapien können z.B. das Zulassen von Trauer, Wut, Haß, Verzweiflung, die Ent-Individualisierung des Erlebten und der aktive, gemeinsame, politische Umgang mit der gesellschaftlichen Situation sein.[25]

Die Angst und die Gruppe

Macht und Ohn-Macht erzeugen sich also auf vielfältige Weise fortlaufend weiter. Alle hierarchischen Gesellschaften basieren auf Gewalt und damit auch auf Angst. Es ist deshalb eine zentrale Frage für politisches Handeln, wie aus diesen Kreisläufen ausgebrochen werden kann, und insbesondere, wie das Tabuthema Angst angegangen werden kann.

Menschen zu gewaltfreiem Handeln zu ermutigen, heißt immer auch, Grenzen in mir selbst zu erkennen und zu verändern. Weil diese Grenzen durch viele ›Erfahrungen und Lehren‹ der Erziehung und des Alltags sehr tief in allen von uns verwurzelt sind, ist dies ein schwieriger Prozeß, der sowohl besondere Behutsamkeit und Respekt vor den eigenen Grenzen als auch besonderes Vertrauen erfordert. Der Weg hierzu führt einmal mehr über die Gruppe, die den nötigen Schutz bieten kann, um sich zu öffnen.

Die Tabus von Leiden, Trauer und Angst betreffen zwar jeden und jede, aber sie werden als individuelle Gefühle und Probleme erlebt. Dasselbe gilt zumeist für die Gegenbegriffe Lust und Liebe, Freude und Hoffnung, es sei denn, sie werden als Teil von Ideologie oder Religion wiederum als Herrschaftsmittel mißbraucht.

Der Weg, Leiden, Trauer und Angst als Teil meiner Persönlichkeit (und auch als Mittel der politischen Arbeit) annehmen zu können, führt im Training über die Kollektivität der Gruppe: Leiden und Angst, die durch das Tabu unaussprechbar geworden sind, können als kollektive Phänomene eingeordnet werden, auch wenn sie weiterhin individuell sehr unterschiedlich bleiben werden. In der Gruppe kann ich spüren, daß ich mit meiner Angst nicht alleine bin und nicht alleine bleibe. Die anderen sehen mich mit meiner Angst und ich werde von ihnen getragen. So kann die Gruppe ermutigen, sich selber mit den eigenen Erfahrungen und Verletzungen anzunehmen (und damit letztlich auch die gesellschaftlichen Verhältnisse tiefer zu verstehen), indem sie zugleich Trost spendet und Hoffnung ermöglicht durch gemeinsame Ziele und gemeinsames Handeln und durch gemeinsames Leben – auch wenn sie keine Illusion auf einfache, schnelle Lösungen weckt, sondern immer die Veränderung über die Basis, die Graswurzeln, also die einzelnen Menschen im Auge behält, und wenn sie ständig darauf achtet, daß alle die eigenen Grenzen selber festlegen.

Die solidarische Gruppe erleichtert es, die Schritte von der verdrängten Angst über die erlebte hin zur angemessenen zu machen. Es kann möglich werden, mit Hilfe der anderen und angesichts der anderen die eigenen Hemmnisse und Antriebe zu klären und zum gemeinsamen Engagement zu kommen.

Der Weg der Gewaltfreiheit bedeutet in diesem Sinn, ehrlich gegenüber sich selbst zu bleiben – auch dann, wenn dies für die Gruppe oder deren Arbeit nicht ›funktional‹ sein sollte. Denn allzuoft werden – auch in der politischen Arbeit – Leiden und Liebe, Trauer und Freude, Angst und Hoffnung als dysfunktional betrachtet; und damit wird auch die positive Kraft übersehen, die in ihnen stecken kann.

Schlußfolgerungen für Trainingsarbeit

- Mut zur Angst als politische Strategie gegen das Herrschaftsmittel Angst begreifen.
- Biete als TrainerIn nur an, was du selber verantworten kannst.
- Ängste können nur in vertrauten Situationen und in vertrauten Gruppen thematisiert werden.

- ›Mit Gewalt‹ ist Angst nicht zu bearbeiten: Prinzip der Freiwilligkeit.
- Sei dir als TrainerIn bewußt, daß bei den Teilnehmenden Ängste und Traumatisierungen aufbrechen können.
- Eine Trainingseinheit zum Thema Angst ist keine Therapie.
- Bedenke, daß die Dauer einer Angst-Einheit die Intensität der Gefühle beeinflussen wird.

Vorschlag für den Ablauf einer Einheit ›Mut zur Angst‹ im gewaltfreien Training

Tagesablauf

8.30	Atemübung
8.35	Übung: Gefühle darstellen
8.45	Plenum: Wetterbericht, Tagesplan, Einleitung zum Thema Angst, Absprachen über Freiwilligkeit
9.15	Übung: Finde die rechte Hand Eventuell die Übung: Person durchreichen
9.30	Übung: Vom Tisch fallen lassen (in 2 Gruppen)
10.00	Kleingruppen: Jede und jeder malt ein Bild über die eigenen Ängste, anschließend Besprechen der Bilder (in Gruppen á 5 Personen)
10.30	Plenum: Erfahrungsaustausch über die Bilder: Was sind unsere Ängste?
11.30	Pause
11.45	Plenum: Umgang mit Ängsten: Was hilft mir, wenn ich Angst habe? Anschließend im Plenum: Welche gesellschaftlichen oder individuellen Bedrohungen stehen hinter unseren Ängsten?
12.30	Mittagspause
15.00	Gemeinsamer Spaziergang mit Rast, dort Spiele und Spaß im Gras
17.00	Bezugsgruppen
18.00	Plenum: Wetterbericht, erste Ideen zum Umgang mit Ängsten in Aktionen, Abschluß mit der Übung: Person durchreichen

Wie könnte eine Einheit zum Thema Angst aufgebaut sein? Wie könnten Phasen der gegenseitigen Ermutigung, mit der eigenen Angst aktiv umzugehen, aussehen?

Eine Einheit über Ängste sollte erst gegen Ende eines gewaltfreien Trainings stehen, wenn sich die TeilnehmerInnen und die TrainerInnen kennengelernt haben und ein grundsätzliches Vertrauen entstanden ist, daß alle verantwortlich miteinander umgehen. Sie sollte aber auch nicht das letzte Element sein; anschließend sollte es mindestens noch eine Einheit geben, die den Blick in die Zukunft richtet und in der z.B. politische Aktivitäten geplant werden.

Nach einleitenden Gedanken zum Thema Angst, zur politischen Rolle von Angst als Mittel zur Herrschaft, zu psychischen Funktionen und gesellschaftlichen Ausprägungen sollten einige besondere Absprachen zum Thema Freiwilligkeit folgen. Daß in Foça eine solche Einleitung fehlte, wurde von TeilnehmerInnen zu Recht bemängelt.

Es bietet sich dann zur weiteren Einstimmung an, Übungen anzuleiten, welche die TeilnehmerInnen auf die emotionale Ebene hinführen. Dazu eignen sich z.B. die Übung ›Gefühle darstellen‹ und die Vertrauensübung ›Finde die rechte Hand‹. Je nachdem, wie das Vertrauen in der Gruppe von den TrainerInnen eingeschätzt wird, kann direkt mit der Übung ›Vom Tisch fallen lassen‹ fortgefahren oder zunächst die Übung ›Person durchreichen‹ vorgeschaltet werden. Zu den Übungen gehören jeweils die angegebenen Auswertungen, um hier schon die persönlichen Empfindungen ernst zu nehmen und in den Rahmen der gemeinsamen einzubetten.

Übung: Gefühle darstellen

Ziel dieser Übung ist, sensibel zu machen für die Vielfalt der menschlichen Gefühle und Anregungen zu geben, sie in sich selber zu spüren.
Es werden zwei Gruppen gebildet, die sich in zwei Reihen gegenüber aufstellen. Eine Gruppe dreht sich um, so daß sie mit dem Rücken zur anderen Gruppe steht. Jetzt wird der Gruppe ein Zettel gezeigt, auf dem ein Gefühl steht. Nach einer kurzen Einfühlphase zeigt sie es der anderen Gruppe, indem sie sich zu ihr hinwendet. Die andere Gruppe muß nun raten, welches Gefühl die erste Gruppe darstellt.

In Foça waren es folgende Gefühle, die alle auch erkannt wurden: Freude, Langeweile, Schüchternheit, Stolz, Verliebtsein, Wut, Angst.

Mögliche weitere Gefühle: Mut, Trauer, Haß, Distanz, Distanzlosigkeit, Albernheit, Depression, Unterwürfigkeit, Verzweiflung, Hochmut, Ekel, Kampfgeist, Übermut.

Übung: Finde die rechte Hand

Ziel dieser Übung ist, Vorsicht und Vertrauen zu spüren, auch wenn ein wichtiger Orientierungssinn (das Auge) nicht verfügbar ist.
Mit geschlossenen Augen und vorgestreckter rechter Hand gehen alle Personen vorsichtig durch den Raum. Wenn sie eine andere rechte Hand spüren, betasten sie diese vorsichtig und gründlich. Jetzt mischt sich die Gruppe wieder durcheinander und jede Person versucht, die Hand wiederzufinden, die sie vorher erfühlt hat.
Auswertung paarweise: Wie war es?

Übung: Vom Tisch fallen lassen

Ziel dieser Übung ist, eigene Ängste und Angstsymptome wahr- und ernstzunehmen sowie Vertrauen zu den anderen zu spüren und aus Verantwortung Vertrauen zu spenden.
Eine Person steht auf einem stabilen Tisch. Sechs andere stehen davor in zwei Dreierreihen, sehen sich an und geben sich paarweise die Hände. Die Person auf dem Tisch läßt sich nun vorwärts vom Tisch auf die Arme der anderen fallen. Dabei sollen nur Rumpf und Beine, nicht aber der Kopf aufgefangen werden, weil sonst ein Verletzungsrisiko besteht. Wer will, kann die Augen offen halten. Wenn jemand Angst hat, auf gar keinen Fall drängen!
Auswertung in Kleingruppen: Wie habe ich mich vorher gefühlt? Welche körperlichen Angstsymptome habe ich gespürt? Wie groß war meine Angst? Habe ich sie ernst genommen? Wie habe ich mich danach gefühlt? Hat sich das Gefühl zur Gruppe verändert?

Übung: Person durchreichen

Ziel der Übung ist, Vertrauen zu spüren in einer weniger gefährlichen Situation sowie die vorsichtige, behutsame Behandlung durch die anderen zu spüren und zu genießen.
Alle bis auf zwei legen sich auf den Boden, in dem sie von zwei Seiten aus eine Reihe bilden, dabei jeweils die Köpfe reißverschlußartig Ohr an Ohr zusammenlegen, während die Beine in entgegengesetzte Richtungen weisen. Die Hän-

de werden nach oben gestreckt und eine Person legt sich langsam rückwärts auf die Hände und wird von den anderen über die Reihe hinweg weitergereicht. Am Ende der Reihe hilft die zweite Person beim Aufstehen. Die durchgereichte Person legt sich ans Ende der Reihe, am anderen Ende beginnt eine neue Person, durchgereicht zu werden.
Auswertung nur nötig, falls sich aus der Gruppe heraus eine Notwendigkeit oder Frage ergibt.

Im ersten inhaltlichen Teil der Einheit zum Thema Angst können dann in Kleingruppen die eigenen, persönlichen Ängste aufgemalt oder aufgezeichnet werden. Ängste mitzuteilen und damit zugleich gemeinsam zu teilen, kann ein erster Schritt heraus aus der Angst selber sein. Eine non-verbale Methode erleichtert hier den Einstieg in das durch das gesellschaftliche Tabu ›unaussprechlich‹ Gewordene. Dabei ist es sowohl möglich, daß in jeder Kleingruppe ein gemeinsames Bild entsteht, als auch, daß jedeR ein eigenes Blatt gestaltet. Hierbei werden negative Emotionen und persönliche Reaktionen auf Angst aktualisiert. Sie werden dann in der Kleingruppe besprochen. Sie bleiben auch in der Kleingruppe. JedeR entscheidet selber, welche Gedanken er oder sie später im Plenum vortragen möchte. Die TrainerInnen nehmen jeweils an einer der Kleingruppen teil, sollten sich aber bewußt bleiben, daß sie Verantwortung tragen.

Nach einer kurzen Pause, in der sich die TrainerInnen über den Verlauf der Kleingruppen austauschen sollten, geht es im Plenum weiter. Ziel ist hier, sich gegenseitig zu helfen, mit den Erfahrungen und Befürchtungen anders umzugehen. Die Bilder werden dazu in die Mitte des Sitzkreises gelegt. Zunächst können einige oder alle auf freiwilliger Basis ihre Bilder und Ängste vorstellen.

In Foça wurde diese Vorstellung so intensiv, daß Angst, Trauer, Ohnmacht und Wut sehr groß wurden. Wir beendeten die Vorstellung mit Weinen, Trösten, Halten, Dasein; einige drängte es, Musik zu machen; andere suchten neben der Nähe und Wärme der anderen die Kraft, die ihnen draußen die Sonne geben sollte. Einige benötigten über längere Zeit Beistand. Foltererfahrungen, Gefängnis und Unterdrückung in der Familie hatten tiefe Spuren hinterlassen. Hilfen auf der Basis allgemein menschlicher Erfahrungen und mit professionellen Hintergründen (Folterhilfe, Medizin, Pädagogik und Sozialarbeit) standen bereit und wurden gern angenommen. Die TeilnehmerInnen und die TeamerInnen waren eine große Gemeinschaft, die jene auffangen konnte, die sich verzweifelt fühlten. Zusätzlich nahmen wir uns nach der Mittagspause frei, um im Grünen am Meer Ruhe und Vertrautheit zu spüren und um gemeinsam zu spielen.

Eine inhaltliche Frage, die in dieser Phase der Erholung gestellt werden sollte, ist: Was tue ich, damit es mir besser geht, wenn es mir schlecht geht. JedeR wird hier sagen können, was ihm oder ihr hilft: Freunde besuchen, Musik hören, Tiere beobachten, ... Gemeinsam kann so aus der Fülle der Ideen Mut für einen künftigen persönlichen und/oder gemeinsamen Umgang mit Bedrohungen und Ängsten entstehen. Neben einem Brainstorming im Plenum oder in den früheren Kleingruppen bietet sich hier an, Collagen zu erstellen; den Angstbildern vom Vormittag werden so auch optisch die schönen Visionen gegenübergestellt. Man sollte sich hierfür etwa eine Stunde Zeit nehmen.

Nach einer Pause geht es im letzten Teil darum, Wege für den künftigen politischen Umgang mit Bedrohungen und Ängsten zu suchen. Die TrainerInnen stellen hier zunächst Ängste wieder in einen über-individuellen, gesellschaftlichen, herrschaftskritischen Zusammenhang und machen auf die hinter den Ängsten stehenden Bedrohungen aufmerksam, um so den Schritt vom Umgang mit Ängsten aufgrund vergangener Erlebnisse oder befürchteter künftiger Ereignisse hin zur Einbeziehung von Gefahren und Ängsten beim künftigen, gemeinsamen, politischen Handeln einzuleiten.

Anschließend könnten dann gemeinsam oder in Kleingruppen Aktionen unter Berücksichtigung der eigenen Ängste und der der Zielgruppe geplant oder hinterfragt werden. Gibt es eine Aktionsidee, so bietet es sich an, diese mit der Methode des Rollenspiels in bezug auf die dabei auftretenden Ängste zu ›testen‹. Jeder spielenden Person werden dazu zwei Beobachtende zugeordnet, die auf verbale und nonverbale Ausdrucksformen von Gefühlen achten und diese anschließend benennen. In mehreren Spieldurchgängen könnte so eine Aktion fortentwickelt und dem Willen und der Risikobereitschaft der Teilnehmenden angepaßt werden.

Den Abschluß des Tages sollte in jedem Fall eine schöne Übung mit positiven Gefühlen der Vertrautheit bilden, z.B. die Übung ›Person durchreichen‹.

Als Ergänzung zur Trainingseinheit zum Thema ›Mut zur Angst‹ bietet sich an, jemanden einzuladen, der oder die therapeutisch mit Folter- oder Kriegsopfern arbeitet. Er bzw. sie könnte neben der Darstellung der Arbeit auch Hinweise geben, wie sich Laien gegenüber Traumatisierungsopfern hilfreich verhalten können und eventuell auch eine therapeutisch orientierte Gruppenübung zur gegenseitigen Stärkung für die TeilnehmerInnen und die TrainerInnen anbieten.

Anmerkungen

1) Günter Anders, zitiert in: Carola Stern: Angst und Zivilcourage. In: Hans Jürgen Schultz (Hg.): Angst – Facetten eines Urgefühls. München 1995, S.242f.
2) Franz-Josef Ensel: Richtige Angst und falsche Furcht. Frankfurt 1984, S.10.
3) Vgl. Goscinny & Uderzo: Asterix und die Normannen. Paris 1966, hier: S.48.
4) Vgl. Kursbuch Gesundheit. Köln 1992, S.579ff.
5) Walter Bräutigam, Stefan Zettl: Wie Angst entsteht In: Hans Jürgen Schultz, a.a.O., S.23ff.
6) Vgl. Dieter Senghaas, Angst in der Politik, in: Hans Jürgen Schultz, a.a.O., S. 244.
7) Vgl. Carola Stern, a.a.O., S.238.
8) Vgl. das Kapitel »Vorurteile und Feindbilder« in diesem Buch.
9) Vgl. Franz-Josef Ensel, a.a.O., S.24ff.
10) Vgl. Karl-Heinz Bittl-Drempetic: Gewaltfrei Handeln. Nürnberg 1993, S.53ff.
11) Z.T. wird in der Literatur zwischen Traumatisierungen und Extremtraumatisierungen unterschieden. Da die Unterscheidung jedoch weder durchgehend noch einheitlich ist, verwende ich hier nur den Begriff Traumatisierungen.
12) Ursula Wirtz: Seelenmord – Inzest und Therapie. Zürich 1989, S.83ff.
13) David Becker: Ohne Haß keine Versöhnung – Das Trauma der Verfolgten. Freiburg 1992, S.177.
14) Vgl. z.B. Bruno Bettelheim: Erziehung zum Überleben. Stuttgart 1979, und David Becker, a.a.O.
15) Paul Parin, zitiert in: David Becker, a.a.O., S.25.
16) Vgl. David Becker, a.a.O., S.172.
17) ebd. S.52f.
18) ebd. S.28.
19) ebd. S.17.
20) Vgl. Bruno Bettelheim, a.a.O., S.331ff.
21) Vgl. David Becker, a.a.O., S.178f.
22) Barbara Frandsen: Die Unschuld des Lebens verlieren. In: Frankfurter Rundschau, 27.7.96.
23) Vgl. David Becker, a.a.O., S.177 und Bruno Bettelheim, a.a.O., S.34ff.
24) Türkische Menschenrechtsstiftung: Bericht der Behandlungs- und Rehabilitationszentren des TIHV 1994. Ankara 1995, S.66.
25) Vgl. David Becker, a.a.O., S.202.

Jan Brauns, Christiane Möcker, Jörg Rohwedder

Gewaltfreie Ideen in einer Kultur der Gewalt

Punktvergabe

Gewaltfreiheit ist ein aktives Prinzip. Es ermutigt und befähigt, Unrecht und Gewalt gezielt entgegenzutreten. Ob der Protest, die Überzeugungsarbeit, die Nichtzusammenarbeit, der Zivile Ungehorsam oder andere gewaltfreie Aktionen – sie alle bilden wesentliche Elemente einer gewaltfreien politischen Auseinandersetzung.

Ein Training bietet den Raum, sich grundsätzlich mit Gewaltfreiheit und gewaltfreiem Handeln auseinanderzusetzen oder gesellschaftliche sowie Gruppenkonflikte zu analysieren und nicht zuletzt, konkrete Aktionen vorzubereiten. In jedem Fall ist ein Training handlungsorientiert. Neben dem Wahrnehmen und Erkennen ermutigt es die Teilnehmenden, ihre Sache selbst in die Hand zu nehmen. Ein Training stellt Werkzeuge bereit, die helfend und unterstützend für die einzelnen und eine Gruppe sein können.

In Foça standen die meiste Zeit grundlegende Aspekte und Herangehensweisen der Gewaltfreiheit im Vordergrund. Wir fragten, ob Gewaltfreiheit in dieser Kultur ein Weg sein kann, wir probierten, einen konkreten Konflikt zu analysieren, wir versuchten, Entscheidungen im Konsens zu treffen, wir setzten uns unseren Vorurteilen und unseren Ängsten aus, wir ... Und am Ende setzten wir uns zusammen, um über konkrete gewaltfreie Projekte sowohl in der Türkei als auch in der internationalen Zusammenarbeit nachzudenken.

Nach einem kurzen Abriß über die Geschichte der antimilitaristischen Bewegung in der Türkei seit ihrem Entstehen Anfang der 90er Jahre und über die verstärkte internationale Zusammenarbeit, die Ende 1992/Anfang 1993 begann, sammelten wir in einem Brainstorming Themen für Arbeitsgruppen über künftige Aktivitäten. Aus insgesamt neun Vorschlägen fanden wir mittels Punktvergabe durch alle Teilnehmenden drei heraus, zu denen sich dann Arbeitsgruppen für etwa eine Stunde zusammensetzten.

AG ›Künftige Projekte in der Türkei‹

In der Türkei gibt es wenig Material, das sich mit Fragen von gewaltfreier oder auch nur linker außerparlamentarischer Opposition beschäftigt. Durch drei Militärputsche seit 1960 sind die Verlage systematisch daran gehindert worden, entsprechende Literatur zu veröffentlichen. Sicherlich gibt es den einen oder anderen Titel im Bereich der historischen Basistexte, wie z.B. den berühmten Artikel von Henry David Thoreau über den Zivilen Ungehorsam, aber solche Texte bleiben ohne jeden praktischen Bezug. Gleichzeitig ist aufgrund der allgegenwärtigen Gewalt und des Militarismus auch die öffentliche Diskussion über Gewalt, Gewaltstrukturen und Gewaltfreiheit stark marginalisiert, fremd, ja fast tabuisiert.

Vor diesem Hintergrund wurden in dieser Arbeitsgruppe etliche Ideen und Projekte entwickelt und vertieft, die mit dem Wunsch verbunden sind, den Gedanken der Gewaltfreiheit, des Antimilitarismus und des Antisexismus in politischen Kreisen theoretisch und praktisch weiterzuentwickeln, ihn in die Öffentlichkeit zu tragen und letztendlich der Kultur der Gewalt eine Kultur der Gewaltfreiheit gegenüberzustellen.

Da gibt es die Idee eines antimilitaristischen Archivs zur Dokumentation aktueller und historischer Beispiele. Oder die Idee zu historischen Forschungen unter antimilitaristischen und gewaltfreien Gesichtspunkten. Oder die Idee der Übersetzung von Publikationen gewaltfreier Bewegungen in anderen Ländern. Oder die Idee der Herausgabe einer Broschüren-Reihe zu Themen wie z.B. Kriegsdienstverweigerung, Gewaltfreiheit, Ziviler Ungehorsam, Militarismus im Bildungssystem und Geschichte der antimilitaristischen Bewegung in der Türkei sowie die bereits geplanten Seminare zu gewaltfreien und anarchistischen Theorien mit ReferentInnen aus der Bundesrepublik Deutschland und Spanien und die Durchführung eines antimilitaristischen Kongresses mit GastrednerInnen aus verschiedenen Ländern.

AG ›Ein Zentrum für gewaltfreie Konfliktlösung in der Türkei‹

Bei den ersten Trainings und der Ausbildung einiger TrainerInnen hat sich gezeigt, daß in der Türkei in Zusammenarbeit mit dem Verein der KriegsgegnerInnen, der Antimilitaristischen Initiative Istanbul und dem Menschenrechtsverein ein Interesse besteht, sich intensiver mit Gewaltfreiheit und Menschenrechten zu beschäftigen.

Das weit gesteckte Ziel des Projektes ist, ein Trainingszentrum für Gewaltfreiheit in der Türkei aufzubauen, in dem nicht nur über die Situation der Menschenrechte informiert wird, sondern Menschen aus der Türkei und dem gesamten Nahen Osten zusammenkommen, um neue, gewaltfreie Konfliktlösungsmöglichkeiten zu bedenken und zu trainieren.

Ein Projekt mit dieser Dimension bedarf einiger Schritte, die zum Teil gleichzeitig, zum Teil aufeinander aufbauend gemacht werden müssen.

Neben der Übersetzung und Erstellung von Publikationen beispielsweise braucht es Menschen, die eine Idee authentisch vertreten. Es sollen möglichst viele englisch und/oder deutschsprachige TrainerInnen aus der Türkei an internationalen Gewaltfreiheitstrainings teilnehmen. Das Wissen würde verbreitert werden und es könnte ein Pool von TrainerInnen entstehen, die sowohl national als auch international arbeiten könnten. Sobald ausreichend Personen qualifiziert wurden, sollte früh eine Ausbildung für TrainerInnen auch in der Türkei beginnen. Zeitgleich dazu werden die Aktiven in der Türkei den Begriff von Gewaltfreiheit auch mittels Aktionen, Theater, Broschüren und Zeitschriftenartikel bekannt machen.

AG ›Internationaler Austausch‹

Der Großteil der internationalen Kooperation verlief in der Türkei bisher über den Izmirer Verein der KriegsgegnerInnen, Izmir Savas Karsitlari Dernegi (ISKD), auch wenn es punktuell Kontakte nach Istanbul zum damaligen dortigen SKD-Verein und zu der nach dessen Verbot herausgegebenen Zeitung ›Savasa Karsi Baris‹ (Frieden statt Krieg) gab.

Im Herbst 1995 entstand in Istanbul die Antimilitaristische Initiative (AMI), von der vier FreundInnen am internationalen gewaltfreien Training in Foça teilnahmen. Sie zeigten verstärktes Interesse an internationaler Kooperation und internationalem Austausch sowie daran, zu einem längeren Aufenthalt zu uns nach Deutschland zu kommen.

Gemeinsam überlegten wir, wie ein solcher Besuch gestaltet sein könnte. Dabei bezogen wir auch Erfahrungen aus bisherigen Besuchen mit ein. So stellten wir fest, daß es gleichermaßen hilfreich und schwierig sei, vor einem Besuch Erwartungen und Zielsetzungen zu besprechen und festzulegen, – besonders dann, wenn es der erste Aufenthalt im anderen Land sein wird. Allgemeine Ziele könnten z.B. sein: ›Einen Überblick über die Situation der Kriegsdienstverweigerer in der BRD zu erlangen‹ oder ›Die praktische Arbeit im Alltag des ISKD mitzubekommen‹ oder ›Kontakte aufzubauen, um kontinuierlich zusammenzuarbeiten‹ oder ›Die FreundInnen in Arbeit, Freizeit und Leben kennenzulernen‹. Einen wesentlichen Schwerpunkt bei bisherigen Besuchen bildete darüber hinaus, für die antimilitaristische Arbeit eine Öffentlichkeit zu schaffen, indem Veranstaltungen durchgeführt und Gespräche mit verschiedenen politischen Gruppen geführt wurden. Bei all dem hat sich jedoch als wichtig herausgestellt, die Zeit nicht zu überfrachten, sondern gemäß dem Motto ›weniger ist mehr‹ zu planen.

Aber trotz aller Vorüberlegungen ist das Leben immer konkret, und kein ›Plan‹ wird je das ersetzen, was wir gemeinsam erleben. Und jede Reise braucht die Neugier auf einen kleinen ›Sprung ins kalte Wasser‹, bevor wir feststellen, daß wir gemeinsam gegen den Strom der Gewalt schwimmen können, um ihn letztlich umzulenken.

Wir wissen, daß die immer wiederkehrenden Repressionen seitens des türkischen Staates ständig neue Anforderungen stellen, und daß auch die Finanzierung all der gewaltfreien und gemeinsamen Projekte hier wie dort eine andauernde Aufgabe bleiben wird. Trotzdem bleibt unser Weg unser Ziel.

Eine Gruppe handelt

Jan Brauns

Kriegsdienstverweigerung in der Türkei

Der Fall Osman Murat Ülke

Grundrechte gibt es in der Türkei nur, sofern die Interessen des Staates nicht gefährdet werden.[1] Folgerichtig existiert auch kein Recht auf Kriegsdienstverweigerung (KDV), wie es beispielsweise die Menschenrechtskommission der UNO als Teil des allgemeinen Rechts auf Meinungs- und Gewissensfreiheit einfordert. Aber es gibt eine Bewegung zur KDV, basierend auf antimilitaristischen, pazifistischen und anarchistischen Wurzeln und Gruppen.

Osman Murat Ülke ist der erste Kriegsdienstverweigerer (KDVer), mit dem das Militär in die juristische Auseinandersetzung um seine Verweigerung gegangen ist. Verurteilungen und Haftstrafen sind die Folge.

Vor Osman hatten Anfang der 90er Jahre einige wenige Personen öffentlich den Kriegsdienst verweigert. Sie alle wurden – bislang – nicht zum Militärdienst eingezogen. Zwar wurden gegen sie nach § 155 des Türkischen Strafgesetzes vor Staatssicherheitsgerichten Verfahren wegen ›Distanzierung des Volkes vom Militär‹ eingeleitet, aber keines dieser Verfahren endete mit einer Bestrafung. Diese Praxis der Staatssicherheitsgerichte führte 1993 dazu, daß der Oberste Generalstab Verfahren gegen Militärkritiker an sich zog und diese nun vor Militärgerichte gestellt und in Militärgefängnisse gesperrt werden.[2]

Grundlage hierfür sind zwei Regelungen, die zum einen die o.g. ›Distanzierung des Volkes vom Militär‹ nach § 155 unter Strafe stellen und es zum anderen ermöglichen, entsprechende Taten unter der Überschrift ›Vaterlandsverrat‹ als militärische Straftaten vor Militärgerichten zu verhandeln (§ 58 Türkisches Militärstrafgesetz).[3] »Die politische Funktion der Militärgerichtsbarkeit ist in erster Linie: das Militär und die herrschenden militaristische Politik aus dem Bereich des Kritisierbaren zu entrücken.«[4]

Was bisher im Fall Osman Murat Ülke geschah

Osman Murat Ülke war zum 31. August 1995 einberufen worden. Er rückte jedoch nicht freiwillig ein, sondern verbrannte am 1. September 1995 in Izmir öffentlich seinen Wehrpaß und gab folgende Erklärung ab:

»(…) Und ich denke weder daran, einen Militärdienst abzuleisten, noch denke ich daran zu fliehen. Es gibt keinen Grund zur Flucht. Ich halte es für notwendig, daß die Menschen, ohne zu fliehen und ohne sich zu verstecken ihr Recht, nicht zum Militär zu gehen, beanspruchen. (…) Auch wenn ich kein Fahnenflüchtiger bin, sehe ich keinen Sinn darin, mit meinen eigenen Füßen in die Kaserne zu gehen. Im Gegenteil, ich werde jetzt vor Ihren Augen den Wehrpaß verbrennen, den ich nicht als den meinigen betrachten kann. Außerdem werde ich die Mitteilung über den Einberufungsbefehl verbrennen, die sich ebenfalls in diesem Umschlag befindet. (…) Ich bin kein Soldat und werde niemals einer werden. Natürlich bin ich mir darüber bewußt, daß sie mich abholen werden. Aber bis dahin, wie lange das auch immer dauern mag, wird sich an meiner Lebensführung nichts ändern. Sie können mich finden, wenn sie mich mit Gewalt abholen möchten. Aber ich werde auch in der Kaserne bis zuletzt Widerstand leisten und betone noch einmal, daß ich in keinster Weise einen Militärdienst ableisten werde.«

Am 5. September 1995 erließ die Staatsanwaltschaft am Militärgericht des Obersten Generalstabs Haftbefehl gegen Osman Murat Ülke, der aber erst ein Jahr später, am 7. Oktober 1996, vollstreckt wurde. Osman wurde ins Militärgefängnis Mamak, Ankara, gebracht. Vorgeworfen wurde ihm, mit seiner öffentlichen KDV-Erklärung ›das Volk vom Militär distanziert‹ zu haben (§ 155). Es folgte eine sechswöchige Untersuchungshaft, in der er die Unterordnung unter militärische Rituale und Befehle und das Tragen der Uniform konsequent ablehnte. Nach verschärfter Einzelhaft in einer 2m2 kleinen Zelle ohne Tageslicht, Bett und Toilette konnte er schließlich mit einem 24tägigen Hungerstreik ›normale‹ Haftbedingungen durchsetzen; die Haft in Einzelzelle wurde jedoch nicht aufgehoben.

Sofort mit der Verhaftung wurde in der Türkei und in Europa über ›Alarmnetze‹[5] eine Protest- und Solidaritätswelle entfacht. Hunderte schrieben an Osman und an die zuständigen Stellen. Die türkischen FreundInnen kamen später zu der Einschätzung, daß Osmans Hungerstreik, die intensiven Kontakte der AnwältInnen und die nationalen und internationalen Protestbriefe

Solidaritätspostkarte: »Verhaftet: Osman Murat Ülke ...«

zusammen dazu geführt hätten, daß Osman nicht gefoltert wurde und schließlich erträgliche Haftbedingungen erhielt.

Ende November 1996 wurde Osman dann zu ›seiner‹ Einheit nach Bilecik (in der Nähe der Stadt Bursa, Westtürkei) überstellt und dort – nach weiterer konsequenter Befehlsverweigerung – in Arrest genommen. Erneute Protestbriefe führten dazu, daß der Standortkommandant schon nach wenigen Tagen gegenüber den AnwältInnen äußerte, er wolle Osman »so schnell wie möglich« an das Militärgefängnis und -gericht in Eskisehir abgeben, wo er dann den ganzen Dezember einsaß.

Nach einem Verhandlungstag am 27. Dezember 96 forderte das Militärgericht ihn auf, selbständig mit einem öffentlichen Bus zu seiner Einheit nach Bilecik zurückzufahren. Osman fuhr statt dessen nach Istanbul, um eine Pressekonferenz durchzuführen.

Danach lebte er in Izmir einen Monat lang unbehelligt von Polizei und Militär. Ende Januar 1997 wurde er dann erneut verhaftet, als er vor dem Militärgericht in Ankara seine Verteidigung wahrnahm. Dieses Verfahren wegen seiner KDV-Erklärung wurde mit einem Urteil über sechs Monate Haft wegen ›Distanzierung des Volkes vom Militär‹ beendet. Osman ging in Revision vor das Militärkassationsgericht, auch um den Weg zum Europäischen Menschenrechtsgerichtshof offen zu halten.

Von Ankara aus wurde Osman nunmehr direkt seiner Einheit in Bilecik zugeführt, die ihn nach wenigen Tagen erneut ins Militärgefängnis Eskisehir abschob.

Am 6. März 97 wurde er dort wegen ›Fortgesetzten Ungehorsams in der Militäreinheit‹ nach § 87 Militärstrafgesetz zu fünf Monaten Haft verurteilt. Noch während dieser Haftzeit erhob die Militärstaatsanwaltschaft erneute Anklagen:

- Fahnenflucht: Nicht Zurückerscheinen bei der Truppe nach dem 27. Dezember 96 (§ 66 Abs. 1a Militärstrafgesetz, ein bis drei Jahre Haft).
- Versuch, sich durch ›Betrug‹ dem Militärdienst zu entziehen: Die Anklage behauptet, das ›Konzept der Kriegsdienstverweigerung‹ entspräche nicht der gesetzlichen Realität in der Türkei und sei somit ein Versuch, sich auf betrügerische Weise dem Dienst zu entziehen (§ 81 Abs. 1 Militärstrafgesetz, bis zu zehn Jahre Haft).
- Entziehen von der Wehrpflicht: zwischen 1992 und 1995 lagen für Osman keine Zurückstellungsgründe vor, so daß er Militärdienst hätte lei-

sten müssen (§ 63 Abs. 1a Militärstrafgesetz, zwischen vier Monate und zwei Jahre Haft).

- Nichterscheinen zum Einberufungstermin und Fernbleiben vom Dienst: Osman erschien trotz Einberufungsbefehl nicht zum 31. August 95 in seiner Einheit und wurde dorthin Ende November 1996 nach seiner Verhaftung überstellt (§ 63 1b Militärstrafgesetz, bis zu einem Jahr Haft).

Es bleibt hinzuzufügen, daß Osman im Falle der erneuten Überstellung an ›seine Einheit‹ weitere ›Straftaten‹ in Form von ›Fortgesetzter Befehlsverweigerung‹ begehen würde.

Alle seine ›Straftaten‹ beruhen letztlich auf einer ›Tat‹: der Kriegsdienstverweigerung, die für Osman eine Entscheidung für das Recht auf Leben ist: »Das Töten einer Person ist der offensichtlichste Weg, das Recht auf Leben zu verletzen. Daher ist es für mich nicht nur ein Recht, sondern es ist meine Verantwortung, den Kriegsdienst zu verweigern.«[6] Obwohl in der türkischen Verfassung in Artikel 24 die Gewissensfreiheit verankert ist, können solche Gewissensentscheidungen, wie sie von Osman getroffen wurden, nach § 45 des Militärstrafgesetzes bestraft werden.

Ausblick

Es ist zu befürchten, daß Osman Murat Ülke als erster KDVer in der Türkei die ganze mögliche Härte des (Militär-) Gesetzes, der (Militär-) Gerichte und der (Militär-) Gefängnisse erfahren wird. Zugleich ist aber auch die Bewegung für KDV in der Türkei erstarkt. In sechs Städten haben sich Solidaritätskomitees gegründet. Die Izmirer KriegsgegnerInnen haben weitere Verweigerer angekündigt. Vedat Zencir und Erkan Çalpur haben öffentlich ihre KDV wiederholt.[7]

Zur selben Zeit vergrößern sich die Dilemmas, in denen das türkische Militär steckt: Mehr als 300.000 Wehr- und Fahnenflüchtige werden von ›ganz normalen‹ Familien und FreundInnen unterstützt und versteckt. Viele Frontsoldaten leiden an Traumatisierungen als Täter, Mittäter, Zeugen und Opfer, die unter dem Begriff Vietnam-Syndrom bekannt sind und welche die Wehr- und Kriegsmoral in der Bevölkerung weiter untergraben.[8] Der schon mehr als zwölf Jahre dauernde Krieg in Kurdistan spaltet das Land, zerstört die Wirtschaft und ruft die Forderung nach Meinungs- und Gewissensfreiheit in breiten, nicht zuletzt auch in wirtschaftlichen Kreisen auf den Plan. Und in dieser Gesamtsituation tragen die Prozesse gegen KriegsgegnerInnen, die von der medialen Öffentlichkeit ungewöhnlich stark begleitet werden, genauso zur ›Distanzierung des Volkes vom Militär‹ bei wie die Aktionen der AntimilitaristInnen selber.

Anmerkungen

1) Vgl. Ahmet Hür: Das Militärstrafgesetz in bezug auf die KDV und die Militärgerichtsbarkeit. Dortmund 1995, Anhang 3 (Auszüge aus der Türkischen Verfassung). Siehe dort auch die Regelungen zu Straftaten wie Befehlsverweigerung, Fahnenflucht, Desertion u.a.
2) Die türkischen Militärgerichte sind aus weisungsabhängigen Offizieren, z.T. mit Befähigung zum Richteramt, zusammengesetzt. Sie widersprechen einer Reihe allgemeiner Rechtsgrundsätze. Vgl. Verein der KriegsgegnerInnen Izmir, Ein Gesinnungsparagraph: Art. 155, Izmir 1996, S.7. Deutsche Fassung: Kampagne gegen Wehrpflicht, Zwangsdienste und Militär, Oranienstr. 25, 10999 Berlin, 1996.
3) Vgl. Ahmet Hür, a.a.O.
4) Vgl. ebd., S.8.
5) TeilnehmerInnen des Alarmnetzes werden bei Gefahr sofort informiert, um mit Briefen, Faxen und Aktionen helfend eingreifen zu können. Aufnahme in die Alarmnetze über: DFG-VK Bildungswerk NRW, Braunschweiger Str. 22, 44145 Dortmund oder: Connection e.V., Gerberstr 5, 63065 Offenbach.
6) Kirik Tüfek, Nr. 2/97, S.2, Bezug über Connection e.V.
7) Deren Wortlaut sind abgedruckt in: KriegsgegnerInnen Izmir: Kriegsdienstverweigerung als Menschenrecht und antimilitaristische Position. S.13, deutsche Fassung: Kampagne gegen Wehrpflicht. Berlin 1997.
8) Vgl.: Psychische Störungen nach kriegsbedingten Traumata. In: Kirik Tüfek, Nr. 2/97, S.5.

Ferda Ülker

Unsichtbares Theater

zwischen den Izmirer Stadtteilen Konak und Karsiyaka

Das zentrale Ziel des Vereins der KriegsgegnerInnen Izmir (ISKD) besteht in der Abschaffung des Krieges und aller seiner Ursachen. Daher setzt sich der ISKD naturgemäß mit dem Thema Gewalt auseinander. Daneben strebt der ISKD an, gegen die weit verbreitete militaristische Kultur zur Schaffung einer neuen Kultur des Friedens und der Freiheit beizutragen und alle hierfür sensiblen, offenen Menschen zusammenzubringen. Der ISKD wendet sich gegen autoritäre Strukturen und ist ein antihierarchischer Verein, der sich auf der Grundlage des autonomen Willens des Individuums organisiert. Daher ist es unausweichlich, daß die Mittel des Kampfes dem Ziel entsprechen; der Kampf also mit gewaltfreien Methoden geführt wird.

Vor diesem Hintergrund trafen sich im Vorfeld des 25. November 1995 die AktivistInnen des ISKD und der Frauenkommission des Menschenrechtsvereins Izmir (IHD), um eine gemeinsame Aktion am ›Internationalen Kampftag gegen Gewalt an Frauen‹ zu diskutieren.

Es stellte sich das Problem, daß mit den herkömmlichen Aktionsformen wie öffentliche Presseerklärungen, Flugblätter, Demonstrationen usw. zumeist nur Menschen erreicht werden, die dem Umfeld der VeranstalterInnen angehören. Die Botschaft wird somit an Menschen gerichtet, die deren Inhalt ohnehin kennen und in bestimmten gesellschaftlichen Auseinandersetzungen stehen. Mit unserer Aktion wollten wir diesen gewohnten Rahmen durchbrechen und ein auch für andere Menschen zugängliches Diskussionsforum schaffen. Aus diesen Gründen führten wir am 25. November 1995 – erstmals in der Türkei – eine an Augusto Boals ›Theater der Unterdrückten‹ orientierte Aktion durch und inszenierten ein ›Unsichtbares Theater‹.

Das ›Unsichtbare Theater‹ ist eine Form des politischen Theaters, die das Ziel hat, auf Unrecht und Unterdrückung aufmerksam zu machen und eine Gelegenheit zu schaffen, hierüber in der Öffentlichkeit zu diskutieren. Zu diesem Zweck spielen einige Personen an einem ausgewählten öffentlichen Ort eine zuvor vorbereitete Szene – allerdings ohne daß diese als Theaterszene angekündigt oder als solche erkennbar, sichtbar ist. Durch die Szene soll sich entweder direkt eine Diskussion mit PassantInnen ergeben, oder aber diese wird anschließend von anderen MitspielerInnen initiiert.[1]

Bei unserer Aktion war das vorbereitete Szenario die sexuelle Belästigung einer Frau durch einen Mann. Es wurde von uns zweimal auf der Fähre zwischen den Izmirer Stadtteilen Konak und Karsiyaka aufgeführt, einmal während des Berufsverkehrs und einmal am ebenfalls verkehrsreichen Samstagvormittag. Die Belästigung wurde jeweils eine Weile lang gespielt. Die Reaktion der belästigten Frau wurden immer deutlicher, so daß der Vorgang zunehmend die Aufmerksamkeit der PassantInnen auf sich lenkte. Schließlich schrie die Frau laut auf und entfernte sich vom Schauplatz, daraufhin verschwand auch der Belästiger, denn die Diskussion sollte sich nicht auf die betreffenden SchauspielerInnen konzentrieren, sondern sich allgemein mit dieser Problematik beschäftigen.

Die restlichen MitspielerInnen waren unauffällig zwischen den anderen Fahrgästen verteilt und warteten gespannt darauf, ob seitens der PassantInnen eine Reaktion erfolgen würde. Nach deren anfänglichem Schweigen begannen die anderen MitspielerInnen gemäß ihren vorher festgelegten Rollen, lautstark untereinander zu diskutieren. Einige der Argumentationsmuster lauteten: ›Das ist bloß Einbildung der Frau‹, ›Die Männer sind immer so‹, ›Wenn die Frau nicht provoziert hätte, wäre das nicht passiert‹ usw. In kleinen Diskussionsgruppen wurden jeweils konträre Positionen vertreten; dabei achteten die SchauspielerInnen darauf, auch die übrigen PassantInnen in die Diskussion mit einzubeziehen.

Unsere größte Befürchtung war, daß die PassantInnen, die nicht darüber in Kenntnis gesetzt wurden, daß es sich um Theater handelte, sich nicht in die Diskussion einmischen und wir somit unter uns bleiben würden. Aber vor allem am zweiten Aufführungstag konnten wir erleben, wie unbegründet unsere Sorgen gewesen waren. Vielmehr schienen die Menschen auf einen kleinen Funken gewartet zu haben. Eine Reihe von Reisenden äußerte sich zum Thema. Während die meisten sich darüber empörten, wie häufig derartige Belästigungen seien, und berichteten, wie sie selbst in ähnlichen Situationen reagierten, wiesen andere die Schuld den Frauen zu. Eine sehr alte und genausogut gepflegte Dame erzählte zum Beispiel, Derartiges sei ihr in ihrem ganzen Leben nicht passiert, und verteidigte die Behauptung, daß die betreffenden Frauen die Männer zu diesem Verhalten einladen würden. Selbst nachdem verkündet wurde, daß es sich um ein Theater gehandelt habe und die

Gründe dafür bekanntgegeben wurden, ging eine andere Frau auf das zuvor Gesagte ein und meinte: »Egal, selbst wenn das ein Spiel war, ist das ein wichtiges Thema, lassen Sie uns weiter diskutieren!«

Eine Sprecherin setzte dem Spiel ein Ende und klärte die Reisenden darüber auf, daß der Belästigungsvorfall eine Theateraufführung war und erläuterte den Hintergrund des 25. November. Während wir die mitgebrachten Flugblätter zum Thema verteilten, begann eine Diskussion mit dem Fährenpersonal. Die Arbeiter hatten noch nicht realisiert, daß es sich um ein Spiel handelte und bestanden darauf: »Nein, das war kein Spiel, wir haben es mit unseren eigenen Augen gesehen, die Dame wurde belästigt.« Als sie bemerkten, daß es sich um ein Spiel mit einer Vielzahl von TeilnehmerInnen handelte, wuchs ihr Ärger. Mit aufgeregten Gesichtern und wütenden Stimmen meinten sie, mit so etwas sei nicht zu spaßen, sie hätten bereits darüber nachgedacht, den Belästiger zu verprügeln oder die Polizei zu alarmieren. Unterdessen rief ein älterer Fährenarbeiter den männlichen Passagieren zu, die unsere Flugblätter entgegennahmen: »Nehmt sie nicht, das ist eine Provokation der Frauen!«

Zu Beginn des Aktionstages waren wir neugierig gewesen, inwieweit es uns gelingen würde, mit einer neuen Aktionsform andere Menschen anzusprechen. Am Ende waren wir erfreut über den insgesamt positiven Verlauf.

Übersetzung ins Deutsche: Deniz Yücel

Anmerkung

1) Vgl. Augusto Boal: Theater der Unterdrückten, Frankfurt 1979.

Figen Yücel

Die Erlasse gehören dem Staat, die Universitäten uns

Die StudentInnenbewegung in der Türkei und die Gewaltproblematik

Der Militärputsch vom 12. September 1980 hatte die Linken zerschlagen. Das Militärregime schuf, in der Absicht, die Inhalte der universitären Bildung und die StudentInnen zu vereinheitlichen und zu kontrollieren, die Kommission für Hochschulwesen (YÖK). In den abgenutzten Korridoren und den Betongärten der Universitäten der Militärdiktatur begann eine über Jahre hinweg dauernde Phase des Schweigens und der Entmutigung. Erst im Semester 1995/96 wurden für die StudentInnen auf dem Weg zur Organisierung und Massenbewegung die ersten wichtigen Schritte nach dem Putsch erzielt.

Seit 1980 hat die Polizei jedes Aufkeimen von sozialem Widerstand unter dem Deckmantel der ›Terrorismusbekämpfung‹ zu unterdrücken versucht. Daß sie dabei zunehmend an Stärke gewinnt und an Scham verliert, hat sehr viel mit der wachsenden Unterstützung seitens der Faschisten zu tun. Dies macht sich auch in den Universitäten deutlich bemerkbar. Als Linke bekannte StudentInnen werden an den Ausgängen der Schulen grundlos festgenommen, um auf eine mit Schlägen angereicherte Stadttour im Polizeiwagen mitgenommen und dann entweder irgendwo in der Stadt ausgesetzt zu werden oder die Nacht auf dem kalten Steinboden einer Zelle zu verbringen. Bei jeder Aktion der StudentInnen versprechen die Beamten »nicht anzugreifen«, können sich aber »dann doch nicht halten« und schlagen erbarmungslos auf die StudentInnen ein. Während aufgrund der ›strengen‹ Durchsuchungen am Eingang manche StudentInnen noch nicht mal mit legalen Presseerzeugnissen auf das Universitätsgelände gelassen werden, ist es der Universitätsleitung unerklärlich, wie andere, teilweise NichtstudentInnen, mit Knüppeln, Messern und Pistolen die Kontrollen passieren können. Und daß nach faschistischen Angriffen nicht die AngreiferInnen sondern die Angegriffenen selbst von der Polizei festgenommen werden, werden als bedauerliche Mißverständnisse hingestellt.

Als im Semester 1995/96 zu der durch die Zusammenarbeit zwischen der YÖK, der Polizei und den Faschisten angespannten sozialen und akademischen Situation die Erhöhung der Studiengebühren um 350% hinzukam, wurde eine Unterschriftenkampagne gegen die Gebührenerhöhungen eingeleitet, und am 20. Oktober 1995 übergaben 3.000 StudentInnen eine Liste mit 350.000 Unterschriften an das Parlament und legten damit den Grundstein für die ›Koordination der StudentInnen‹.

»Die Erlasse gehören dem Staat, die Universitäten uns!«, »Polizei raus, Wissenschaft rein«, »Autonome, demokratische Universität«, »Kostenlose Gesundheit, kostenlose Bildung«, »Geld für Bildung statt Geld für Krieg« sind einige der häufigsten Sprechchöre und verdeutlichen Motive der StudentInnen: Der Traum von einer freien Universität, in der allein die StudentInnen und Lehrbeauftragten über die akademischen und wissenschaftlichen Belange gemeinsam beraten und gleichermaßen entscheidungsberechtigt sind.

Leider finden sich nicht alle StudentInnen, die diese Forderungen erheben, auf Basis einer gemeinsamen Organisierung oder auch nur zu gemeinsamen Aktionen zusammen. Von der ›Plattform der StudentInnen‹ und der ›StudentInneninitiative‹, die sich aus AnhängerInnen von verschiedenen linken Organisationen zusammensetzen und in ihrem Selbstverständnis, ihren Entscheidungsstrukturen und Aktionsformen die Universitätsorganisationen dieser Gruppierungen darstellen, unterscheidet sich die ›Koordination der StudentInnen‹ mit ihren Aktionen des zivilen Ungehorsams und des gewaltlosen Widerstands sowie in ihrem Anspruch und ihrem Bemühen, von politischen Organisationen unabhängig und basisdemokratisch zu sein.

Von den Individuen zu den Fronten, von den Fronten zur Koordination
Der Staat kriegt keinen feuchten Dreck!

Die Koordination der StudentInnen wurde mit dem Ziel gegründet, eine das Initiativrecht des einzelnen achtende, antihierarchische und demokratische, unabhängig von den politischen Organisationen agierende Massenbewegung der StudentInnen ins Leben zu rufen. Der gestellte Anspruch sollte durch föderative Struktur verwirklicht werden, die auf in den einzelnen Fakultäten der jeweiligen Universitäten gebildeten Basisgruppen (›StudentInnenfronten‹) basieren sollte. Dieses Organisationsmodell unterschied sich deutlich von den traditionellen Modellen der Linken.

Eines der wesentlichen Probleme innerhalb der Koordination bestand in den beiden großen Fraktionen, die, beide aus der selben politischen Tradition kommend, mittlerweile getrennte Wege gehen.[1] Sie verfügen innerhalb der Koordination etwa über die gleiche Größe und betrachten sich als Avantgarde und Sprecher der Bewegung. Der Grundsatz, die Koordination nicht zur Nebenorganisation bestehender politischer Gruppen zu machen, wird hier durchlöchert. Aber die Koordination hat zumindest mit ihrem Anspruch, Entscheidungen nach den Prinzipien der Basisdemokratie, der Dezentralität und des imperativen Mandates zu treffen und ihrer Reflexion der gewaltlosen Aktionen, ihrer Offenheit zu Diskussionen, Kritik, Vorschlägen und alternativen Ideen, das Potential, zum angestrebten emanzipatorischen Punkt zu gelangen. Von ihren Methoden der gewaltlosen Aktion und des Ungehorsams und (einer in diesem Land selten anzutreffenden) Kreativität der Aktionen können positive Wirkungen auf die gesamte Linke ausgehen. Die Aktionen der ›Koordination‹ tragen jedenfalls die Kraft der Phantasie als einen Schlüssel, mit dem alle Türen geöffnet werden können, ständig bei sich. Im folgenden einige ihrer Aktionen (von denen manche in der Türkei eine Premiere waren):

Die Aktion Gebührenboykott und Annullierung der StudentenInnenkredite

Diese Aktion der Nichtzusammenarbeit war die erste ihrer Art in den Universitäten. 500 StudentInnen erklärten öffentlich, daß sie die Gebühren nicht zahlen werden. Ferner annullierten etwa 100 StudentInnen die vom Staat gegebenen Kredite. Die Protestaktion endete mit der Parole: »Weder Gebühren, noch Kredit. Der Staat kriegt von uns keinen Dreck!«

Die Verleihung der ›Arschlochnelke‹

Der erste Vorsitzende der Kommission für Hochschulwesen, Ihsan Dogramaci, wurde von der Koordination der StudentInnen Istanbul für seinen Verdienst, die wissenschaftliche und akademische Qualität der Bildungsinstitutionen ›zugeschissen‹ zu haben, mit der ›Arschlochnelke‹ ausgezeichnet. Sie wurde ihm am 31. Oktober 1995, wenige Tage nachdem er von der Regierung mit dem ›Großen Staatsorden‹ ausgezeichnet worden war, verliehen. Diese Aktion war beispielhaft dafür, daß gegen Institutionen und VertreterInnen des Staates auch Satire ein wirkungsvolles Mittel sein kann.

Kollektive Beschwerde an das Kassationsgericht

Am 27. März 1996 kamen aus verschiedenen Universitäten 4.000 StudentInnen in Ankara zusammen und legten mit der Begründung, die Gebührenerhöhung sei verfassungswidrig, Beschwerde vor dem Kassationsgericht ein. Im Anschluß erfolgte eine Demonstration zum Bildungsministerium, mit der Forderung nach Zulassung der Rückmeldung aller StudentInnen, denen aufgrund von nicht bezahlten Studiengebühren diese verweigert worden war.

Transparentaktion im Türkischen Parlament

Acht StudentInnen aus Ankara, denen aufgrund der Nichteinzahlung der Gebühren die Rückmeldung verweigert worden war, öffneten am 29. Februar 1996 während einer Parlamentssitzung auf den ZuschauerInnenrängen ein Transparent ›Keine Studiengebühren!‹. Sie wurden festgenommen und gefoltert. Später wurden unter Bezugnahme auf unter Folter zustandegekommenen Aussagen Haftbefehle erlassen. Im Prozeß reichten die bei Hausdurchsuchungen gefundenen ›funktionsbereiten Molotowcocktails‹ – trotz aller Zeugenaussagen, die berichteten, die Polizei habe die ›Beweisstücke‹ selbst plaziert – zu Verurteilungen wegen ›Mitgliedschaft in einer illegalen bewaffneten Organisation‹. Vier der Angeklagten erhielten 18 Jahre und 20 Monate, einer zwölf Jahre und sechs Monate und drei 3 Jahre und 9 Monate Zuchthaus.

Die ›A4-Aktion‹

Diese Besetzungsaktion war von der Revolutionären Jugend (DG) vorgeschlagen worden und sollte folgende vier Sofortforderungen aufgreifen (daher ›Acil 4‹, dt. ›Sofortige 4‹): Wiederaufnahme aller StudentInnen; Abschaffung der Studiengebühren und der Kommission für Hochschulwesen; Mitsprache- und Entscheidungsrecht für die Betroffenen; Stopp der Privatisierungen im Bildungs- und Gesundheitsbereich. Im Vorfeld wurden über Presseanzeigen Zeitpunkt, Gründe und Form bekanntgegeben. Allerdings kam es in der Vorbereitung zu heftigen Diskussionen über Form und mögliche Konsequenzen der Aktion. So spiegelten die Diskussionen im Plenum der Basisgruppen weniger die allgemeine Tendenz denn die Standpunkte der DG und der ÖDP wider. Schließlich kam der Beschluß zur Durchführung der Aktion in genannter Form zustande. Mit dem konkreten Ziel, drei Tage lang eine alternative Universität ins Leben zu berufen, versammelten sich am 24. April 1996 500 StudentInnen auf dem Beyazit-Platz unmittelbar vor dem Universitätsgelände. Allerdings mißlang das Vorhaben, die Polizeisperre zu überwinden und in die Universität zu gelangen. Die Kader der DG, die auch während der Aktion die Initiative in der Hand hielten, beschlossen hierauf eine Demonstration durchzuführen, die nach einem Angriff der Polizei mit Festnahmen und Verletzten endete.

Die internen Auseinandersetzungen im Vorfeld der Aktion führten nicht nur zu verschärften Spannungen zwischen beiden Fraktionen, sondern auch dazu, daß viele unabhängige StudentInnen enttäuscht Abstand nahmen. Einige der Basisgruppen erklärten sogar ihren Ausstieg aus der Koordination.

Die Universitäten der StudentInnen

Die Universität ist ein Lebensbereich und gehört den StudentInnen, Lehrbeauftragten und denen, die ihr Gehalt von der Universität, nicht vom Polizeipräsidium beziehen. Folglich müßten sie auch diejenigen sein, die über ihre Angelegenheiten das Entscheidungsrecht haben. Die StudentInnen erklären, was für eine akademische Struktur sie wollen: eine autonome, demokratische Universität. Sie wollen den Staat dazu bringen, sie als Konfliktpartei anzuerkennen und sich mit ihnen an einen Tisch zu setzen. Und, es geht nicht nur um die Universitäten; von der Grundschule auf ist das ganze Bildungswesen mit der Ideologie der Putschisten besetzt, reicht die Invasion der Polizei auf dem Bildungssektor mitsamt allen Übergriffen, Festnahmen und Folter.

Am 6. November 1996 griffen 5.000 PolizistInnen etwa 1.000 StudentInnen an, die sich anläßlich des 15. Jahrestages der YÖK-Gründung auf dem Zentralcampus der Universität Istanbul versammelt hatten. Die Polizeiaktion war von einer erschreckenden Brutalität gekennzeichnet; es gab über 600 Festgenommene und etwa 100 Einlieferungen ins Krankenhaus. Die Fernsehbilder von StudentInnen, die, von den Polizeischildern zusammengedrückt und mit Knüppeln geschlagen, versuchten, sich durch gegenseitiges Festhalten vor Schlägen zu schützen, riefen sogar bei BürgerInnen Empörung hervor, die sich ansonsten in nichts einmischen. Daß die Familien anschließend nicht zu Hause in Verzweiflung und Befürchtungen auf ihre Kinder warteten, sondern in den Polizeistationen und Gerichtsgebäuden, dort händeklatschend protestierten und »Diese Kinder sind unsere Würde« skandierten, zeigt, daß ein wichtiger gesellschaftlicher Veränderungsprozeß in Gang gesetzt ist. Der im folgenden von ihnen gegründete Elternverein ist daran ausgerichtet, Partei zu ergreifen in einem Konflikt, dessen Existenz von einer Seite geleugnet und mit Gewalt unterdrückt wird und wie auch in vielen anderen Ländern beeinflußt die StudentInnenbewegung die allgemeine Entwicklung der Opposition.

Die Koordination ist nicht gewaltfrei. Man kann sagen, daß viele ihrer AktivistInnen das Aktionsprinzip Gewaltlosigkeit als ein taktisches Mittel zur Agitation unpolitischer StudentInnen und zur Legitimierung der Bewegung in der Öffentlichkeit betrachten. Jedoch ist mit der Koordination, die den Anspruch stellt, sich als ›Werkstatt‹ zu begreifen, ein Lernprozeß in Gang gesetzt. Es ist möglich, daß sich hieraus eine gewaltfreie, basisdemokratische StudentInnenbewegung entfaltet. Der begonnene Prozeß drängt die Bewegung dazu, die aufgeworfenen Begriffe zu füllen und die gestellten Ansprüche umzusetzen.

Übersetzung ins Deutsche: Deniz Yücel

Anmerkung

1) Anmerkung des Übersetzers: Gemeint ist der ›Revolutionäre Weg‹ (Devrimci Yol), der vor dem Putsch die linke Organisation mit der größten Massenbasis war. Seit Anfang 1996 hat sich ein großer Teil der früheren Dev Yol-AktivistInnen gemeinsam mit anderen linken Gruppen in der Partei für Freiheit und Solidarität (ÖDP) zusammengeschlossen. Die genannten Fraktionen sind die ›Revolutionäre Jugend‹, die sich in der Tradition der Dev Yol versteht und die ÖDP, deren Mitglieder an den Universitäten zwar als Gruppe, aber nicht als Parteijugend operieren.

Jörg Rohwedder

Delegationen in die Türkei

Verschiedene Gliederungen der DFG-VK in Zusammenarbeit mit Connection e.V., der Kampagne gegen Wehrpflicht, Zwangsdienste und Militär und der Föderation Gewaltfreier Aktionsgruppen (FÖGA) haben in den vergangenen Jahren mehrfach Delegationen in die Türkei entsandt. Diese hatten unterschiedliche und gemeinsame Zielsetzungen. So entsandten wir Delegationen, um Prozesse zu beobachten, ein Mitglied des ISKD nach einem Auslandsaufenthalt nach Hause zu eskortieren, auf Veranstaltungen unsere Solidarität zu bekunden und um Daten über die Menschenrechtssituation in Hinblick auf Kriegsdienstverweigerung zu sammeln.

Mit den Prozeßbeobachtungen soll in der Türkei und im Ausland die Öffentlichkeit auf die laufenden Prozesse und die politischen Bedingungen aufmerksam gemacht werden. Den Betroffenen, die von hohen Haftstrafen bedroht sind, wird Solidarität gezeigt und Mut gemacht. Die Delegationen zeigen den türkischen Behörden, daß es die kritische Beobachtung einer internationalen Öffentlichkeit gibt. Wir wissen, daß die Regierung der Türkei die Presse im Ausland sehr genau zur Kenntnis nimmt. Unsere Abordnungen haben immer auch die Botschaften der Länder, aus denen die Teilnehmenden kamen, über unsere Absichten und Beobachtungen informiert; bestenfalls fließt so später ein Teil dieser Informationen über Berichte der Botschaft in die Heimatländer zurück und kann von uns als offizielle Informationsquelle besonders gegen Abschiebungen benutzt werden.

Über die Ziele einer Prozeßdelegation hinaus dienen die anderen Arten von Delegationen dazu, fundierte Informationen über die Situation von AntimilitaristInnen und Kriegsdienstverweigerern ins europäische Ausland zu bringen. Die Informationen stehen dann zum einen der interessierten, politischen Öffentlichkeit zur Verfügung. Zum anderen können sie so aufbereitet werden, daß sie die Grundlage für Stellungnahmen von amnesty international, Connection e.V. oder DFG-VK in laufenden Gerichtsverfahren über Asylanträge bilden. In einigen Fällen konnte mit solchen Stellungnahmen eine drohende Abschiebung verhindert werden. Delegationen können für die Organisationen in der Türkei ferner die Funktion haben, Gespräche bei Organisationen über die Themen Kriegsdienstverweigerung, Antimilitarismus und Gewaltfreiheit zu führen, die ohne Gäste schwerer möglich wären.

Wir haben in den vergangenen Jahren für Delegationen Bedingungen entwickelt, die sie effektiv machen und sie mit den Überlegungen von gewaltfreier Aktion verbinden.

Grundsätzlich sollte eine solche Delegation international zusammengesetzt sein. Sie findet so eher öffentliche Beachtung und kann den Vorwurf der fehlenden Neutralität leichter entkräften. Zudem schützt der Rückhalt mehrerer Botschaften die Teilnehmenden stärker vor den möglichen Repressionen. Wir konnten für unsere Delegationen jeweils Personen aus mindestens zwei Nationen finden; dabei handelte es sich bisher um WesteuropäerInnen aus Dänemark, Deutschland, Frankreich, Griechenland, Großbritannien, den Niederlanden, Österreich und Spanien.

Die Initiative für eine Delegation kann von beiden Seiten ausgehen. Sie sollte aber unbedingt mit ausdrücklicher Zustimmung, in guter Absprache und gleichberechtigter Kooperation mit den Betroffenen stattfinden.

Im Sinne gewaltfreier Prinzipien handelt die Delegation öffentlich. Unser Gegenüber soll sich auf die Situation und unsere Aktion einstellen können. Dieses Gegenüber kann uns Vertrauen schenken, weil wir nichts Subversives zu tun beabsichtigen. Öffentlichkeit ist dabei Ziel und Mittel unserer Arbeit, und sie stellt einen gewissen Schutz gegenüber staatlicher Willkür dar. Spätestens kurz vor der ersten Aktion bzw. dem zu beobachtenden Gerichtsprozeß werden die türkischen Behörden über das Ziel und den Ablauf der Delegation informiert. Wir haben dazu jeweils Selbstverständniserklärungen formuliert, die an die entsprechenden offiziellen Stellen in der Türkei und der BRD gefaxt wurden.[1] Die Delegationsteilnehmenden sollten sich gemeinsam angemessen vorbereiten.[2] Wir empfehlen dazu mindestens ein gemeinsames Wochenende. Dort werden Kenntnisse über die politische Situation vermittelt; die Teilnehmenden tauschen sich über ihre Motivationen, Hoffnungen und Ängste aus und stellen sich auf die Anforderungen der Betroffenen sowie der sie vertretenden Solidaritätsgruppen ein. In der Vorbereitung werden mögliche kritische Situationen besprochen und ein konsensorientiertes, gewaltfreies Handeln innerhalb der Gruppe geübt. Wir hoffen, so den Problemen, die wir mit den ersten Delegationen hatten, vorzubeugen. Sie resultierten zum überwiegenden Teil aus einer nicht ausreichenden Vorbereitung und schlechtem Informationsfluß. Mit den Qualifizierungsseminaren bilden wir einen Pool von Leuten, die bei Bedarf zu reisen bereit sind.

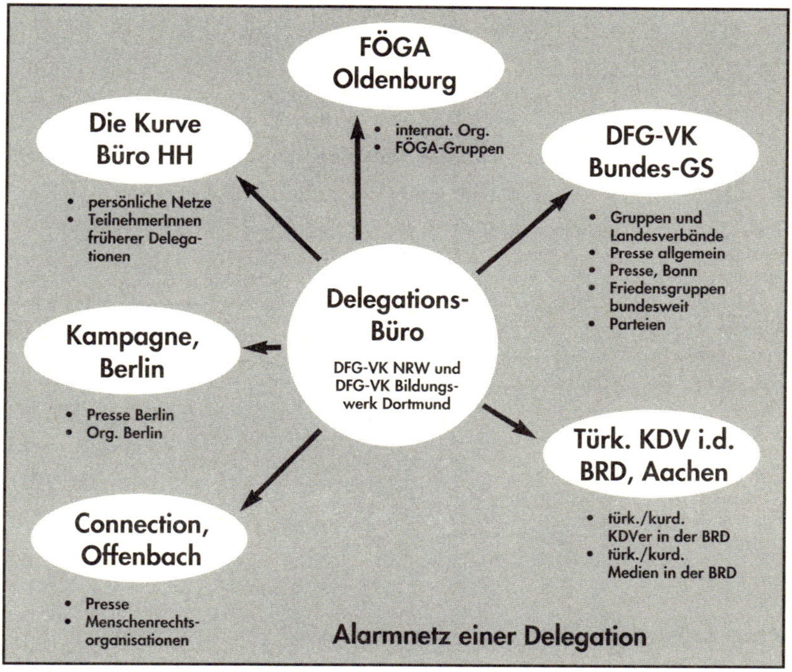

Für jede Delegation gibt es als zentrale Anlaufstelle ein ständig erreichbares Delegationsbüro außerhalb der Türkei, mit dem sie täglich sowie bei Bedarf zusätzlich konferiert. Dort wird ein Alarmnetz verwaltet. Ein Alarm wird ausgelöst, wenn für die Teilnehmenden oder für FreundInnen in der Türkei Unterstützung in einer schwierigen Situation z.B. einer Verhaftung notwendig ist. »In Vorbereitung der verschiedenen Delegationen haben wir stets solch ein Alarmnetz aufgestellt, das sich im Laufe der Erfahrungen weiter ausbauen und ergänzen ließ. Grundsätzlich läßt sich sagen, daß ein Alarmnetz alle relevanten Ebenen abdecken muß, möglichst viele PartnerInnen informieren und einbeziehen« soll.[3] Hierzu zählen insbesondere Menschenrechtsorganisationen und FunktionsträgerInnen aus Parteien, von der PDS bis zur CDU. Sie alle werden vor der Delegation über deren Hintergründe, Ablauf und Ziele informiert. So können sie im Falle einer urgent action schnell reagieren und Protestbriefe und -faxe versenden. Für die Reisenden hat unser Netz jeweils ein oder zwei direkte und dauernd erreichbare AnsprechpartnerInnen. »Aus dem Ausland Informationen zu senden oder sogar einen Hilferuf, ist für die Reisenden nur an eine oder zwei Personen möglich. Ersatzkontakte müssen vorher klar sein. Diese Person muß zuverlässig erreichbar sein und die Möglichkeit haben, schnell andere Kontaktpersonen gut zu informieren, die dann wiederum die nächsten informieren oder die verabredeten Aufträge erledigen wie z. B. die Pressearbeit etc.«[4] Welche Ebenen ein Alarmnetz ansprechen kann und welche Aufträge sich daraus ableiten, verdeutlicht die dokumentierte Grafik.

Alle Arten von Delegationen haben großen Wert für die internationale Kooperation. Kontakte werden gepflegt und intensiviert; Vertrauen kann aufgebaut werden und wachsen; gemeinsam kann die Lage diskutiert, können neue Ideen entwickelt und künftige Aktivitäten geplant werden. Nach der Heimkehr können die Teilnehmenden hiesige UnterstützerInnen und Organisationen sowie die Öffentlichkeit auf den aktuellen Stand bringen. Mit der Zeit wächst so in allen beteiligten Gruppen ein Gefühl dafür, was internationale Kooperation zwischen Friedensgruppen bewirken kann und wie internationale Öffentlichkeit – neben anderem – die Spielräume für gewaltfreie Arbeit vergrößern hilft.[5]

Anmerkungen:

1) Ein Vorschlag für eine Selbstverständniserklärung ist enthalten in: DFG-VK Bildungswerk NRW e.V.: Internationale Friedensarbeit – Internationaler Friedensaustausch. Erfahrungen und Experimente. Dortmund 1994, S.141.
2) Ein Fragenkatalog zur Vorbereitung von Delegationen ist abgedruckt in: ebd., S.134f.
3) ebd., S.133.
4) ebd.
5) Gleiches gilt für die Besuche von FreundInnen aus der Türkei in der BRD. Vgl. das Kapitel »Das ist doch unser Deutschland! ...« in diesem Buch und Christiane Möcker, Jan Brauns: Der doppelte Blick – Internationale Solidaritätsarbeit mit AntimilitaristInnen in der Türkei. In: antimilitarismus information, Heft 12/1996, S.90ff.

Coskun Üsterci

»Das ist doch unser Deutschland! ...«

Über einen längeren Aufenthalt in der BRD

Eines der wichtigsten Ergebnisse des in der Türkei im Sommer 1993 veranstalteten Internationalen Treffens der Kriegsdienstverweigerer, ICOM, war der Beginn tiefer, herzlicher Beziehungen zwischen deutschen und türkischen AntimilitaristInnen. Im Zuge dieser Annäherung verbrachte Osman Murat Ülke drei Monate in Deutschland und die Freundschaften wurden intensiver. Nachdem Osman mit den Besuchen in Deutschland begonnen hatte und eine Reihe von Gegenbesuchen stattfanden, freute ich mich, als die Idee aufkam, daß auch ich einige Wochen in Deutschland verbringen würde. Das Ziel dieses Besuches war, die Beziehungen zwischen den AntimilitaristInnen beider Länder noch mehr zu verfestigen und zur Vorbereitung des gemeinsam organisierten gewaltfreien Aktionstrainings in Foça beizutragen. Obwohl ich jemand bin, der der deutschen Sprache unkundig ist und bis dahin noch nicht im Ausland gewesen war, habe ich ohne viele Einwände dem Vorschlag zugestimmt.

Für uns TürkInnen ist Deutschland das vielleicht am besten bekannte Ausland. Die sich seit dem Ende des 19. Jahrhunderts entwickelnden Beziehungen unserer beiden Länder hatten zunächst einen politisch-wirtschaftlichen Schwerpunkt, der in den 60er Jahren mit der Arbeiterauswanderung einen ganz anderen, nämlich sozio-kulturellen Charakter annahm. Die Spötteleien über die zum Urlaub in die Türkei kommenden, mit Transistorradios herumlaufenden Deutschland-Türken haben in meinem Kindheitsgedächtnis einen wichtigen Platz eingenommen. Während der Schulzeit, wenn wir uns faul gaben, wurde uns der Fleiß der Deutschen als Vorbild hingestellt. Bevor die Zahl der Provinzen in der Türkei aus Kriegsgründen und politischen Erwägungen erhöht wurde, wurde von Deutschland als der 67. Provinz gesprochen. Aus Interesse an der Politik, der Philosophie, sogar des Sportes und anderen Gründen waren Deutschland und die deutsche Kultur mir persönlich ziemlich nahe. Hegel, Marx, Luxemburg, Hitler, Brecht, Gerd Müller, Fassbinder und andere Namen haben auf mein Leben eine beträchtliche Wirkung gehabt. Kurzum, das Land, in das ich fahren sollte, »ist doch unser

Deutschland! ...« Dennoch bin ich anfangs aufgeregt und ängstlich gewesen, weil ich schließlich einer mir fremden Kultur begegnen sollte.

Am Flughafen in Deutschland wurde ich bei der Paßkontrolle nach meinem Ausweis gefragt und grüßte wie alle anderen auch die ihren Dienst leistenden Beamten. Das Flugzeug, mit dem ich eingetroffen war, war voll mit Arbeitern und deren Familien gewesen. Als ich an die Reihe kam, wurde ich trotz meines türkischen Passes aufgrund meiner sich von den anderen unterscheidenden körperlichen Erscheinung und Bekleidung mit mehr Achtung und Schnelligkeit bearbeitet. Dabei stand ich mit meiner Befürchtung da, wie ich mit meinem wenigen gebrochenen Englisch meine Anliegen erzählen sollte. Aufgrund dieser Behandlung dachte ich, daß der Beamtengeist doch überall auf der Welt derselbe sei.

Vom Flughafen aus ging ich zu den FreundInnen in das Büro der DFG-VK und des DFG-VK Bildungswerkes Dortmund, wo die für mich vorbereitete Empfangsfeier in einer herzlichen, warmen Atmosphäre verlief und all meine Spannung von mir genommen wurde.

Meine erste Wahrnehmung war, daß das DFG-VK Büro hier eine andere Erscheinung von Büro ist, als ich sie aus meinem Land, den mir gewohnten Vereins-, Gewerkschafts- und Parteibüros her kenne. Von der technischen Ausstattung, der Einrichtung und dem intensiven Tempo der Arbeitenden war es das Bild eines ›echten‹ Büros. Im Gegensatz zu unseren Büros gab es weder den Eindruck eines Ortes des Müßigganges, noch den eines Lokals mit lautem Gedränge. Diese Unterscheidungen sind, vermute ich, kleine Indikatoren unseres unterschiedlichen politischen Stils.

Während des Aufenthaltes in Deutschland war für mich einer der unangenehmsten Momente die erste Veranstaltung im Rahmen eines für mich vorbereiteten Programms, an der ich als Redner teilnahm. Ich bin Mitglied eines Volkes, das – wie Nazim Hikmet es ausdrückt – »das Reden begierlich liebt«. Aber ich hatte vor der Veranstaltung wegen unzureichender Übersetzung nicht klären können, was ich auswählen sollte und was interessant für die ZuhörerInnen wäre. Deswegen bestand fast die Gefahr, daß ich mit meinem langen, ermüdenden Vortrag die sowieso wenigen ZuhörerInnen vertriebe. Doch sie waren stur und geduldig. Sie liefen nicht weg. Es war für mich ein Schock, als dann nach der Rede auf den Tisch geklopft wurde, um mir zu applaudieren. Ich dachte, es sei Protest. Dann erfuhr ich, daß diese Geste in Deutschland einen ganz anderen, positiven Inhalt trägt – im Gegensatz zu unserem Verständnis.

Einer der freudigsten Momente dagegen war die Teilnahme an einer religiösen Feier aus Anlaß des St.-Martin-Tages in Frankfurt. Ich fuhr nach Frankfurt, weil ich Rudi Friedrich, den ich vom ICOM-Treffen kannte, besuchen wollte. Ein Teil des Reiseprogramms beinhaltete, mit Rudi einige Tage in Offenbach zu verbringen. Bevor ich in das Haus meines Freundes ging, gab es in Frankfurt einen weiteren Programmpunkt. Es war die Teilnahme an einer religiösen Feier einer protestantischen Kirchengemeinde, der die dort lebenden FranzösInnen angehören. Der Pfarrer hatte meinen Freund gebeten, mit seiner Gruppe in der Feier aufzutreten. Als die Musik anfing, war ich überrascht; ich wußte gar nicht, daß Rudi so gut Trompete spielt. Es war ein kalter Herbstabend. Im Garten der Kirche wurde köstliches Gebäck gegessen und mit warmem Wein wärmten wir uns auf. Es war alles sehr interessant für mich. Ich wollte nicht die kleinste Kleinigkeit außer acht lassen. Während die Kinder in ihren Händen schöne Laternen trugen, fiel es mir schwer, mich nicht von ihrer Begeisterung anstecken zu lassen. Mit meiner ganzen Aufmerksamkeit wollte ich das Geschehen bis zum Ende beobachten.

Etwas später wurde ein Pferd hereingeholt und es tauchte eine Gruppe von Kindern auf, die römische Kleidung trugen. Wenig später wurde auf der Straße ein Festzug gebildet. Ganz vorne befanden sich die Musikgruppe und religiöse Fahnen. Hinter ihnen kam ein auf dem Pferd reitendes, schönes, junges Mädchen zusammen mit römischen Kriegern, die Fackeln in der Hand trugen. Ganz am Schluß liefen die Familien mit ihren Kindern mit den aus Papier hergestellten Lampen. Ich bekam auch eine Lampe in die Hand gedrückt, begab mich zwischen sie und wir liefen alle zusammen durch die Straßen. Es machte mich glücklich, an dieser Feier teilzunehmen. Ich fühlte mich überhaupt nicht fremd. Die Leute um mich herum waren ebensowenig befremdet über mich. Auf der anderen Seite hatte ich aber auch ein trauriges Gefühl in mir. Bis vor kurzem waren auf dem Boden, auf dem ich lebe, ebensolche Feierlichkeiten als Mosaikstücke einer christlichen Kultur durchgeführt worden. In 70 Jahren, also in kurzer Zeit, wurde die Mehrzahl der Kulturen, die diese Mosaikstücke geschaffen hatten, ausradiert, ja nicht einmal eine Spur ist davon übriggeblieben. Und den letzten Rest versucht der nun schon seit 13 Jahren andauernde Krieg zu vernichten.

Mit dem für mich vorbereiteten Programm hatte ich das Glück, nahezu die Hälfte Deutschlands, wenn auch mehr den westlichen Teil, kennenzulernen. Ich kann sagen, daß ich das Land mehr durch den Blick von Bahnhöfen kennengelernt habe. Dabei kam mir das Leben in der Umgebung der Bahnhöfe wie der zusammengezwängte Rest in der hintersten Ecke einer Vitrine vor.

Weil ich von der Türkei gewohnt bin, daß sich in der Öffentlichkeit jeder bei jedem in alle Sachen einmischt, gefiel mir anfänglich die allgemeine Unbekümmertheit und Ungebundenheit in Deutschland ziemlich gut. Jedoch, wenn ich noch längere Zeit hätte bleiben müssen, hätte ich vermutlich diese entfremdete, unpersönliche, fremdartige Atmosphäre nicht ausgehalten. Zum Glück haben meine Landsleute das Klima etwas durcheinandergebracht: lautstarke Gespräche, schreiende Dönerverkäufer, Gebäude in ärmeren Vierteln, die zu Moscheen gemacht wurden, Cafés, in denen sich ausschließlich Männer treffen, und dazu die ›Schwarzköpfe‹, – dies alles gibt dem Land Farbe.

Bevor ich anfing zu schreiben, befürchtete ich, daß es mir nach so langer Zeit schwerfallen würde, mich an die Spuren der Reise zu erinnern. Aber mit dem Fortschreiten des Textes merkte ich schnell, daß dies nicht so ist und von wieviel Dingen ich beeinflußt wurde. Wenn der liebe Jörg nicht die Beschränkung gesetzt hätte: »Es soll bloß nicht ein so langer Text wie deine mündlichen Reden werden«, dann hätte ich die Seiten gefüllt. Wie dem auch sei, ich versuche, meinen Text so fertigzustellen, daß es niemanden bedrückt.

Ich denke, daß diese Reise von vielen Seiten her fruchtbar war. Ich glaube, daß ein Mensch den Blick und die Berührung eines Außenstehenden braucht, um die eigene Situation besser verstehen zu können. Ich hatte im Sommer 1994 an einer ›Friedenswerkstatt‹ teilgenommen, die von der zypriotischen Dichterin Nese Yasin und den AktivistInnen des ISKD durchgeführt wurde. Hier trafen verschiedene ›Kulturen‹ aufeinander, Beziehungen wurden geknüpft und wir erlebten, wie schnell Schwierigkeiten und Vorurteile untereinander auflebten. Diese Erfahrungen waren für meine Reise nach Deutschland, die dort geknüpften Beziehungen und für meine weiteren Eindrücke sehr wichtig.

Die Reise hatte auch noch einen anderen Nutzen. Meine Eindrücke haben sich in der Arbeit in Foça widergespiegelt. Das Statuen-Theater, bei dem wir unsere verschiedenen Kulturen gegenseitig kommentiert hatten, war für mich an vielen Stellen des Trainings zum gegenseitigen Verständnis besonders dienlich.[1]

Doch das allerwichtigste sind die durch die Reise neu gewonnenen, ganz besonderen Freundinnen und Freunde ... Sie bringen in mein Leben eine ganz neue Farbe hinein. Ihnen gebührt der Dank, daß wir als Menschen unterschiedlicher Kulturen in Foça eine erfolgreiche Arbeit zustandebrachten.

Trennungen sind jedes Mal schwer. Manchmal ist es für einen Menschen sogar schwer, wenn sich das Schreiben dem Ende neigt, sich vom gedachten Leser zu verabschieden. Der Moment des Abschiedes in Deutschland fiel mir besonders schwer. In solch besonderen Momenten können Worte nicht viel leisten. Aber als ich gerade in das Flugzeug stieg, hatte ich von zwei besonderen Menschen die Stimmen noch immer in meinen Ohren.

Übersetzung aus dem Türkischen: Eray Eryazici

Anmerkung

1) Vgl. das Kapitel »Bilder in unseren Köpfen – Vorurteile und Feindbilder« in diesem Buch.

Holger Isabelle Jänicke

Pflugschar für Kurdistan

Beispiel einer gewaltfreien Abrüstungsaktion

Auslöser für das Projekt ›Pflugschar für Kurdistan‹ war die Verlegung von Alpha-Jet-Flugzeugen aus Oldenburg in die Türkei während des Golfkrieges und der Hinweis, daß diese Flugzeuge aus der Bundeswehr ausgemustert und an die Türkei verschenkt werden sollten. Am Anfang also stand die Empörung darüber, daß Waffenexporte in ein Land, das die Menschenrechte für die kurdischen Provinzen seit August 1990 offiziell suspendierte, vorgenommen werden sollte.

Was also hindert uns, in der Tradition der amerikanischen Pflugschar-Bewegung einen Hammer in die Hand zu nehmen und eines der Flugzeuge, das an die Türkei geliefert werden soll, zu zerschlagen, selber mit der Abrüstung zu beginnen?

Wir fühlten uns zwar gut informiert über den Konflikt in Kurdistan und die Folgen der Waffenexporte, aber um wirklich gewaltfrei eingreifen zu können, brauchen wir einen persönlichen Bezug zum Problem und zu den Menschen.

Vor allem aber braucht die gewaltfreie, eingreifende Aktion eine konkrete Vision. Die Vision der amerikanischen Pflugschar-Bewegung, die wir uns zu eigen gemacht haben, stammt von den biblischen Propheten Jesaja und Micha: »Sie schmieden ihre Schwerter zu Pflugscharen (...) Es wird kein Volk wider das andere das Schwert erheben, und sie werden nicht mehr lernen, Krieg zu führen. Die Menschen sitzen unter ihrem Weinstock und unter ihrem Feigenbaum, und niemand versetzt sie in Schrecken.« Diese Vision mit Leben zu füllen, müßte bedeuten, die Pflugschar-Aktionen (als Versuch der Verhinderung weiterer Waffenexporte) mit dem Aufbau eines konstruktiven Projekts in Kurdistan zu verbinden, das die Folgen der Waffenexporte mindert und zu einer Entfeindung der Menschen beiträgt.

So entstand die Idee einer Reise nach Türkisch-Kurdistan. Aber wir wollten nicht als ›Betroffenheits-TouristInnen‹ fahren, sondern konkrete Hilfe anbieten, die unserem gewaltfreien Hintergrund entspricht.

Die Idee war, nach Menschen zu suchen, die gewaltsam aus ihrem Dorf vertrieben, in den Slums der Städte ohne Perspektive hausen müssen und wieder in ihr Dorf zurückkehren wollen. Mit einer internationalen, in Gewaltfreiheit erfahrenen Gruppe, so dachten wir, müßte es doch möglich sein, solche Menschen in ihr Dorf zurückzubegleiten und das Dorf unter »internationalem, gewaltfreiem Schutz« wiederaufzubauen.[1]

Vom 22. November bis 20. Dezember 1991 flogen wir nach Türkisch-Kurdistan. Vier Wochen lang knüpften wir Kontakte zu Menschen in Ankara, Diyarbakir, Lice und Van und ließen uns von Folter, Entführung, Vertreibung und Mord berichten. Treffen mit Dorfvertriebenen scheiterten jedoch an der allgegenwärtigen Präsenz der Sicherheitskräfte und unserer Angst um die KurdInnen und um uns. Das Projekt Dorf-Rückkehr-Begleitung haben wir nach unserer Rückkehr nach Deutschland aufgegeben, weil wir keinen Weg sahen, wie ein solches Projekt durchgeführt werden könnte. Am Ende unseres Berichtes über diese erste Reise konnten wir trotzdem schreiben: »Als Vorbereitung der Pflugschar-Aktion ist uns die Reise unverzichtbar geworden, denn sie bedeutet die dauerhafte Konfrontation mit dem ständig präsenten Tod in Türkisch-Kurdistan. Wir haben die Opfer vor Augen. Für die KurdInnen ist es eine Frage des Überlebens, ob es uns gelingt, zusammen mit schon bestehenden Gruppen die Exporte dieser Mordwerkzeuge zu stoppen.«

Wir beschränkten uns nun darauf, Solidaritätsarbeit zu leisten, durch Öffentlichkeitsarbeit und vor allem in Form von gewaltfreiem Widerstand gegen Waffenexporte. Durch eine Unterschriftensammlung konnten wir zur Freilassung von 50 inhaftierten KurdInnen aus Van mit beitragen. Wir nahmen uns vor, hin und wieder nach Türkisch-Kurdistan zu fahren, um die einmal geknüpften Kontakte aufzufrischen, neue Kontakte zu knüpfen und uns immer wieder aufs Neue selber ein Bild von der Situation zu machen. In Briefen und Telefonaten versuchten wir, Bundestagsabgeordnete und Ministerien davon zu überzeugen, daß Waffenexporte in die Türkei den Konflikt noch weiter brutalisieren und uns zu MittäterInnen machen. Und wir planten, eine Pflugschar-Aktion öffentlich auf einer der Waffenausstellungen der Bundeswehr am 8. Mai 1992 durchzuführen.

Es wurde März und in Kurdistan begannen die Newroz-Feierlichkeiten – das kurdische Neujahr, gefeiert im Gedenken an die Toten und in der Hoffnung auf Freiheit. Türkische Sicherheitskräfte (Militär, Polizei und Spezial-

Symbol der Aktion ›Pflugschar für Kurdistan‹

einheiten) walzten das Fest nieder, erschossen Hunderte, zerrten Tausende in die Folterkammern und vor Gericht. Fernsehbilder von einem Schützenpanzer der ehemaligen NVA und die öffentliche Empörung führten zum vorläufigen Stopp der Waffenexporte an die Türkei.

Wir setzten daraufhin die Pflugschar-Aktion aus und forderten in Briefen und Telefonaten die endgültige Einstellung der Waffenexporte.

Aber schon am 3. Juni 1992 hob die Bundesregierung das Embargo wieder auf und ließ verlautbaren, man habe von der Türkei die Zusage erhalten, daß deutsche Waffen nicht mehr gegen KurdInnen eingesetzt würden. Tatsächlich hatte der türkische Außenminister lediglich zugesagt, die deutschen Waffen im Einklang mit den neueren NATO-Vereinbarungen einzusetzen. Danach wäre aber auch der Einsatz des Militärs gegen ›Terror- und Sabotageakte‹ erlaubt. Gleichzeitig wurde beschlossen, der Türkei 46 Phantom-Flugzeuge der Bundeswehr zu liefern.

Am 27. September 1992 schnitten wir kurz nach acht Uhr zu zweit den Zaun zum Bundeswehrfliegerhorst Bremgarten bei Freiburg auf, in dem damals 23 Phantom-Flugzeuge stationiert waren. Wir versuchten die Tür zum Hangar aufzubrechen, um eines der 46 Phantom-Flugzeuge gewaltfrei mit Hämmern und dem eigenen Blut abzurüsten. Nach zwei Stunden harter Arbeit am Tor beschlossen wir, noch einen letzten Versuch zu unternehmen, um die Tür zu knacken, die uns vom Flugzeug trennte.

Vorher streuten wir mitgebrachte Asche aus als Zeichen, daß diese Flugzeuge kurdische Dörfer in Schutt und Asche legen werden. In den Aschekreis legten wir Bilder von kurdischen Menschen und ihren zerstörten Dörfern, die Bibel, ein Kreuz, Fladenbrot und Traubensaft für das Agape-Mahl und unsere Pflugschar-Erklärung. Dann warfen wir einen Kompressor an, der vor dem Tor stand und dessen Schläuche in das Hangarinnere führten. Wir hofften, daß sich nun das große hydraulisch betriebene Tor des Hangars öffnen würde. Nach einigen Minuten hatte sich das Tor noch immer nicht bewegt, statt dessen tauchte hinter einem Hügel die Wachmannschaft auf. Wir knieten uns neben den Kreis und beteten.

Wir wurden zur Feststellung der Personalien zum Haupttor gefahren. Die Bundeswehr erstattete Strafanzeige wegen ›Hausfriedensbruch und Sachbeschädigung zum Nachteil der Bundeswehr‹. Der Kommandeur der Wacheinheit ließ sich von uns mit Informationsmaterial versorgen und sicherte uns zu, er werde mit ›seinen Leuten‹ über die Aktion und ihre Gründe sprechen. Dann durften wir gehen.

Anfang November 1992 wurden die ersten 13 Phantom-Flugzeuge aus Bremgarten in die Türkei geflogen. Am 9. Dezember drangen wir erneut, diesmal zu viert, zu den Hangars vor. Wir wollten die Hangartüren mit Schnellbeton verschließen, denn lieber sollten die Flugzeuge in den Hangars verrotten, als daß sie kurdische Städte und Dörfer zerstörten. Es gelang uns, zwei Hangars vorübergehend zu schließen, dann wurden wir entdeckt und festgenommen.

Am 5. März 1993 starteten wir zu dritt zum zweiten Kurdistanbesuch. Bei der ersten Reise Ende 1991 hatten die Opfer für uns Gesichter und Namen bekommen, bei dieser zweiten Reise waren es die TäterInnen: Der Soldat, mit dem wir auf der Fahrt nach Diyarbakir sprachen; er wollte keine Details erzählen, betonte aber immer wieder die Grausamkeiten seiner Kollegen. Der

Gouverneur in Van, der sich beklagte, daß wegen des »Terrors der PKK« die TouristInnen ausblieben und die Region nicht entwickelt werden könne. Oder der Hauptmann Nevzat Arik, der uns in Lice festnehmen ließ, als wir ein brennendes Haus anschauen wollten. Wir kamen nach einigen Stunden frei, während unser kurdischer Begleiter Hafiz Uzun erst nach zwei Monaten Folter und Untersuchungshaft freigelassen wurde.

›Pflugschar für Kurdistan‹ existierte noch zwei Jahre als Zwei-Mann-Gruppe in der Hoffnung, neue Leute finden und neue Aktionen starten zu können. Im März 1996 haben wir die Gruppe offiziell aufgelöst.

Das ›Pflugschar für Kurdistan‹-Projekt, einmal gedacht als der Versuch, Friedens- und Gerechtigkeitsarbeit zu verbinden, ist an dem von Beginn an formulierten, radikalen Anspruch gescheitert. Es gab zu wenig Möglichkeiten für Interessierte, erst einmal reinzuschnuppern. Das langsame Hinein-Wachsen (und dabei innerlich selber wachsen) wurde auch dadurch erschwert, daß selbst die InitiatorInnen ihrem eigenen Anspruch nicht völlig gerecht wurden.

Wir waren zwar bereit, radikale gewaltfreie Aktionen durchzuführen und deren Konsequenzen zu tragen. Aber wir waren zu wenig bereit, uns wirklich den Gefahren in einer Diktatur zu stellen, unter der diejenigen leben müssen, denen wir zu Hilfe eilen wollten. Wir waren zu sehr fixiert auf unsere Vorstellungen eines konstruktiven Programms und zu wenig in der Lage, wirklich wahrzunehmen, was in der aktuellen Situation notwendig ist. Die Herausforderung, der wir uns dann hätten stellen müssen, wäre ein großer Lernprozeß geworden, aber weitaus schwieriger gewesen, als in den Knast zu gehen. Wir hätten uns auf ein zeitweises Zusammenleben mit Menschen in einer anderen Kultur und unter den Bedingungen einer Diktatur wirklich einlassen müssen. Davor sind wir zurückgewichen.

Daneben hat sicherlich auch eine Rolle gespielt, daß die bundesdeutsche Solidaritätsbewegung vielfach zersplittert und häufig mit sich selber beschäftigt ist, aber auch, daß gerade in der hiesigen Solidaritätsbewegung Radikalität und Gewaltfreiheit als zwei sich ausschließende Strategien gesehen werden. Um dieses Schema zu durchbrechen, hätte es einer besser arbeitenden Gruppe bedurft, die in der Lage gewesen wäre, ein klares Konzept mit verschiedenen Eskalationsstufen und Beteiligungsmöglichkeiten zu erarbeiten und dieses glaubwürdig zu vertreten.

Anmerkung

1) Erfahrungen mit ähnlichen Aktionen zum gewaltfreien Schutz von rückkehrenden Flüchtlingen durch internationale BeobachterInnen gibt es aus Mittelamerika: 1987 begleiteten MitarbeiterInnen von Peace Brigades International (PBI) Flüchtlinge, die aus Honduras nach El Salvador zurückkehrten; 1992 überwachte die Gruppe ›CAREA‹ Rückkehrende aus Mexiko nach Guatemala. In beiden Fällen erfolgten die Rückkehr und die Beobachtung auf Wunsch der Rückkehrenden, und die BeobachterInnen blieben so lange vor Ort, bis die Flüchtlinge sich (vorerst) sicher vor den einheimischen Autoritäten fühlten. Vgl. Rundbriefe von PBI (1987) und CAREA (1992).

Rudi Friedrich

Kriegsdienstverweigerung im Exil

»Wer sich in der Türkei oder in Kurdistan aufhält, ist gezwungen, an den Kämpfen teilzunehmen. Als Mann in unserem Alter bleibt Dir keine Wahl. Entweder sie zwingen Dich in die türkische Armee oder der gesellschaftliche Druck drängt Dich in die Berge.«[1]

Diese Situation, die Mustafa Yazici beschreibt, treibt viele zur Wehrdienstentziehung und damit in die Illegalität oder zur Flucht. Bis jetzt haben sich mehr als 350.000 Männer dem Dienst im türkischen Militär entzogen. Das Auswärtige Amt erklärte 1995, daß sich »nach Informationen der Bundesregierung ca. 60% der Rekrutenjahrgänge in der Türkei der tatsächlichen Einberufung entziehen.«[2] Bislang ist jedoch die Zahl derjenigen, die sich öffentlich zur Kriegsdienstverweigerung bekennen, noch relativ klein. Es wird darin von Männern aus der Türkei kaum eine Handlungsperspektive gesehen.

Die öffentliche Kriegsdienstverweigerung, wie sie vom Verein der KriegsgegnerInnen in Izmir (ISKD) praktiziert wird, könnte ein Schritt sein, um diesen bislang nicht sichtbaren Widerstand öffentlich zu machen. Dessen Ziel ist es, Möglichkeiten aufzuzeigen, wie Menschen in der Türkei aktiv gegen den Krieg arbeiten können. Sie fordern mit der öffentlichen Kriegsdienstverweigerung dazu auf, fordern ihr Recht auf antimilitaristischen Widerstand in der Türkei ein und praktizieren ihren Weg.

Diese Handlungsperspektive zu eröffnen, ist ein wichtiger Schritt. Welche Möglichkeiten stecken jedoch in der Entscheidung von Tausenden, aufgrund der Wehrpflicht ins Ausland zu gehen, um z.B. in Deutschland Schutz zu suchen? Etwa 80 von ihnen haben in den letzten Jahren in der Schweiz, Deutschland, England oder Dänemark öffentlich ihre Verweigerung erklärt. Dies ist auch ein Teil des Widerstandes gegen das türkische Militär und gegen die von der türkischen Armee geführten Kriege.

Zuerst einmal müssen wir uns ihre Situation als Asylsuchende vor Augen führen. Grundsätzlich erkennt kein westeuropäisches Land die Verfolgung von Kriegsdienstverweigerern oder Deserteuren als Asylgrund an. Dennoch kann wegen zusätzlich drohender Repressionen, z.B. aufgrund einer öffentlichen Kriegsdienstverweigerung, eine Anerkennung erfolgen. Einige wenige

Beispiele dafür gibt es in Deutschland. Erfolgt diese Anerkennung jedoch nicht, droht die Abschiebung. Zumindest in einem Fall ist bekannt, daß ein Verweigerer abgeschoben und bei seiner Ankunft in der Türkei aufgrund seiner Wehrdienstentziehung von der Polizei verhaftet wurde. Die öffentliche Verweigerung ist also keineswegs eine Garantie für den erhofften Schutz durch Asylgewährung.

Motive zur Verweigerung

»Ich glaube, ich würde jetzt auch in der Türkei verweigern. Ich will mich nicht auf eine Seite stellen. Das Kämpfen muß ein Ende haben. Wen soll ich denn töten? Die Soldaten der türkischen Armee kommen auch aus dem Volk, es sind einfache Leute. Wäre ich in der Armee, kämpfte ich gegen das Volk, gegen Männer, Frauen und Kinder. Immer geht es gegen die einfachen Menschen und die, welche die Verantwortung tragen, bleiben unbehelligt. Die Gewalt existiert, die türkische Armee ist der Aggressor, aber die PKK trägt auch einen Teil der Verantwortung. Im Kampf lag keine Lösung und ich bin geflohen. Das war eine bewußte Entscheidung dagegen, in die Berge zu gehen.«[3]

Die Motive der Verweigerer entspringen der erfahrenen Realität des Krieges. Sie wollen z.B. nicht gegen das eigene (kurdische) Volk kämpfen, sie wollen nicht für eine Armee dienen, die imperialistische Ziele verfolgt. Nur wenige sehen, wie es Habib Dogan im obigen Zitat darstellt, in der Kriegsdienstverweigerung eine Handlung gegen jedes Militär.

Sie lehnen alle den Dienst in der türkischen Armee ab. Unterschiede gibt es jedoch in der Frage des grundsätzlichen Verhältnisses zum türkischen Staat und dessen Militär. Noch sehr viel polarisierter sind die Meinungen gerade kurdischer Verweigerer in bezug auf den bewaffneten Kampf der PKK. Das Spektrum reicht von der eindeutigen Ablehnung bis hin zur Auffassung, daß man die eigene Verweigerung als Teil des PKK-Kampfes für ein freies Kurdistan begreift. Der Unterschied zeigt sich am signifikantesten in manchen KDV-Erklärungen, in denen von einem ›schmutzigen‹ Krieg des türkischen Staates gesprochen wird. Diese Formulierung läßt die Möglichkeit eines ›gerechten Krieges‹ offen.

Auffällig ist bei den bislang öffentlich gemachten Verweigerungserklärungen auch, daß sie sich zum Teil sehr stark ähneln. In der jeweils gemeinsamen Vorbereitung fällt es sichtlich schwer, die eigenen persönlichen Motive zu beschreiben. Die mit der Kriegsdienstverweigerung verbundene Handlung bleibt oft allzu abstrakt, unvorstellbar. Allgemeine politische Statements ersetzen teilweise die persönliche Auseinandersetzung mit der Bedeutung des eigenen Schrittes zur Kriegsdienstverweigerung. Immer deutlicher zeigt sich: Die Aktion, sich selbst vor das türkische Konsulat zu stellen, persönlich Kritik am türkischen Militär zu äußern und zu verweigern, ersetzt nicht die inhaltliche Auseinandersetzung. Für viele von ihnen verbindet sich mit der öffentlichen Aktion auch die Hoffnung, damit bessere Karten im Asylverfahren zu haben.

Ein weiteres Problem ist, daß die Kontakte zu den ›Verweigerern‹ mehr sporadisch sind. Es gibt kaum regelmäßige Treffen. Zudem findet nur in wenigen Fällen eine Begleitung im Asylverfahren statt.

Dennoch bergen die öffentlichen Verweigerungen eine Sprengkraft für das Militär in sich, denn sie stellen den Verfügungsanspruch des Militärs auf das Individuum in Frage und sind ein auf einen konkreten Krieg bezogenes Mittel des Widerstandes.

Selbstorganisation als ein Standbein

»Wir haben den ›Frankfurt Savas Karsitlari Dernegi‹ gegründet, um AntimilitaristInnen und Kriegsdienstverweigerern mit türkischer Staatsangehörigkeit sowie DoppelstaatlerInnen mit Informationen und Rat zur Seite zu stehen.«[4]

Um die Kriegsdienstverweigerung weiterzuentwickeln und daraus eine politische Perspektive erwachsen zu lassen, muß es gelingen, die bisher vorhandenen Ansätze auf eine breitere inhaltliche Basis zu stellen. Ein Schritt dafür könnte die Gründung von selbstorganisierten Gruppen in Deutschland sein. Aus Anlaß der Verhaftung von Osman Murat Ülke [5] entstanden solche Gruppen in Hamburg und Frankfurt. Sie beziehen sich auf seinen Fall, die Arbeit des Vereins der KriegsgegnerInnen in Izmir – und dennoch, es gibt über die Begründung, warum Kriegsdienstverweigerung eine Strategie sein kann, kaum eine gemeinsame Diskussion. Dabei sehen sich die Gruppen in der praktischen Arbeit ständig mit den beschriebenen Konflikten in bezug auf die Position zum bewaffneten Kampf der PKK ausgesetzt. Die Polarisierung, die sich im Laufe der Jahre durch den Krieg in der Türkei herausgebildet hat, wirkt sich auf die Auseinandersetzungen im Exil aus.

Straßentheater bei der öffentlichen Verweigerung kurdischer Wehrpflichtiger am 15.11.96 vor dem türkischen Konsulat in Düsseldorf

Den Prozeß initiieren

An sich waren diese Schwierigkeiten vorherzusehen. Der Verein der KriegsgegnerInnen in Izmir hatte im Herbst 1995 mit der öffentlichen Verweigerung von Osman Murat Ülke begonnen, ein gemeinsames Verständnis von Kriegsdienstverweigerung nach außen zu tragen. Osman Murat Ülke selbst machte deutlich, daß für die Aktiven der Gruppe eine Praxis der Kriegsdienstverweigerung nicht nur »eine Ablehnung der türkischen Armee bedeutet, da sie keine neuen Kräfte und keine neue Bewegung zustande bringen wird. Im Gegenteil, der Staat wird dies zu nutzen wissen, und KDV wird gleichbedeutend mit einer weiteren Front des Krieges auf kurdischer Seite sein.«

Inzwischen legte der ISKD eine umfangreichere Textsammlung vor, die sich insbesondere mit der Kriegsdienstverweigerung in der spezifischen gesellschaftlichen Situation in der Türkei auseinandersetzt, aber auch grundsätzlichere Fragen aufgreift.[6] Eine erste Diskussion mit Verweigerern im Exil hat in Hamburg auf einer Veranstaltung stattgefunden. Sie ist an sich überfällig, wenn es darum geht, aus Aktivitäten heraus, die sehr stark auf die Asylrelevanz orientiert sind, eine kontinuierliche Unterstützung aus dem Ausland aufzubauen, gemeinsam mit Verweigerern, die ins Exil gegangen sind.

Anmerkungen

1) ISKD/Connection e.V.: Kirik Tüfek – Rundbrief zur türkisch/kurdischen antimilitaristischen Bewegung. Heft 10/96, S.3.
2) Vgl. Kirik Tüfek, August 95, S.7.
3) Kirik Tüfek, 10/96, S. 3. Die Formulierung ›in die Berge‹ meint: ›zu den Kämpfern der PKK‹.
4) Kirik Tüfek, 3/97, S.5.
5) Vgl. das Kapitel »Kriegsdienstverweigerung in der Türkei – Der Fall Osman Murat Ülke« in diesem Buch.
6) Izmirli Savas Karsitlari: Kriegsdienstverweigerung als grundlegendes Menschenrecht und antimilitaristische Position. Izmir 1997. Deutsche Fassung: Kampagne gegen Wehrpflicht, Zwangsdienste und Militär. Berlin 1997.

Anhang

Verzeichnis der Übungen

Amsterdamer Clown

Es werden Paare gebildet, die sich in gleicher Richtung hintereinander stellen. Die vordere Person beginnt sich zu bewegen, während die hintere ihr wie ein Schatten folgt und alle Bewegungen nachmacht. Gewechselt wird automatisch, wenn die vordere Person sich um 180 Grad dreht, dann ist die hintere Person vorne. Jetzt macht die andere Person alle Bewegungen nach.

Auf die Beine der nachfolgenden Person setzen

Alle stehen im Kreis und sehen den Rücken der vorderen Person an, auf deren Schultern die Hände liegen. Ganz vorsichtig gehen alle gleichzeitig in die Hocke und setzen sich so auf die Knie der hinteren Person. Wenn alle dicht genug zusammenstehen, entsteht ein ganz stabiles Gebilde

Blinde Schlange

Ziel dieser Übung ist, auf spielerische Art Vertrauen und Kooperation zu üben. Alle Teilnehmenden stehen in einer Reihe hintereinander und legen die Hände auf die Schultern der Person vor sich. Bis auf die erste Person schließen alle die Augen. Sie führt die Schlange vorsichtig herum und achtet darauf, daß alle hinterherkommen und sich niemand verletzt.
Am schönsten ist diese Übung im Freien, wo Sonne und Schatten sich abwechseln, verschiedene Gerüche und unterschiedliche Arten von Bodenbelägen sind. Die erste Person kann auch nach hinten wechseln, dann muß die zweite die Augen öffnen und die Führung übernehmen.
In der Auswertung ist es wichtig, auf eventuell aufgetretene Ängste einzugehen.

Eichhörnchen

Es werden Dreiergruppen gebildet. Eine Person muß übrigbleiben und steht in der Mitte. Zwei Personen stehen sich gegenüber und fassen sich an den Händen an, die sie dann nach oben heben. So entsteht ein ›Haus‹ mit einer rechten und einer linken Wand. Dahinein stellt sich die dritte Person, die das ›Eichhörnchen‹ ist, so daß sie die rechte bzw. linke Seite des Hauses bestimmt. Wenn die übrig gebliebene Person in der Mitte jetzt z.B. sagt ›rechte Seite‹, so müssen alle rechten Seiten ihr Haus verlassen und bei einem neuen Haus die rechte Seite bilden. Inzwischen kann sich die Person in der Mitte auch als rechte Seite in ein Haus einbauen, dann bleibt jemand anders in der Mitte über. Zum Wechseln gibt es die Möglichkeiten ›rechte Seite‹, ›linke Seite‹, ›Eichhörnchen‹ und ›Erdbeben‹. Bei ›Erdbeben‹ muß alles sich auflösen und neu zusammengesetzt werden.

Fangenspiele

Immer gut zum Aufwärmen und Müdigkeit verscheuchen sind Spiele, bei denen eine Person andere fangen muß, die vor ihr weglaufen.
Es gibt unzählige Variationen, hier eins als Beispiel:
Tickt die FängerIn die gefangene Person an, muß sie stehenbleiben. Wenn sie die Beine breit auseinander stellt, kann eine noch freie Person hindurchkriechen und sie so befreien.

Gordischer Knoten

Alle stellen sich im Kreis auf, schließen die Augen und strecken die Hände nach vorne aus. Langsam bewegen sich alle in die Mitte und greifen sich mit jeder Hand die eines oder einer anderen. Anschließend werden die Augen wieder geöffnet. Es ist ein Knäuel entstanden, was vorsichtig entwirrt werden soll. Die Hände dürfen nicht losgelassen werden, sonst ist alles erlaubt: drübersteigen, drunterdurchkriechen etc. Meistens ist es möglich, den Knoten zu entwirren.

Hund und Katze

Hund und Katze ist eine Variante der klassischen Kriegenspiele. Alle stellen sich paarweise verteilt im Raum auf. Die beiden PartnerInnen stehen jeweils hintereinander, so daß der hintere den Rücken der vorderen ansieht und die Hände auf deren Schultern legt; sie sind jetzt ein ›Baum‹. Es wird ein Paar ausgewählt, das ›Hund‹ (FängerIn) und ›Katze‹ (Fliehende) bildet: Der Hund jagt die Katze. Diese kann sich auf einen Baum retten, indem sie sich von hinten an einen Baum

stellt und ihre Hände auf die Schultern der Person vor ihr legt. Diese ihrerseits läßt nun die Person vor ihr los. Diese losgelassene Person verläßt damit den Baum und übernimmt (Achtung!) die Rolle des Hundes. Der vormalige Hund wird zur Katze und flieht mit wilden Sprüngen. Auch wenn ein Hund eine Katze fängt, werden die Rollen getauscht und die Jagd beginnt von vorne.
Ein Spiel, daß Raum braucht, aber eine Gruppe in Schwung bringen kann.

My boney is over the ocean

Es wird ein Kreis gebildet. Wer es kann, singt das unten abgedruckte Lied. Bei jedem ›b‹ gehen die Personen in die Hocke und kommen beim nächsten ›b‹ aus der Hocke wieder hoch.
Text:
My boney is over the ocean. My boney is over the sea.
My boney is over the ocean. Oh bring back my boney to me!
Bring back, bring back, oh bring back my boney to me, to me.
Bring back, bring back, oh bring back my boney to me!

Regensturm

Alle stehen im Kreis und schließen die Augen. Die AnleiterIn beginnt mit einem leisen Geräusch – Finger schnippen. Alle im Kreis hören genau hin und machen es nach – im Kreis herum und so lange, bis es wieder am Ausgangspunkt angekommen ist. Jetzt wird das nächste Geräusch vorgegeben: leise in die Hände klatschen. Während das Fingerschnippen weitergeht, löst das Klatschen es allmählich ab. Als nächstes kann auf die Brust trommeln, dann auf die Schenkel klopfen, Füße stampfen etc. kommen. Vom kleinen Regentropfen entwickelt sich das Geräusch bis hin zum Regensturm und anschließend wieder zurück. Neben dem Spaß, den dieses Spiel bringt, wird noch das Gehör und die Wahrnehmung geschult.

Wilder Wind

Alle sitzen im Kreis, eine Person steht in der Mitte, für diese ist kein Stuhl da. Die Person in der Mitte sagt zum Beispiel:

»Der wilde Wind weht für alle, die sich heute die Zähne geputzt haben.« Jetzt müssen alle, die sich die Zähne geputzt haben, die Plätze wechseln und die Person in der Mitte muß einen Platz ergattern. Wenn das geklappt hat, steht eine andere Person in der Mitte. Die sagt dann z.B.:»Der wilde Wind weht für alle, die einen Ohrring tragen‹. Wieder werden die Plätze gewechselt. Der Phantasie bei der Fragestellung sind keine Grenzen gesetzt!

Wolf, Jäger, Oma

Es werden zwei Gruppen gebildet. Jede Gruppe entscheidet gemeinsam, welche Person sie sein will: entweder Wolf, der sich mit lautem Gebrüll bemerkbar macht, oder der Jäger, der mit einer imaginären Flinte auf die andere Gruppe zielt, oder die Oma, die mit dem Zeigefinger droht.
Wenn sich die Gruppen entschieden haben, gibt die Spielleitung ein Startzeichen, und die Gruppen stellen gleichzeitig ihre Symbole dar. Der Wolf frißt die Oma. Der Jäger erschießt den Wolf. Die Oma verbietet dem Jäger zu schießen. Danach entscheidet sich, welche Gruppe gewonnen hat. Es werden so viele Durchgänge gemacht, wie gebraucht werden, um die SiegerInnen zu ermitteln. Es gibt auch Gruppen, die bis zum Patt spielen wollen und dann aufhören.

Literatur

KIRIK TÜFEK – Das zerbrochene Gewehr

Hg.: Îzmir Savaû Karûîtlarî Derneêi (ÎSKD), Savaû Hizmetini Reddedenler Girisimi, AK ›KDV und Türkei‹ in der DFG-VK, Connection e.V., Kampagne gegen Wehrpflicht, Zwangsdienste und Militär, Bakaya Schweiz, Bestelladresse: Connection e.V., Gerberstr. 5, 63065 Offenbach, Abo 25 DM pro Jahr (Förderabo 50 DM), Erscheinungsweise: zehn- bis zwölfmal im Jahr.

Seit August 1995 erscheint die Zeitschrift KIRIK TÜFEK, die gemeinsam von Gruppen und Organisationen herausgegeben wird, die zur Kriegsdienstverweigerung in der Türkei arbeiten. Begonnen hatte es Anfang 1994 mit monatlichen Rundbriefen des Izmirer Vereins der KriegsgegnerInnen, der auf diese Weise interessierte Personen und Gruppen im deutschsprachigen Raum mit antimilitaristischen Berichten über die Situation in der Türkei auf dem laufenden halten wollte. Darin ergänzten sich Einschätzungen der allgemeinen politischen Situation, über das Militär und den in der Türkei geführten Krieg mit Berichten über Aktivitäten des Vereins und anderer Friedensorganisationen in der Türkei.

KIRIK TÜFEK beinhaltet jedoch noch mehr: Zahlreiche Gruppen in Westeuropa wurden zur Unterstützung der Gruppen in der Türkei aktiv. Türkische und kurdische Kriegsdienstverweigerer organisierten sich in einigen Städten selbst und führten Aktionen durch. Das Thema ›Kriegsdienstverweigerung in der Türkei‹ blieb nicht mehr allein auf die Türkei beschränkt. So berichtet KIRIK TÜFEK auch über Aktionen in Westeuropa sowie auch über gutachterliche Stellungnahmen und Entscheidungen in Asylverfahren von asylsuchenden Kriegsdienstverweigerern aus der Türkei.

Darüber hinaus ist KIRIK TÜFEK Teil des bewährten Alarmnetzes. Bei Verhaftungen droht Folter. Schneller und massiver Protest aus dem Ausland konnte bisher in einigen Fällen Folter gegen KriegsgegnerInnen verhindern helfen. Dieser Schutz wurde durch ein 1994 gegründetes internationales Alarmnetz gewährleistet. Das Alarmnetz wird auch zur Begleitung von internationalen Delegationen in die Türkei eingesetzt. Bei Verhaftungen, Prozessen oder Verboten von Friedenszeitungen und -vereinen wird über KIRIK

TÜFEK regelmäßig oder auch mit Extrablättern über Aktionsmöglichkeiten informiert – alles aus erster Hand.

Zivilcourage

Dieter Lünse, Jörg Rohwedder, Volker Baisch: Zivilcourage – Anleitung zum kreativen Umgang mit Konflikten und Gewalt. Münster 1995, ISBN 3-929440-72-5, 19,90 DM.

Das Buch ›Zivilcourage‹ meint es ernst: »Ziviler Mut ist in Deutschland ziemlich unbekannt – hier wird er bekannt – im doppelten Sinne des Wortes«, schreibt Dorothee Sölle zu dieser Anleitung im kreativen Umgang mit Konflikten und Gewalt. Es wird ein Konzept vorgelegt, mit dem PädagogInnen und JugendgruppenleiterInnen arbeiten können, um Gewalt und Konflikte in der Gruppe oder in Institutionen zu thematisieren. Das Thema ist für viele in der Friedensbewegung Engagierte nicht so neu. Spätestens seit Galtungs Begriff der ›strukturellen Gewalt‹ gab es immer wieder pädagogische Entwürfe zu diesem Bereich, vor allem auch mit einem Blick auf die gesellschaftspolitischen Dimensionen. Die Autoren des vorliegenden Buches stehen in dieser Tradition. Neu an der Art des Herangehens ist dabei die Verknüpfung des Themas ›Gewalt‹ mit dem der ›Zivilcourage‹. Dies geschieht sowohl in der theoretischen Ein- und Ausleitung des Buches als auch in den praktischen Übungen, die den Hauptteil darstellen.

Internationale Friedensarbeit – Erfahrungen und Experimente

Hg.: DFG-VK Bildungswerke, Dortmund 1994, ISBN 3-922319-16-5, 19,80 DM.

Das Projekt ›Internationale Friedensarbeit‹ des DFG-VK Bildungswerkes besteht seit Ende 1991 und hat eine Reihe interessanter Aktivitäten im In- und Ausland durchgeführt, initiiert und begleitet. Mit dem Buch ›Erfahrungen und Experimente‹ liegt eine erste Dokumentation vor, die zugleich die Ansätze, Möglichkeiten und Grenzen dieser Art von Friedensarbeit diskutiert. Das Buch enthält im ersten Teil fünf erprobte Modellseminare zur Einführung in internationale und/oder gewaltfreie Friedensarbeit. Den zweiten Teil bilden Beispiele aus der Praxis der internationalen Arbeit. Das ›eigene‹ Türkei-Projekt des Bildungswerkes steht hier neben den Erfahrungen anderer TrägerInnen wie z.B. Peace Brigades International, Internationales Deserteursnetzwerk oder Flüchtlings- und Asylarbeit in der BRD.

Kriegsdienstverweigerung als grundlegendes Menschenrecht und antimilitaristische Position

Hg.: KriegsgegnerInnen Izmir, deutsche Fassung: Kampagne gegen Wehrpflicht, Zwangsdienste und Militär, Berlin 1997.

Mit der Verhaftung von Osman Murat Ülke im Oktober 1996 hat das türkische Militär eine neue Phase der Auseinandersetzung um die Kriegsdienstverweigerung aus Gewissensgründen eröffnet. Im Januar 1997 legten die KriegsgegnerInnen aus Izmir diese Broschüre vor, in der sie die Kriegsdienstverweigerung einordnen in den Kampf um Menschenrechte (KDV als persönliche Verpflichtung aus dem Recht auf Leben), um Demokratie (Freiheit der Meinung und des Gewissens, Absage an Untertanengeist und Gehorsam) und um Frieden (Kritik am Militarismus und an jeder Kriegsbeteiligung). Ein Text, der auch für die deutsche und die internationale Diskussion um Kriegsdienstverweigerung neue Ideen und Anregungen gibt.

Kriegsdienste verweigern – Askerligi Reddedelim

Hg.: Kampagne gegen Wehrpflicht, Zwangsdienste und Militär, Berlin 1996, ISBN 3-931977-02-1, 5 DM.

Diese Broschüre informiert türkische Staatsangehörige, die als ImmigrantInnen oder als deutsch-türkische DoppelstaatlerInnen Schwierigkeiten mit dem Militär haben. Der Schwerpunkt liegt auf der Kriegsdienstverweigerung von Doppelstaatlern, da sie ihre Verweigerung gegenüber zwei Staaten durchsetzen müssen. Daneben geht es auch um die, die keinen deutschen Paß besitzen und die sich hier oder in der Türkei gegen einen Staat durchsetzen müssen, der ihre Gewissensentscheidung nicht respektiert. Die zweisprachige Broschüre (deutsch und türkisch) stellt zugleich auch eine Arbeitsgrundlage für BeraterInnen von Kriegsdienstverweigerern dar.

Das türkische Militärstrafgesetz in bezug auf die Verweigerung des Kriegsdienstes & die Militärgerichtsbarkeit

Ahmet Hür, türkische Ausgabe: Izmir 1994; deutsche Ausgabe: DFG-VK Bildungswerk NRW, Dortmund 1995, ISBN 3-922319-18-1, 9,80 DM.

Für den Verein der KriegsgegnerInnen Izmir hat der Rechtsanwalt Ahmet Hür zwei juristisch-politische Kommentare zu Regelungen verfaßt, die AntimilitaristInnen, Kriegsdienstverweigerer und ihre Vereine in der Türkei betreffen. Es geht einerseits um die – nicht unabhängigen – Militärgerichte in der Türkei, die den Status einer Sonderjustiz zur Wahrung der Interessen des Militärs in der gesamten Gesellschaft haben. Andererseits werden die Regelungen des Militärstrafgesetzes behandelt, die Wehrflüchtige, Verweigerer und AntimilitaristInnen aufgrund der Wahrnehmung ihrer Menschenrechte auf Leben, auf Gewissens- und Meinungsfreiheit betreffen.

Zu den Autorinnen und Autoren

Obwohl die Beiträge des Handbuches jeweils namentlich gekennzeichnet sind, sind sie das Ergebnis intensiver Diskussionen der AutorInnen untereinander und somit selber Produkt eines interkulturellen Lernprozesses. Es diskutierten, stritten und schrieben:

Jan Brauns

Jan Brauns ist Dipl. Sozialarbeiter und arbeitet halbtags in der ›Sozialpädagogischen Familienhilfe‹. Seit seiner eigenen Kriegsdienstverweigerung setzt er sich mit Krieg und Frieden auseinander. Sein Schwerpunkt ist seit 1993 das Projekt ›Internationale Friedensarbeit‹ des DFG-VK Bildungswerkes und dort besonders die Zusammenarbeit mit KriegsgegnerInnen in und aus der Türkei. Er ist 1958 geboren und lebt in Bielefeld.

Rudi Friedrich

Rudi Friedrich ist Maurer und Dipl. Soziologe. Von 1989 bis 1992 war er Landesgeschäftsführer der DFG-VK Hessen. Er ist einer der InitiatorInnen des ›Internationalen Deserteurnetzwerkes‹ und derzeit für ›Connection e.V.- Verein zur Unterstützung von Flüchtlingen und Kriegsdienstverweigerern aus Kriegsgebieten‹ aktiv. Er ist 1963 geboren und lebt in Offenbach.

Holger Isabelle Jänicke

Holger Isabelle Jänicke ist Friedensarbeiter und seit 1978 in der DFG-VK aktiv. Wegen diverser gewaltfreier Blockaden am Pershing-II-Lager in Mutlangen und anderer gewaltfreier Aktionen ist er ›einschlägig vorbestraft‹ und hat deshalb mehr als 14 Monate in deutschen Gefängnissen verbracht. Er ist 1962 geboren und lebt in Schwäbisch Gmünd.

Christiane Möcker

Christiane Möcker ist Erzieherin und Dipl. Pädagogin. Ihr politisches Engagement begann mit der Auseinandersetzung, als Entwicklungshelferin zu arbeiten. Nach Reisen in afrikanische Länder engagierte sie sich in einem ›una terra‹-Laden und ab 1980 in der Friedens- und Frauenbewegung. Seit 1989 arbeitet sie als Bildungsreferentin im DFG-VK Bildungswerk, u.a. mit dem

Schwerpunkt ›Internationale Friedensarbeit‹ – besonders in Zusammenarbeit mit KriegsgegnerInnen in und aus der Türkei. Sie ist 1956 geboren und lebt in Dortmund.

Gerald Neubauer

Gerald Neubauer interessiert sich für die Anti-AKW- und die Ökoarbeit, für Antimilitarismus, Theater der Unterdrückten, Kommuneleben, Gewaltfreiheit, Anarchismus, Tanz, Antisexismus, Sprachen und vieles mehr. Zur Zeit studiert er und könnte sich vorstellen, später Trainer für Gewaltfreiheit zu werden. Er ist 1975 geboren und lebt in Darmstadt.

Jörg Rohwedder

Jörg Rohwedder ist Dipl. Betriebswirt und Dipl. Sozialökonom. Sein politisches Engagement begann nach der Kriegsdienstverweigerung bei der DFG-VK. Seit 1994 ist er Trainer für gewaltfreie Arbeit in Kriegs- und Krisengebieten und für die Vorbereitung von Freiwilligen in Ex-Jugoslawien. Seit 1994 nahm er an mehreren Delegationsreisen in die Türkei teil. Er arbeitet als freier Mitarbeiter in der Bildungs- und Begegnungstätte ›Kurve Wustrow‹ mit dem Schwerpunkt ›Internationale Trainingszusammenarbeit‹. Er ist 1968 geboren und lebt in Hamburg.

Ferda Ülker

Ferda Ülker absolvierte das Studium der Theaterwissenschaften, arbeitet als Lehrerin und Buchhändlerin. Im Verein der KriegsgegnerInnen (ISKD) beschäftigt sie sich vor allem mit der Frage des Zusammenhangs von Krieg, Frieden und Frauenunterdrückung sowie mit den Möglichkeiten von Straßentheater als politische Aktion. Geboren ist sie 1968 und lebt in Izmir/Türkei.

Coskun Üsterci

Coskun Üsterci engagierte sich als junger Sozialist im StudentInnenverein, wurde nach dem Militärputsch angeklagt und erhielt eine lebenslange Verurteilung. Nach elf Jahren wurde er 1991 freigelassen und arbeitet heute als Sekretär der Menschenrechtsstiftung (TIHV) in Izmir. Neben seinen Beiträgen zur antimilitaristischen Lösung der ›KurdInnenfrage‹ ist er im Verein ISKD besonders engagiert beim Aufbau radikal-demokratischer Strukturen und in der kulturellen Bildung. Er ist 1954 geboren und lebt in Izmir/Türkei.

Eva-Maria Willkomm

Eva-Maria Willkomm ist Diplompädagogin und gehört als Trainerin für gewaltfreien Umgang mit Konflikten zum Trainingskollektiv der KURVE in Wustrow. Seit den 80er Jahren ist sie friedenspolitisch engagiert. Im letzten Jahr konnte sie ihr Engagement zu ihrem Beruf machen, da sie beim Oekumenischen Dienst als Bildungsreferentin angestellt ist. Sie ist 1953 geboren und lebt in Hannover.

Deniz Yücel

Deniz Yücel ist 1973 in Deutschland geboren und lebte von 1995 bis 1996 in Izmir in der Türkei, wo er im Verein der KriegsgegnerInnen (ISKD) mitarbeitete. Derzeit studiert er Philosophie in Berlin und engagiert sich in der Kampagne gegen Wehrpflicht, Zwangsdienste und Militär.

Figen Yücel

Figen Yücel ist 1974 in Istanbul geboren. Dort engagierte sie sich in der StudentInnenbewegung, in der antimilitaristischen Initiative und in der Partei für Freiheit und Solidarität (ÖDP). Inzwischen lebt sie in Berlin.

Die beteiligten Organisationen

DFG-VK Bildungswerk NRW e.V.

Frieden bewegen
Entstanden ist das Bildungswerk der Deutschen Friedensgesellschaft – Vereinigte KriegsdienstgegnerInnen (DFG-VK) Mitte der 80er Jahre aus der Friedensbewegung.
Wir verstehen uns als Ort zum Nachdenken über Gewalt, Herrschaft, Patriarchat und Krieg, zum Infragestellen des Üblichen und zur Diskussion des Neuen, als Ort der politischen Bildung und für gesellschaftliche Veränderung.

Bewegung vernetzen
Wir organisieren Veranstaltungen und Bildung vor Ort, oft gemeinsam mit Initiativen, Gruppen und Organisationen. Wir sind ein selbstverwaltetes Bildungswerk, das als Verein gemeinnützig, als Einrichtung der Weiterbildung in NRW staatlich anerkannt und Mitglied der ›Landesarbeitsgemeinschaft für andere Weiterbildung in NRW‹ (LAAW) ist.

Vernetzung initiieren
Um Erfahrungen, Ideen und Impulse von vielen an viele zu vermitteln, begreifen wir uns als einen Knoten im Netz des Friedens. Wir stellen Kontakte her und suchen eigene Verbindungen.

Initiativen bilden
Mit unserer Friedens- und Bildungsarbeit ergreifen wir Initiative: konkrete Aktionen, längerfristige Projekte, aktuelle Veranstaltungen, handlungsorientierte Veröffentlichungen, …

Bildung selbst gestalten
Hinter unserer Bildungsarbeit stehen die Menschen, die daran teilnehmen und die Gruppen und Projekte, die sie allein oder zusammen mit uns organisieren. Selbstbestimmung und Selbstorganisation sind für uns wichtige Prinzipien, weil auch hier der Weg dem Ziel entsprechen soll.

Gestalt verändern
Das DFG-VK Bildungswerk NRW will theoretische Reflexion und Diskussion verbinden mit praktischem Lernen und konkreter Aktivität für Frieden. Damit sich jede und jeder persönlich, viele gemeinsam und die Gestalt der Realität zum Besseren entwickelt.

Wir freuen uns über alle, die im DFG-VK Bildungswerk NRW mitwirken möchten und laden herzlich dazu ein,

- an Veranstaltungen, Seminaren, Exkursionen und Studienreisen teilzunehmen,
- eigene friedenspolitische Interessen in Veranstaltungen oder Projekten umzusetzen,
- Kontakte nachzufragen,
  sich an der Zusammenarbeit und an der Solidaritätsarbeit mit AntimilitaristInnen in der Türkei zu beteiligen,
- Mitglied im Förderverein des DFG-VK Bildungswerkes NRW zu werden,
- die Arbeit des DFG-VK Bildungswerkes mit einer Spende zu unterstützen.

DFG-VK Bildungswerk NRW e.V.
Braunschweiger Str. 22
44145 Dortmund
Tel. 0231 – 818032
Fax 0231 – 818031
e-mail: DFG-VK_Bildungswerk_NRW@t-online.de

Izmir Savas Karsitlari Dernegi
Verein der KriegsgegnerInnen Izmir

Der Verein der KriegsgegnerInnen (ISKD) wurde am 25. Februar 1994 mit dem Ziel gegründet, gegen Krieg, Militarismus und Rassismus zu kämpfen, einen Ort zu schaffen für Menschen, die sich hierfür engagieren möchten, die Solidarität zwischen ihnen zu verfestigen und darüber hinaus gegen die herrschende, rassistische, militaristische Kultur zum Entstehen einer alternativen, friedlichen und libertären neuen Kultur beizutragen.

Ein antimilitaristischer Verein

»Der Krieg ist ein Verbrechen an der Menschheit. Wir sind daher entschlossen, keine Art von Krieg zu unterstützen und für die Beseitigung aller seiner Ursachen einzutreten.« (aus der Satzung der War Resiters' International).

Der Verein der KriegsgegnerInnen Izmir lehnt jede Art von Krieg ab, aus welchen Gründen auch immer er geführt wird, sowohl in der Region, in der wir leben, als auch in den anderen Teilen der Welt. Krieg führt zu Massakern, produziert ein von Angst und Gehorsam geprägtes gesellschaftliches Bewußtsein, vernichtet das kulturelle Leben, ist eine Eskalation der bestehenden patriarchalen Gewalt und ein Teil der ökologischen Katastrophe, kurz: Der Krieg ist ein Verbrechen an der Menschheit.

Aus diesen Gründen sind wir entschlossen, keine Art des Krieges zu unterstützen und für die Beseitigung aller seiner Ursachen zu kämpfen. Diesen Kampf betrachten wir als einen unverzichtbaren Teil des Kampfes für eine freie, gerechte und ausbeutungsfreie Gesellschaft. Wir sind davon überzeugt, daß ein Kampf, der mit militaristischen und gewaltsamen Mitteln geführt würde, wiederum Herrschaftsstrukturen erzeugen würde. Wir empfehlen für die Bekämpfung von Ungerechtigkeit, Ausbeutung und Unterdrückung den Weg des gewaltfreien Widerstandes; gegen jede Form der Autorität und systematischen Mißachtung der Autonomie des Individuums empfehlen wir den Weg des zivilen Ungehorsams.

Ein kreativer und aktiver Verein

Alle Arbeiten innerhalb des Vereins sind Produkte der Kreativität und Autonomie der Individuen und basieren auf den Grundsätzen der Selbstbestimmung und Solidarität. Die derzeit unter dem Dach des Vereins laufenden kontinuierlichen Aktivitäten sind die Arbeit gegen die Militärgerichtsbarkeit, die Unterstützung von Kriegsdienstverweigerern, die Bildung eines JuristInnennetzwerkes, Straßentheater, antimilitaristische Theoriebildung und Verbreitung antimilitaristischer Positionen innerhalb anderer oppositioneller Kreise und in der Öffentlichkeit, Antirassimus und Antinationalismus, die Unterstützung des Kampfes für Menschenrechte sowie internationaler Informationsaustausch und internationale Solidarität. Diese Arbeitsfelder sind nicht im voraus bestimmt worden, sondern auf Initiative einzelner Personen oder Gruppen entstanden.

Der ISKD steht allen Menschen und Gruppen offen, die in diesen oder ähnlichen Bereichen mitarbeiten möchten.

Ein Verein ohne Zentrum

Im Kampf für die Veränderung der Welt betrachten wir es als grundlegende Voraussetzung, die Werte einer neuen Welt bereits heute im Kampf für diese zu entwickeln und zu berücksichtigen.

Wie schon erwähnt, widersprechen wir der Auffassung, daß eine friedliche Gesellschaft mit Mitteln der Gewalt erreicht werden kann. Wir glauben nicht, daß es möglich ist, mit dem Erbe einer autoritären Organisierung und einer Herrschaftskultur zu einer freien Welt zu gelangen.

Ausgehend von diesen prinzipiellen Überlegungen ist der ISKD als dezentraler, antihierarchischer und lokaler Verein gegründet worden. Der ISKD nimmt sich nicht das Recht heraus, an anderen Orten Niederlassungen zu gründen und empfiehlt KriegsgegnerInnen in anderen Orten dasselbe. Wir wollen keine auf Zentrum und Niederlassungen beruhende, straffe Organisation, sondern eine sich an autonomen Individuen, kollektiver Arbeit und Solidarität entwickelnde Basisbewegung.

Aufgrund gesetzlicher Notwendigkeiten haben wir eine Satzung, gezwungenermaßen haben wir einen Vorstand und einen Vorsitzenden, aber wir haben keine Chefs.

ISKD Ltd. Sti.
1438 Sokak No. 12 / 3
Alsancak, Izmir
Türkei
Tel. 0090 – 232 – 4642492
Fax 0090 – 232 – 4640842
e-mail: OSI@info-ist.comlink.de

KURVE Wustrow
Bildungs- und Begegnungsstätte für gewaltfreie Aktion e.V.

Die Bildungs- und Begegnungsstätte für gewaltfreie Aktion e.V. wurde 1980 mit dem Ziel gegründet, einen Beitrag dazu zu leisten, daß Betroffenheit über kriegerische Auseinandersetzungen, ökologische Zerstörung und soziale Ungerechtigkeit in überlegtes gewaltfreies Handeln umgesetzt werden kann.

Gewaltfreie Aktion

Wir wollen nicht nur darstellen, wie die genannten Bedrohungen zusammenhängen, sondern auch Möglichkeiten und Methoden vermitteln, weiterentwickeln und gemeinsam einüben, um diesen Entwicklungen entgegenzutreten und um hierfür neue Kräfte zu gewinnen. Gewaltfreie Aktion ist mehr als Abwehr oder Gegenwehr. Sie eröffnet Perspektiven für eine humane Gesellschaft.

Tagungshaus im Wendland

Viele unserer Veranstaltungen finden in Wustrow, im Landkreis Lüchow-Dannenberg, statt, wo wir das Haus ›KURVE Wustrow‹ unterhalten. Mit Arbeits- und Gemeinschaftsräumen, Bibliothek und Garten sowie Übernachtungsmöglichkeiten für SeminarteilnehmerInnen bietet es einfache, jedoch angemessene Räumlichkeiten für Seminare und Begegnungsveranstaltungen. Haus und Büro liegen im Wendland, das auf eine zwanzigjährige Tradition des Widerstands gegen atomare Endlagerpläne in Gorleben zurückblickt. Die Auseinandersetzung mit praktischer Erfahrung in gewaltfreier Aktion vor diesem Hintergrund hat unsere Arbeit sehr beeinflußt.

Inhaltliche Arbeit

In unserem Tagungshaus führen wir Seminare und Trainings zu Gewaltfreiheit und gewaltfreier Aktion, Zivilcourage, Handeln gegen Rassismus, Theater der Unterdrückten, Mediation und Versöhnungsarbeit durch. Außerdem

- führen unsere MitarbeiterInnen auf Anfrage Trainings und Veranstaltungen zu den genannten Themen auch an anderen Orten durch;
- bereiten wir Freiwillige und Friedensfachkräfte auf gewaltfreie Einsätze in Krisengebieten vor;
- bieten wir gewaltfreie Trainings für MultiplikatorInnen in Jugend- und Sozialarbeit, Schulen und Kirchen an;
- haben wir in Zusammenarbeit mit anderen Bildungseinrichtungen in Europa ein berufsbegleitendes Ausbildungsprogramm für TrainerInnen in gewaltfreiem Handeln erarbeitet, das MultiplikatorInnen in diesem Bereich qualifiziert.

Internationale Trainingszusammenarbeit

Nachdem uns erste Anfragen aus dem Ausland erreichten, dort Gewaltfreiheitstrainings durchzuführen, entschieden wir uns dagegen, TrainerInnen zu einzelnen Veranstaltungen weltweit zu entsenden. Anfragenden Gruppen bieten wir jedoch an, in Zusammenarbeit mit ihnen vor Ort ein Konzept und eine Struktur für den Aufbau eigener Trainingskapazitäten zu entwickeln. Seit mehreren Jahren sind wir so Teil eines Kreises von Bildungseinrichtungen, die mit Organisationen in der Türkei zusammenarbeiten. Ähnliche Formen der Kooperation entwickeln sich mit Gruppen im Maghreb und in Bosnien.

Ausführliche Informationen über unsere Arbeit, ein Seminarprogramm und eine Liste unserer Veröffentlichungen senden wir auf Anfrage gerne zu.

KURVE Wustrow
Bildungs- und Begegnungsstätte für gewaltfreie Aktion e.V.
Kirchstr. 14
29462 Wustrow
Tel. 05843 – 507
Fax 05843 – 1405
e-mail: h.berndt@oln.comlink.apc.org

Ökologie-Stiftung NRW in der Heinrich-Böll-Stiftung

Die Ökologie-Stiftung NRW, Verein für ökologische, demokratische und solidarische Bildung, hat sich zur Aufgabe gesetzt,

- die Förderung eines Denkens und Handelns, das eine ökologische, solidarische, demokratische und gewaltfreie Gesellschaft und ein von Dominanz und Abhängigkeit freies Verhältnis der Geschlechter zueinander erreichen will sowie
- die Förderung der Diskussion über eine ökologische Umgestaltung der Gesellschaft und der Verhinderung der fortschreitenden Zerstörung der Lebensgrundlagen.

Diese Ziele wollen wir in erster Linie durch ein interessantes Angebot an politischen Bildungsveranstaltungen erreichen. Wir verstehen politische Bildung eingebettet in die politische Praxis, unser Bildungsbegriff ist handlungsorientiert und begreift sich als Qualifizierung für politisches Tun, ohne

allerdings die politischen und gesellschaftlichen Zusammenhänge zu vernachlässigen.
Wir suchen die Kooperation mit vergleichbaren Institutionen, wollen Lücken schließen und Vernetzung fördern. Die Bildungsarbeit der alternativen Weiterbildungseinrichtungen ist für uns Anregung; wir wollen Ergänzung, nicht Konkurrenz sein. Wir fühlen uns der Tradition der ›neuen sozialen Bewegungen‹ und ihrer Politikansätze verpflichtet. Aber wir stellen uns auch den Bedingungen der gesellschaftlichen Veränderungen der letzten Jahre und wissen, daß wir neue Entwürfe für Denken und Handeln entwickeln müssen.
Wir sind unabhängig von Bündnis 90/Die Grünen, doch ihren Ideen nah. Dies wird auch deutlich in der Umbenennung zur ›Ökologie-Stiftung NRW in der Heinrich-Böll-Stiftung‹, die im Rahmen der bundesweiten Reform des grün-nahen Stiftungswesens zum Jahresanfang 1997 erfolgte.

Die auf 16 Personen begrenzte Mitgliederversammlung der Ökologie-Stiftung NRW umfaßt Menschen, die sich für eine ökologische, emanzipatorische, migrantInnenfreundliche, solidarische und feministische Politik von unten in NRW einsetzen.

Finanziert wird die Arbeit der Ökologie-Stiftung NRW aus Mitteln der Landeszentrale für Politische Bildung, aus Projektmitteln des ›Buntstift‹ (bislang bundesweiter Zusammenschluß der grün-nahen Landesstiftungen), demnächst aus Globalmitteln des Bundes (über die Heinrich-Böll-Stiftung, Berlin), aus Teilnahmebeiträgen und aus Spenden.

An unserer Stiftungsarbeit sollen möglichst viele Mitmenschen beteiligt sein. Um sie breit und demokratisch zu organisieren, haben wir als Trägerverein der Ökologie-Stiftung NRW das ›NRW-Forum für Ökologie, Demokratie und Solidarität‹ gegründet. Das NRW-Forum wählt alle zwei Jahre 3/4 der Mitglieder der Ökologie-Stiftung NRW.
Alle, die sich mit Rat und Tat an der Stiftungsarbeit beteiligen möchten, können über das Forum Einfluß nehmen und Ideen einbringen. Weitere Informationen und Mitgliedsanträge für das NRW-Forum sind in der Geschäftsstelle der Stiftung erhältlich. Die zukünftige Arbeit der Ökologie-Stiftung NRW wird auch davon abhängen, daß sich viele Menschen mit ihren Erfahrungen und Erwartungen in unsere Arbeit einbringen.

In der Geschäftsstelle freuen wir uns über Anfragen und Anregungen! Dort kann auch das Programmheft mit Angeboten der politischen Bildung angefordert werden.

Ökologie-Stiftung NRW in der Heinrich-Böll-Stiftung
Huckarder Str. 12
44147 Dortmund
Tel. 0231 – 914 40 40
Fax 0231 – 914 40 444

Zeitschriftenschau

Mit dieser Zeitschriftenschau wollen wir Sie regelmäßig mit den aktuellen Ausgaben von einigen Zeitschriften aus dem Spektrum der Friedens- und Dritte-Welt-Arbeit bekanntmachen. Vielleicht entdecken Sie in den gekürzt aufgeführten Inhaltsverzeichnissen ja Themen, die interessant für Sie sind.

4/3 – Fachzeitschrift für Kriegsdienstverweigerung und Zivildienst

Heft Nr. 2/97, Juni 1997, 44 Seiten, A4

• Deserteure unter dem NS-Regime – rehabilitiert oder getäuscht? • 10 Jahre DFG-VK Solidaritätsfonds für Totale Kriegsdienstverweigerer • Die Soldatenmütter und Kriegsdienstverweigerer in Rußland • Die Kosten des Zivildienst • Kriegsdienstverweigerer 1997 – Egoisten, Friedenskämpfer oder Normalos?

erscheint vierteljährlich, Jahresabo 38 DM

Bezug: DFG-VK, Schwanenstraße 16, 42551 Velbert

antimilitarismus information (ami)

Heft Nr. 9/97, September 1997, 40 Seiten, A5

• Was wird aus dem Bon(n)zenbunker? • Aus Einzelfällen wird ein gesellschaftliches Problem. Rühe: »Rechte raus« • FDP-Wehrpflichtumfrage: Sturm im Wasserglas • Coup d'Etat in Kambodscha • Droht eine internationale Militarisierung in Bosnien • Verfassungsschutzbericht '96 • Die Internationale Staatengemeinschaft und der Völkermord in Ruanda • Ziviler Friedensdienst in Ex-Jugoslawien

erscheint monatlich, Einzelpreis 3,50 DM, Jahresabo 44 DM

Bezug: ami-Verlag, Elßholzstraße 11, 10781 Berlin

blätter des iz3w (informationszentrum dritte welt)

Heft Nr. 224, Oktober 1997, 52 Seiten, A4

• Themenschwerpunkt: Global Governance – Die neue Weltordnungspolitik • Regieren NGOs und Staaten bald gemeinsam? • Geschichte der lateinamerikanischen Guerilla • Kampf der Kulturen in der Türkei? • Indien – Konsum ohne Monsun • Burma und Thailand in Sachen Wirtschaft und Menschenrechte • Israel, Palästina und der Friedensprozeß

erscheint achtmal jährlich, Einzelpreis 7,50 DM, Jahresabo 54 DM

Bezug: informationszentrum dritte welt, Kronenstraße 16, 79100 Freiburg

Christ in der Gegenwart

Heft Nr. 39/97, 28. September 1997, 8 Seiten, A4

• Zentralkomitee der Katholiken meint: Bioethik-Konvention sei vereinbar • Vom ersten Renovabis-Kongreß in Freiburg • Der Mensch im Sog des Unendlichen

erscheint wöchentlich (mit Monatsbeilage), Einzelpreis 2,00 DM, Halbjahresabo 50,70 DM

Bezug: Verlag Herder, Zeitschriften, 79080 Freiburg

Friedensforum (Rundbrief der Friedensbewegung)

Heft Nr. 4/97, Juli/August 1997, 44 Seiten, A4

• Themenschwerpunkt: Friedensprozesse • Kirchentag in Leipzig • Hauptversammlung der Daimler-Benz AG • Eurofighter am Ende? • Kriegsdienstverweigerung in Europa • Zweites Zypern im Nordirak • NATO-Osterweiterung

erscheint alle zwei Monate, Einzelpreis 4 DM, Jahresabo 25 DM

Bezug: Netzwerk Friedenskooperative, Römerstraße 88, 53111 Bonn

friedenszeitung (seit September 1997 friZ)

Heft Nr. 188, April 1997, 24 Seiten, A3

• Waffenausfuhr: Schiffbruch • Asylgesetzrevision: Verschlimmbesserung • Bosnische Flüchtlinge: Wohin zurückkehren? • Sri Lanka: Keine Bewegungsfreiheit • Israel-Palästina: Gewaltfreier Widerstand • Castor-Transporte: X-tausendfach quer

erscheint zehnmal jährlich, Einzelpreis 6 SFr, Jahresabo 60 SFr (außerhalb der Schweiz 70 SFr)

Bezug: friedenszeitung, Postfach 63 86, CH-8023 Zürich

Gewerkschaftliche Monatshefte

Heft Nr. 8/97, August 1997, 64 Seiten, A5

• Arbeit und soziale Gerechtigkeit an der Schwelle zum 21. Jahrhundert • Chinas Gewerkschaften im Umbruch • Die japanische Arbeitswelt aus der Sicht der Arbeitnehmer • Gewerkschaften in Südkorea und in Indien

erscheint monatlich, Einzelpreis 11 DM, Jahresabo 132 DM

Bezug: Bund-Verlag, Postfach 90 08 40, 51118 Köln

graswurzel revolution

Heft Nr. 222, Oktober 1997, 20 seiten, A3

• Die falsche Aktion: Grässlin portraitiert Daimler-Schrempp • Der Wahn der ›Sicherheit‹ • Ökostreetwork mit dem Umweltmobil • GentechnikGegnerInnen

vor Gericht • Mythos Mutter Teresa • Ahaus/Atomregion Euregio • Heuchelei beim Übergang zur neuen Landminengeneration
erscheint zehnmal jährlich, Einzelpreis 3,50 , Jahresabo 35 DM
Bezug: Vertrieb Graswurzelrevolution, Kirchstraße 14, 29462 Wustrow

guernica
Heft Nr. 3/97, August 1997, 16 Seiten, A4
• Bundesheer und ›Kampf der Kulturen‹ • Eu: Militär- und Interventionsmacht • Nukleare Zukunft der NATO • Forderungen an die Friedensstadt Linz
erscheint sechsmal jährlich, Einzelpreis 15 ÖS
Bezug: Friedenswerkstatt Linz, Kapuzinierstraße 49, A-4020 Linz

HSFK-Standpunkte (Friedensforschung aktuell)
Heft Nr. 5/97, September 1997 16 Seiten, A4
• Themenheft: Zur Außenpolitik von Bündnis 90/Die Grünen
erscheint mindestens viermal jährlich, kostenlos (Spende)
Bezug: Hessische Stiftung für Friedens- und Konfliktforschung, Referat Öffentlichkeitsarbeit, Leimenrode 29, 60322 Frankfurt

Die Orientierung
Heft Nr. 13-14/97, 15. Juli 1997, 16 Seiten, A4
• Zweite Ökumenische Versammlung • Das gescheiterte ökumenische Gipfeltreffen und seine Auswirkungen • ›Versöhnung‹ als neues Thema des konziliaren Prozesses ›Gerechtigkeit, Frieden und Bewahrung der Schöpfung‹? • Zum Umgang mit der Vergangenheit in Südafrika und der Schweiz • Sudan: Vor Ort in El Obeid und Rumbeck
erscheint zweiwöchentlich, Jahresabo 58 DM
Bezug: Orientierung, Scheddeggstraße 45, CH-8059 Zürich

Tauwetter (Franziskanische Zeitschrift)
Heft Nr. 2/97 Juni 1997, 32 Seiten, A5
• Themenheft: Brennpunkt Sozialstaat
erscheint vierteljährlich, kostenlos (Spende)
Bezug: Tauwetter, Franziskanerkloster, Postfach 20 09 53, 53139 Bonn

Andreas Buro

Totgesagte leben länger:
Die Friedensbewegung
Von der Ost-West-Konfrontation
zur zivilen Konfliktbearbeitung

208 Seiten,
Paperback,
24,80 DM / 181,00 ÖS / 23,00 sFr

ISBN 3-929522-42-X

»Mit deutschen Waffen werden in Kurdistan Massenmorde verübt!« Dies schrieben zwei kurdische Frauen in ihrem Abschiedsbrief. Sie steckten sich aus Protest gegen die Türkeipolitik der Bundesrepublik am 21. März 1994 – dem kurdischen Neujahrstag – selbst in Brand.
Die Protestaktionen der in Deutschland lebenden Kurden werden in der Öffentlichkeit zumeist als terroristische Aktivität der verbotenen PKK, der Kurdischen Arbeiterpartei, diskutiert. Die Gründe für die Proteste, die andauernde jahrzehntelange Unterdrückung und Vertreibung der Kurden durch den türkischen Staat, die immer wiederkehrenden Massaker, Folter und Morde der türkischen Sicherheitskräfte an der kurdischen Bevölkerung, treten dabei ebenso in den Hintergrund wie die Tatsache, daß die Bundesrepublik Deutschland diese Politik der Türkei in vielfältiger Weise unterstützt, ja teilweise erst ermöglicht. Dies gilt insbesondere für die militärische Aufrüstung der Türkei.
Seit 1985 erlebt die türkische Rüstungsindustrie einen Höhenflug. Die NATO-Partner statten die Türkei nicht mehr nur mit Waffen aus, sondern helfen beim Aufbau einer selbständigen Rüstungsindustrie. Dieses Buch liefert Daten und Fakten und informiert über Hintergründe, Ziele und Konsequenzen dieser kriegerischen NATO-Partnerschaft. Eine unverzichtbare Informationsquelle für alle, die sich mit der Entwicklung im Nahen Osten und der Politik der NATO auseinandersetzen wollen.

»Wo ist die Friedensbewegung?« fragte manch einer höhnisch mit Blick auf die Kriege im ehemaligen Jugoslawien. Die angebliche Untätigkeit der Friedensbewegung dient hervorragend der Verschleierung eigener Ratlosigkeit.

Andreas Buro, einer der herausragenden Vertreter der deutschen Friedensbewegung, legt mit diesem Buch eine beeindruckende Antwort vor.
In knappen und gut lesbaren Beiträgen greift er jene Konstellationen auf, die für den friedenspolitischen Diskurs wesentlich waren, so z. B. das Ende der Blockkonfrontation, die Kriege im ehemaligen Jugoslawien, die ›Neue NATO‹ und den Mythos von der ›humanitären Intervention‹. Wo ihren Kritikern meist nur der zur Lösung von Konflikten untaugliche Ruf nach militärischer Intervention der NATO einfällt, versucht die Friedensbewegung mit ihren bescheidenen Mitteln praktische Überlebenshilfe zu leisten und Initiativen für zivile Konfliktbearbeitung zu ergreifen. Buros Analysen bieten Orientierung in einer sich rasant verändernden weltpolitischen Situation und zeigen auf, warum die Friedensbewegung heute vielleicht wichtiger ist als jemals zuvor.

AMOK (Hg.)

Türkei-Connection
Wie die Türkei international aufgerüstet wird

122 Seiten,
Paperback,
16,80 DM/ 123,00 ÖS/ 16,00 sFr

ISBN 3-929522-26-8